La Guerre du faux

Paru dans Le Livre de Poche :

LE NOM DE LA ROSE

UMBERTO ECO

La Guerre du faux

TRADUIT DE L'ITALIEN
PAR MYRIAM TANANT

AVEC LA COLLABORATION
DE PIERO CARACCIOLO

GRASSET

Ces chroniques parues dans la presse italienne ont été regroupées dans les trois ouvrages suivants, publiés chez Bompiani :

Il costume di casa, 1973.

Dalla periferia dell' impero, 1977.

Sette anni di desiderio, 1983.

Préface
à l'édition française

Les essais choisis pour ce livre sont des articles que j'ai écrits au cours de plusieurs années pour des quotidiens et des hebdomadaires (ou tout au plus pour des revues mensuelles, mais non spécialisées). Beaucoup d'entre eux traitent des mêmes problèmes, souvent après un certain laps de temps, d'autres se contredisent (toujours après un laps de temps).

Il y a une méthode — mais très peu contraignante — dans cette activité de commentaire sur le quotidien. A chaud, sous le coup d'une émotion, stimulé par un événement, on écrit ses propres réflexions, en espérant qu'elles seront lues puis oubliées. Je ne crois pas qu'il y ait de rupture entre ce que j'écris dans mes livres « spécialisés » et ce que j'écris dans les journaux. Il y a une différence de ton, certes, car en lisant jour après jour les événements quotidiens, en passant du discours politique au sport, de la télévision au « beau geste » terroriste, on ne part pas d'hypothèses théoriques pour mettre en évidence des exemples concrets, on part plutôt d'événements pour les faire « parler » sans être obligé de conclure en termes théoriques définitifs. Ou alors, la différence réside en ce que dans un livre théorique, si l'on avance une hypothèse, c'est pour la prouver en la confrontant aux faits. Dans un article de journal, on utilise les faits pour en faire naître des hypothèses, mais on n'est pas tenu de transformer les hypothèses en lois : on les propose et on les laisse à l'évaluation des interlocuteurs. Je suis peut-être en train de donner une autre définition du caractère provisoire de la pensée conjecturale. Chaque découverte philosophique ou scientifique, disait Pierce, est précédée de ce qu'il appelait « the play of musement » : une errance possible de l'esprit, une accumulation d'interrogations face à des faits particuliers, une tentative de proposer beaucoup de solutions à la fois. Autrefois on jouait à ce jeu en privé, on le confiait à des lettres personnelles ou à des pages de journaux intimes. Les journaux sont aujourd'hui le journal intime de l'intellectuel et lui permettent d'écrire des lettres privées très publiques. Ce qui garantit de la crainte de se tromper réside non pas dans le secret de la communication, mais dans sa diffusion.

Je me demande souvent si, dans un journal, j'essaie de traduire en langage accessible à tous ou d'appliquer aux faits contingents les idées que j'élabore dans mes livres spécialisés ou si c'est le contraire qui se produit. Mais je crois que beaucoup de théories exposées dans mes livres sur l'esthétique, sur la sémiotique ou les communications de masse se sont développées peu à peu sur la base des observations faites en suivant l'actualité.

Les textes de ce recueil tournent tous plus ou moins autour de discours qui ne sont pas nécessairement verbaux ni nécessairement émis comme tels ou compris comme tels. J'ai essayé de mettre en pratique ce que Barthes appelait le « flair sémiologique », cette capacité que chacun de nous devrait avoir de saisir du sens là où on serait tenté de ne voir que des faits, d'identifier des messages là où on serait incité à ne voir que des gestes, de subodorer des signes là où il serait plus commode de ne reconnaître que des choses. Mais je ne voudrais pas qu'on voie dans ces articles des *exercices de sémiotique. Pour l'amour du Ciel! Dans cet étrange pays qu'est la France, beaucoup de gens qui faisaient ou qui font de la bonne sémiotique ont juré qu'ils étaient en train de faire autre chose, d'autres ont présenté comme sémiotique ce qui (à mon avis) n'en était pas, d'autres encore font de la sémiotique mais en ont honte, d'autres aussi en font mais on leur en fait honte. En un mot, je ne veux pas aggraver la situation. Ce que j'entends aujourd'hui par sémiotique est exposé dans d'autres livres, dont deux seront traduits prochainement en français. Il est certain qu'un sémioticien adopte, quand il écrit dans un journal, un regard particulièrement exercé, mais c'est tout. Les chapitres de ce livre sont seulement des articles de journaux écrits par devoir « politique ».*

Je considère de mon devoir politique d'inviter mes lecteurs à adopter face aux discours quotidiens un soupçon permanent dont certainement les sémioticiens professionnels sauraient très bien parler, mais qui n'a pas besoin de compétences scientifiques pour être exercé. En somme, en écrivant ces textes, je me suis toujours senti tel un expert en anatomie comparée qui certes étudie et écrit de façon technique sur la structure des organismes vivants, mais qui, dans un journal, ne cherche pas à discuter les présupposés ou les conclusions de son propre travail et se limite à suggérer, par exemple, que chaque matin il serait opportun de faire quelques exercices avec le cou en bougeant la tête d'abord de droite à gauche, vingt fois de suite, puis vingt fois de haut en bas, pour remédier aux attaques de l'arthrose cervicale. L'intention de ce « reportage social », comme on le voit, n'est pas que chaque lecteur devienne expert en anatomie, mais qu'il apprenne au moins à acquérir une certaine conscience critique de ses propres mouvements musculaires.

J'ai parlé d'activité politique. Nous avons appris que les intellectuels peuvent faire de la politique de différentes façons et que certaines sont tombées en désuétude jusqu'à ce que beaucoup commencent à émettre des doutes sur la légitimité d'une telle entreprise. Mais depuis les sophistes, depuis Socrate, depuis Platon, l'intellectuel fait de la politique par son discours. Je ne dis pas que cela soit le seul moyen, mais pour l'écrivain, pour le chercheur, pour le scientifique, c'est le moyen principal auquel il ne peut se soustraire. Et parler de la trahison des clercs est également une forme d'engagement politique. Donc, si j'écris dans un journal je fais de la politique, et non seulement quand je parle des Brigades rouges, mais aussi quand je parle des musées de cire.

Cela n'est pas en contradiction avec ce que j'ai dit plus haut, à savoir que, dans le discours journalistique, la responsabilité est moins grande que dans le discours scientifique parce qu'on peut risquer des hypothèses provisoires. Au contraire, c'est aussi faire de la politique que courir le risque du jugement immédiat, du pari quotidien et parler quand on sent le devoir moral de dire, et non quand on a la certitude (ou l'espoir) théorique de « bien dire ».

Mais j'écris peut-être dans les journaux pour une autre raison. Par anxiété, par insécurité. Non seulement j'ai toujours peur d'avoir tort, mais encore j'ai toujours peur que celui qui me donne tort ait raison. Pour un livre « savant », le remède consiste à revoir et à mettre à jour au cours des années les différentes éditions en essayant d'éviter les contradictions et en montrant que chaque changement de cap représente une maturation laborieuse de sa propre pensée. Mais souvent, l'auteur incertain ne peut attendre des années, et il lui est difficile de porter à maturation ses propres idées en silence, dans l'attente que la vérité se révèle à lui subitement. C'est pourquoi j'aime enseigner, exposer des idées encore imparfaites et écouter les réactions des étudiants. C'est pourquoi j'aime écrire dans les journaux, pour me relire le lendemain et pour lire les réactions des

12

autres. Jeu difficile, parce qu'il ne consiste pas toujours à se rassurer face à l'approbation et à douter face à la désapprobation. Quelquefois il faut faire le contraire : se méfier de l'approbation et trouver dans la désapprobation la confirmation de ses propres intuitions. Il n'y a pas de règles. Seulement le risque de la contradiction. Comme disait Walt Whitman : « Je me contredis ? Eh bien, je me contredis ! »

Pour donner un exemple, ce recueil de textes accepte le risque que représente son titre français. Certes, presque tous ces écrits parlent de discours qui, d'une manière ou d'une autre, masquent quelque chose d'autre. Ils parlent de stratégies de l'illusion. Mais nous sommes tellement habitués à opposer le faux au vrai qu'en lisant ce titre, le lecteur sera incité à penser qu'on y parle de discours faux qui masquent la vérité des choses. Comme si, en amont de ces analyses de discours faux, il y avait, rassurante et débonnaire, une métaphysique de la vérité. Eh bien, il n'en est rien. Ici, il est question de discours qui masquent d'autres discours. De discours qui croient dire a pour suggérer b ou de discours qui croient dire a mais qui en fait devraient être interprétés comme b ; ou encore de discours qui croient dire quelque chose et qui masquent leur propre inconsistance, leur propre contradiction ou leur propre impossibilité.

Si ces articles essaient de dénoncer quelque chose aux yeux du lecteur, ce n'est pas qu'il faille découvrir les choses sous les discours, mais tout au plus des discours sous les choses. C'est pourquoi il est parfaitement juste qu'ils aient été écrits pour des journaux. C'est un choix politique que de critiquer les mass média à travers les mass média.

Dans l'univers de la représentation « mass-médiatique », c'est peut-être l'unique choix de liberté qui nous reste.

I

VOYAGE DANS L'HYPERRÉALITÉ*

* *Espresso*, 1975.

LES FORTERESSES DE LA SOLITUDE

Les deux filles, très belles, sont nues, accroupies l'une en face de l'autre ; elles se touchent avec sensualité, s'embrassent, se lèchent la pointe des seins avec la langue. Elles agissent enfermées dans une sorte de cylindre en plastique transparent. Même quand on n'est pas un voyeur professionnel, on est tenté de tourner autour du cylindre, de façon à les voir de dos, de trois quarts, et du côté opposé. Puis on est tenté de s'approcher du cylindre, placé sur une petite colonne et qui n'a que quelques centimètres de diamètre et de regarder d'en haut : les filles n'y sont plus. Il s'agissait d'une des nombreuses réalisations exposées à New York à l'École d'holographie.

L'holographie, dernière merveille de la technique du laser, déjà inventée par Dennis Gabor dans les années cinquante, réalise une représentation photographique en couleurs plus que tridimensionnelle. Vous regardez dans une boîte magique dans laquelle apparaissent un petit train et un petit cheval miniaturisés et, quand vous déplacez le regard, vous pouvez voir les parties de l'objet que la perspective vous empêchait d'apercevoir. Si la boîte est circulaire vous pouvez voir l'objet de tous les côtés. Si l'objet a été photographié, grâce à différents artifices, en mouvement, il bouge devant vos yeux, ou bien c'est vous qui bougez et qui voyez la fille faire un clin d'œil ou le pêcheur boire la canette de bière qu'il tient dans sa main. Ce n'est pas du cinéma, c'est une sorte d'objet virtuel à trois dimensions qui existe aussi là où vous ne le voyez pas et, pour voir sa face cachée, il suffit de se déplacer.

L'holographie n'est pas un gadget : la Nasa l'étudie et l'applique dans ses recherches spatiales ; en médecine, on l'utilise pour obtenir des représentations réalistes des altérations anatomiques, elle sert à la cartographie aérienne, à beaucoup d'industries pour étudier des processus physiques... Mais elle commence à être utilisée par des artistes qui autrefois auraient peut-être fait de l'hyperréalisme ; d'ailleurs elle en satisfait les ambitions les plus hardies. A San Francisco, à la porte du musée de la Sorcellerie, on trouve le plus grand hologramme jamais réalisé qui montre le diable avec une splendide sorcière.

Les Européens cultivés et les Américains européanisés pensent aux États-Unis comme à la patrie des gratte-ciel de verre et d'acier et de l'expressionnisme abstrait. Mais les États-Unis sont aussi la patrie de Superman, le héros surhumain d'une série de bandes dessinées qui date de 1938. Superman, de temps en temps, ressent le besoin de se retirer avec ses souvenirs et s'envole vers des montagnes inaccessibles où, au cœur de la roche, protégée par une énorme porte d'acier, se trouve la forteresse de la Solitude.

Dans ce lieu, Superman garde ses robots, copies conformes de lui-même, miracles de la technologie électronique qu'il envoie de temps en temps à travers le monde pour réaliser un juste désir d'ubiquité. Et les robots sont incroyables, parce que leur apparence de vérité est absolue ; ils ne sont pas des hommes mécaniques tout engrenage et bip bip, mais une « copie » conforme de l'être humain, peau, voix, mouvements et capacité de décision. Superman utilise la forteresse aussi comme un musée des souvenirs : tout ce qui est arrivé dans sa vie pleine d'aventures est enregistré ici sous forme de copie parfaite, voire conservé sous forme de pièce originale miniaturisée, comme la ville de Kandor, survivante de la destruction de la planète Krypton, qu'il continue à faire vivre, à dimension réduite, sous une cloche de verre, avec ses bâtiments, ses autoroutes, ses hommes et ses femmes. La précision avec laquelle Superman conserve toutes les reliques de son passé fait penser à ces « chambres des merveilles », ou *Wunderkammern*, répandues dans la civilisation baroque allemande, qui avaient commencé avec les trésors des seigneurs médiévaux et peut-être même avant, avec les collections romaines et hellénistiques.

Dans les collections antiques, on mettait la corne de la Licorne à côté de la copie d'une statue grecque ; plus tard on y trouvait des crèches mécaniques et des automates mirobolants, des coqs en métal précieux qui chantaient, des horloges avec un défilé de bonshommes qui sortaient à midi et ainsi de suite. Mais, au début, la maniaquerie de Superman semblait insensée parce que l'on pensait qu'aujourd'hui la *Wunderkammer* n'enchantait plus personne : on n'avait pas encore assisté aux pratiques de l'art post-informel comme les assemblages de boîtiers de montre entassés par Arman sous une vitrine, ou les fragments de quotidienneté (une table encore dressée après un repas désordonné, un lit défait) de Spoerri ou encore aux exercices postconceptuels comme les recueils d'Annette Messager qui accumule ses souvenirs d'enfance dans des cahiers névrotiquement cadastraux et les expose comme des œuvres d'art.

La chose la plus incroyable était que Superman, pour se souvenir des événements passés, les reproduisait sous forme de statues de cire grandeur nature, comme dans le macabre musée Grévin. Naturellement, on n'avait pas vu non plus les statues des hyperréalistes mais, même après les avoir vues, on était disposé à croire que ces derniers étaient des artistes d'avant-garde saugrenus qui réagissaient à la civilisation de l'abstraction ou de la déformation « pop ». De la même façon, le lecteur de Superman pensait que ces bizarreries « muséographiques » n'avaient pas de répondants dans le goût et dans la mentalité américaine.

Il y a pourtant en Amérique de nombreuses forteresses de la Solitude, avec leurs statues de cire, leurs automates, leurs recueils de merveilles futiles. Il faut seulement dépasser les frontières du Museum of Modern Art et des galeries d'art pour entrer dans un autre univers, réservé à la famille moyenne, aux touristes, à l'homme politique.

La plus étonnante forteresse de la Solitude a été édifiée à Austin au Texas par le président Johnson quand il était encore vivant, comme un monument, une pyramide, un mausolée personnel. Et je ne parle pas du bâtiment immense de style impérial moderne ni des quarante mille containers rouges où sont conservés tous les documents de sa vie politique, ni des cinq cent mille photos d'archives ou des portraits, ni de la voix de Mrs. Johnson qui raconte aux visiteurs la vie de son défunt mari. Je parle plutôt de l'amas de souvenirs de la vie scolaire de l'*homme*, des photos de voyage de noces, d'une série de films continuellement projetés aux visiteurs, qui racontent les voyages à l'étranger du couple présidentiel, des statues de cire qui présentent les habits de noces de ses filles Lucy et Linda, de la reproduction en format réel du Bureau ovale, c'est-à-dire du bureau du président à la Maison Blanche, des chaussons rouges de la danseuse Maria Tallchief, de la signature du pianiste Van Cliburn sur une partition, du chapeau à plumes de Carol Channing dans *Hello Dolly !* (la présence de ces reliques est justifiée par le fait que tous ces artistes s'étaient produits à la Maison Blanche). On y trouve aussi des cadeaux faits par les représentants des différents États, une coiffure en plumes d'un chef indien, des portraits réalisés avec des allumettes, des panneaux commémoratifs en forme de chapeaux de cow-boy, des napperons ornés du drapeau américain brodé, l'épée donnée par le roi de Thaïlande et la pierre lunaire rapportée par les astronautes. La Lyndon B. Johnson Library est une forteresse de la Solitude : chambre des merveilles, exemple naïf de *narrative art*, musée de cire, caverne des automates. Elle permet de comprendre qu'il existe une constante de l'imagination et du goût américains moyens pour qui le passé doit être conservé et célébré sous forme de copie absolue, format réel, à l'échelle 1/1 : une philosophie de l'immortalité avec duplicata. Elle domine le rapport des Américains avec eux-mêmes, avec leur propre passé, rarement avec le présent, toujours avec l'histoire, et à la limite avec la tradition européenne.

Construire un modèle à l'échelle 1/1 du bureau de la Maison Blanche en utilisant les mêmes matériaux, les mêmes couleurs (mais bien sûr tout mieux verni, plus criard, soustrait à l'usure) signifie que, pour passer, l'information historique doit prendre l'aspect d'une réincarnation. Pour parler de choses qu'on veut connoter comme vraies, ces choses doivent sembler vraies. Le « tout vrai » s'identifie au « tout faux ». L'irréalité absolue s'offre comme présence réelle. Le bureau reconstruit a l'ambition de fournir un « signe » qui fasse oublier sa nature : le signe aspire à être la chose et à abolir la différence du renvoi, le mécanisme de la substitution. Il n'est pas l'image de la chose mais son moulage, ou, mieux, son double.

Est-ce le goût de l'Amérique ? Ce n'est pas, en tout cas, celui de Frank Lloyd Wright, du Seagram Building, des gratte-ciel de Mies Van der Rohe. Ce n'est pas non plus celui de l'école de New York ni celui de Pollock. Ce n'est pas non plus celui des hyperréalistes qui produisent une réalité tellement vraie qu'elle crie aux quatre vents sa fausseté. Il s'agit cependant de comprendre de quel fonds de sensibilité populaire et d'habileté artisanale les hyperréalistes actuels tirent leur inspiration et pourquoi ils ressentent l'exigence de jouer sur cette tendance jusqu'à l'exaspération. Il y a donc une Amérique de l'hyperréalité forcenée qui n'est pas celle du pop, de Mickey ou du cinéma de Hollywood. Il y en a une autre plus secrète (ou, mieux, aussi publique mais « snobée » par le visiteur européen et même par l'intellectuel américain). D'une certaine façon, elle constitue un réseau de renvois et d'influences qui s'étendent pour finir jusqu'aux produits de la culture savante et de l'industrie du divertissement. Il s'agit de la trouver.

Mettons-nous donc en route, avec un fil d'Ariane, un « Sésame ouvre-toi » qui permette de repérer l'objet de ce pèlerinage sous n'importe quelle forme. Nous pouvons l'identifier dans deux slogans typiques qui envahissent pas mal de publicité. Le premier, diffusé par Coca-Cola mais utilisé aussi comme hyperbole dans le langage courant, c'est *the real thing* (qui veut dire le meilleur, le mieux, le *nec plus ultra,* mais littéralement « la chose vraie ») ; le second, qu'on lit et qu'on entend à la télévision, est *more*, qui est une façon de dire « encore », mais sous forme de « davantage » ; on ne dit pas « L'émission reprendra dans quelques instants », mais « *More to come* » ; on ne dit pas « Donnez-moi encore du café » ou « un autre café », mais « *More coffee* » ; on ne dit pas que telle cigarette est plus longue mais qu'il y en a *more*, comme vous n'êtes pas habitués à en avoir, plus que vous ne pourrez jamais en désirer, tellement qu'il y en aura à jeter — c'est ça le bien-être.

Voilà la raison de notre voyage dans l'hyperréalité, à la recherche des cas dans lesquels l'imagination américaine veut la chose vraie et doit réaliser le Faux Absolu pour l'obtenir; où les frontières entre le jeu et l'illusion se brouillent, où le musée d'art est contaminé par la baraque foraine des merveilles et où l'on jouit du mensonge dans une situation de « plein », d'*horror vacui*.

La première étape a été le musée de la ville de New York qui raconte la naissance et la vie de la métropole depuis Peter Stuyvesant et l'acquisition de Manhattan par les Hollandais qui donnèrent l'équivalent de vingt-quatre dollars actuels aux Indiens. Le musée est fait avec soin, précision historique, sens des distances temporelles (la East Coast peut se le permettre tandis que la West Coast ne sait pas encore le réaliser) et avec une remarquable imagination didactique. Maintenant, il est incontestable que le diorama est l'une des machines didactiques les plus efficaces et les moins ennuyeuses : reconstruction en échelle réduite, petit théâtre et crèches. Le musée est très vivant grâce aux petites crèches dans des vitrines de cristal et les nombreux enfants qui le visitent disent : « Regarde, là c'est Wall Street », comme les enfants italiens disent : « Regarde, ici c'est Bethléem, l'âne et le bœuf. » Mais avant tout le diorama essaie de se poser comme substitut de la réalité, plus vrai qu'elle. Parce que, lorsqu'elle est accompagnée par le document (parchemin ou gravure), la maquette est sans aucun doute plus vraisemblable que la gravure. Quand il n'y a pas de gravure, on trouve à côté du diorama une photo en couleurs du diorama lui-même, qui semble un tableau d'époque (naturellement le diorama est plus efficace, plus vivant que le tableau). Dans certains cas, le tableau d'époque existerait. Une légende nous avertit qu'on trouve un tableau du XVIIIᵉ siècle représentant Peter Stuyvesant, dont un musée européen avec des soucis didactiques exposerait une bonne reproduction : au contraire le musée new-yorkais montre une statuette tridimensionnelle d'une trentaine de centimètres de haut qui reproduit Peter Stuyvesant tel qu'il était dans le tableau ; sauf que dans le tableau, bien sûr, on voyait Peter seulement de face ou de trois quarts, tandis qu'ici on le voit tout entier, et on voit même son derrière.

Mais notre musée fait quelque chose de plus (il n'est pas le seul d'ailleurs, les meilleurs musées ethnologiques suivent le même critère) : il reconstruit à échelle normale les intérieurs comme le Bureau ovale de Johnson. Sauf que, dans d'autres musées comme le très beau musée d'anthropologie de Mexico, la reconstruction parfois impressionnante d'une place, par exemple aztèque (avec les marchands, les guerriers et les prêtres), est donnée en tant que telle ; les pièces archéologiques sont séparées et lorsqu'elles sont constituées de moulages parfaits, on prévient le public qu'il s'agit d'une reproduction. Or le musée de New York ne manque pas de précisions archéologiques et fait la distinction entre pièces vraies et pièces reconstruites ; la distinction cependant est signalée sur des panneaux explicatifs à côté des vitrines où au contraire la reconstruction, l'objet original, le mannequin de cire se fondent dans un *continuum* que le visiteur n'est pas invité à déchiffrer. Les organisateurs veulent que le visiteur saisisse une atmosphère et s'identifie au passé sans prétendre qu'il devienne philologue et archéologue, non pas uniquement à cause d'une décision pédagogique que nous ne voulons pas critiquer, mais aussi parce que la donnée qu'on reconstruit avait déjà en elle-même ce péché originel de « nivellement des passés » et de fusion entre copie et original. La Grande Vitrine qui reproduit en entier le salon de la maison de Mr. et Mrs. Harkness Flager en 1906 est un excellent exemple de cette tendance. On remarquera tout de suite qu'une maison privée d'il y a soixante-dix ans est déjà une donnée archéologique, ce qui en dit long sur la consommation vorace du présent et sur la « passéisation » constante que la civilisation américaine effectue dans son processus alterné de projet de science-fiction et de remords nostalgique. Dans les grands magasins de disques, par exemple, aux rayons dits « nostalgie » il est fréquent de trouver à côté de la section « Années quarante et cinquante » la section « Années soixante et soixante-dix ».

Mais comment était la maison originale de Mr. Harkness Flager ? Comme nous l'explique le panneau didactique, le salon était une adaptation de la salle du Zodiaque du palais ducal de Mantoue. Le plafond était une copie d'une voûte d'un bâtiment vénitien conservé au musée de l'Accademia. Les panneaux des parois sont dans un style pompéien, préraphaélite, tandis que la fresque au-dessus de la cheminée rappelle Puvis de Chavannes. Or ce faux vivant qu'était la maison de 1906 est falsifié avec maniaquerie dans une vitrine du musée. Cette falsification est faite de telle façon qu'il est très difficile de dire quelles sont les pièces originales du salon et quelles sont les falsifications avec fonction d'agencement. D'ailleurs, même si on le savait, ça ne changerait rien parce que les falsifications des falsifications sont parfaites et seul un cambrioleur à la solde d'un antiquaire pourrait se soucier de les distinguer. Les meubles sont rarement ceux du vrai salon — qui étaient, on le suppose, de vrais meubles d'antiquaires —, mais on ne comprend pas d'où vient le plafond ; si les mannequins de la dame, de la bonne et de la petite fille qui parlent avec une visiteuse sont évidemment faux, les habits qu'ils portent sont vrais, c'est-à-dire datent de 1906.

De quoi se plaint-on ? De l'impression de gel mortuaire dans lequel baigne la scène ? De l'illusion de vérité absolue qui en émane pour le visiteur naïf ? De la « créchisation » de l'univers bourgeois ? De la lecture à deux niveaux proposée par le musée qui réserve les notices archéologiques aux visiteurs disposés à déchiffrer les panneaux

tandis que les plus distraits se contentent de l'aplatisse-
ment du vrai sur le faux et du vieux sur le moderne?

Du respect kitsch qui saisit le visiteur, excité par sa
rencontre avec un passé magique? Ou du fait que,
provenant des *slums* ou des gratte-ciel ou d'une école,
privé de notre dimension historique, il appréhende au
moins dans une certaine mesure l'idée du passé? Parce
que, ici, j'ai vu se promener des classes d'enfants noirs,
très excités et amusés, sûrement plus intéressés qu'un
groupe d'enfants blancs européens obligés de faire le tour
du Louvre...

A la sortie on vend, avec les cartes postales et les livres
d'histoire illustrés, des reproductions de parchemins historiques du contrat d'achat de Manhattan à la déclaration
d'Indépendance. De tout cela on dit : « *It looks old and
feels old* », parce que le fac-similé, outre l'illusion tactile, a
aussi une odeur de vieille épice. Presque vrai. Malheureusement le contrat d'achat de Manhattan, rédigé en caractères pseudo-antiques, est en anglais, tandis que l'original
était en hollandais. Et donc il ne s'agit pas d'un fac-similé
mais — si je peux me permettre ce néologisme — d'un
« fac-différent ». Comme dans une nouvelle de Heinlein ou
d'Asimov, on a l'impression d'entrer et de sortir du temps
dans un brouillard spatio-temporel où les siècles se
confondent. C'est ce qui nous arrivera dans l'un des
musées de figures de cire de la côte californienne lorsque
nous verrons, dans un café style « front de mer de
Brighton », Mozart et Caruso à la même table, avec
Hemingway debout derrière pendant que Shakespeare à
l'autre table converse avec Beethoven, une tasse de café à
la main.

Par ailleurs, à Old Bethpage Village, à Long Island, on
essaie de reconstruire une ferme du début du XIXe siècle
telle qu'elle était : mais « telle qu'elle était » veut dire avec
le bétail vivant, pareil à celui de l'époque. Il se trouve que

les moutons, depuis ce temps-là, ont subi — à cause d'astucieuses hybridations — une évolution intéressante : à l'époque, ils avaient le museau noir et sans laine, maintenant, ils ont le museau blanc couvert de laine et sont plus rentables. Les écolo-archéologues dont on parle se sont mis à travailler pour hybrider de nouveau l'espèce et obtenir une « évolution-régression ». Mais l'association nationale des éleveurs proteste vivement contre cette insulte au progrès zootechnique. Un différend est en train de naître : les partisans du progrès contre les partisans du progrès régressif. On ne sait plus lesquels appartiennent à la science-fiction et lesquels sont les vrais falsificateurs de la nature. Mais, en ce qui concerne les luttes pour la *real thing*, notre voyage ne s'arrête certainement pas ici : *more to come* !

LES CRÈCHES DE SATAN

Le Fisherman's Wharf de San Francisco est un pays de cocagne rempli de restaurants, de magasins de pacotille touristique et de beaux coquillages, de boutiques italiennes où l'on peut acheter un crabe ou une langouste cuits, douze huîtres et du pain français. Sur les trottoirs, des Noirs et des hippies improvisent des concerts avec en toile de fond une forêt de mâts de bateaux à voile ; une des plus belles baies du monde et l'île d'Alcatraz. Au Fisherman's Wharf vous pouvez trouver d'affilée quatre musées de figures de cire. Il y en a un à Paris, un à Londres, un à Amsterdam, un à Milan, et ce sont des éléments négligeables du paysage urbain, situés dans des rues secondaires. Ici, ils sont sur la promenade touristique. Et de même, le meilleur musée de cire de Los Angeles est sur le Hollywood Boulevard à quelques pas du célèbre théâtre chinois. Tous les États-Unis sont parsemés de musées de figures de cire dont chaque hôtel fait la publicité comme d'une attraction touristique d'une certaine importance. Autour de Los Angeles vous trouverez le Movieland Wax Museum et le Palace of Living Arts, à La Nouvelle-Orléans le musée Conti, en Floride il y a le Miami Wax Museum, le Potter's Wax Museum de Saint Augustine, le Stars Hall of Fame d'Orlando, le Tussaud Wax Museum de Saint Petersburg; les autres sont à Gatlinburg, Tennessee; Atlantic City, New Jersey; Estes Park, Colorado; Chicago, etc.

On sait bien qui on trouve dans un musée de figures de cire en Europe: de Jules César à Jean XXIII dans des cadres différents « vivants » et parlants. D'habitude les cadres sont sordides, et, en tout cas, ils sont timides et insignifiants. Leurs correspondants américains sont bruyants et agressifs; ils vous assaillent avec de grands panneaux sur les autoroutes, ils s'annoncent de loin avec de grandes enseignes lumineuses, des tours pivotantes, des faisceaux scintillant dans l'obscurité. Ils vous préviennent tout de suite que vous allez vivre une des expériences les plus émouvantes de votre vie, ils commentent les différentes scènes avec de longues didascalies insistant sur le sensationnel, allient réévocation historique, célébration religieuse, glorification des personnages de cinéma, des contes et des aventures les plus connus, insistent sur l'épouvantable, le sanguinaire; ils poussent le souci de véridicité jusqu'à la névrose de la reconstruction. A Buena Park, Californie, au Movieland Wax Museum, Jean Harlow est allongée sur un canapé, avec à côté d'elle des exemplaires de revues d'époque, tandis que sur les murs de la chambre occupée par Charlot il y a des posters du début du siècle. Les scènes se développent en un *continuum* plein, dans l'obscurité totale, de façon qu'il n'y ait pas d'espaces vides entre les niches habitées par les figures de cire, mais une sorte d'ameublement de liaison qui intensifie la sensation: d'habitude il y a des miroirs disposés de telle manière qu'à droite vous puissiez voir Dracula ouvrant une tombe, à gauche votre visage qui s'approche de celui de Dracula réfléchi, pendant que par intermittence apparaissent les silhouettes de Jack l'Éventreur ou de Jésus, qui se reflètent grâce à un subtil jeu d'angles, de courbes et de perspectives, de sorte qu'il est difficile de savoir où est le réel et où est l'illusion. Parfois vous vous approchez d'une scène particulièrement séduisante ; un personnage se découpe dans l'ombre sur un fond de vieux cimetière, puis vous découvrez que ce personnage, c'est vous et que le cimetière est le reflet de la prochaine scène qui raconte le triste et horrible épisode des dévaliseurs de tombes à Paris, dans la seconde moitié du XIXe siècle.

Au Movieland Wax Museum, vous entrez dans une steppe enneigée où le docteur Jivago suivi de Lara descend d'un traîneau ; mais pour y arriver vous devez passer par l'isba dans laquelle les deux amants iront habiter : là, une montagne de neige s'est accumulée par terre, tombée du plafond effondré. Vous éprouvez une certaine émotion, vous êtes dans la peau de Jivago ; vous vous demandez si votre émotion est due à la vérité des visages, au naturel des attitudes, au thème de Lara diffusé avec une douceur insistante, et puis vous vous apercevez que la température est vraiment plus basse, maintenue au-dessous de zéro, parce que tout doit être comme dans la réalité. La « réalité » est un film. Une autre caractéristique du musée est que la notion de réalité historique y apparaît très démocratisée : le cabinet de Marie-Antoinette est réalisé avec un soin extrême dans les détails, mais la scène de la rencontre d'Alice avec le Chapelier fou est traitée avec le même soin.

Quand vous voyez Tom Sawyer après Mozart ou quand vous entrez dans la Planète des Singes après avoir assisté au Sermon sur la Montagne avec Jésus et les apôtres, la distinction logique entre monde réel et mondes possibles a été définitivement mise en crise. Même si un bon musée, qui aligne en moyenne soixante à soixante-dix scènes pour un ensemble de deux à trois cents personnages, sépare ses différentes zones en distinguant le monde du cinéma de celui de la religion ou de l'histoire, à la fin du voyage, les sens sont surchargés de façon a-critique, Lincoln et le docteur Faust vous sont apparus reconstruits dans le même style de réalisme socialiste chinois, et le Petit Poucet et Fidel Castro appartiennent définitivement à la même zone ontologique.

Cette précision anatomique, cette froideur hallucinée, cette exactitude même dans les détails répugnants (par exemple, un corps éventré montrera ses viscères bien ordonnés comme un écorché) rappellent certains modèles : d'une part les figures de cire néo-classiques du musée de la Specola à Florence où les ambitions à la Canova se marient avec des frissons à la Sade ou bien les saint Barthélemy écorchés muscle par muscle qui ornent certains amphithéâtres d'anatomie, ou encore les ardeurs hyperréalistes des crèches napolitaines. Mais au-delà de ces souvenirs, qui dans l'aire méditerranéenne relèvent toujours d'un art mineur, il y en a d'autres plus illustres : il s'agit de la sculpture en bois polychrome des mairies et des églises allemandes, ou encore des figures tombales du Moyen Age flamand-bourguignon. Rappel non occasionnel parce que ce réalisme américain exacerbé reflète peut-être le goût des courants migratoires de l'Europe centrale : on ne peut pas ne pas rappeler le Deutsches Museum de Munich qui, en racontant avec une précision scientifique absolue l'histoire de la technique, invente non seulement des dioramas comme ceux du musée de la ville de New York, mais n'hésite pas à reconstruire à des dizaines de mètres sous terre une mine du XIXe siècle avec ses terrassiers allongés dans les galeries et les chevaux descendus dans les puits à l'aide de courroies et de treuils. Le musée américain des cires a bien moins de scrupules, il expose Brigitte Bardot simplement avec une serviette autour des reins, il exulte à propos de la vie du Christ avec Mahler et Tchaïkovski, il reconstruit la course de chars de *Ben Hur* dans un espace courbe pour suggérer la vistavision panoramique : parce que tout doit être pareil à la réalité, même si, dans ces cas, la réalité était imaginaire.

L'importance donnée à la statue « la plus réaliste du monde », exposée dans le Ripley's « Believe it or not » Museum, suggère que la philosophie de l'hyperréalisme donne les reconstructions. Ripley pendant quarante ans a dessiné dans les journaux américains des illustrations dans lesquelles il racontait les merveilles qu'il découvrait au cours de ses voyages à travers le monde. De la tête embaumée et réduite des sauvages de Bornéo à un violon entièrement construit avec des allumettes, du veau à deux têtes à la prétendue sirène retrouvée en 1842, Ripley ne négligeait rien dans l'univers du surprenant, du tératologique, de l'incroyable. A un moment donné Ripley a construit une chaîne de musées, pour recueillir les « vrais » objets dont il avait parlé : vous pouvez voir, dans des vitrines appropriées, la sirène de 1842 (présentée comme « le plus grand faux du monde »), une guitare faite à partir d'un bidet français du XVIIIe siècle, un recueil de stèles funéraires curieuses, la *Vierge* de Nuremberg, une statue reproduisant un fakir qui a vécu couvert de chaînes ou un Chinois avec deux pupilles et — merveille des merveilles — la statue la plus réaliste du monde, l'image en format réel, en bois, d'un homme, sculptée par l'artiste japonais Hanamuna Masakichi, et définie par les connaisseurs comme « la plus parfaite image humaine jamais créée ». La statue est un exemple normal de réalisme anatomique, avec des côtes bien dessinées, mais ce n'est pas ça qui est troublant : c'est que ni elle, ni le veau à deux têtes, ni le violon fait d'allumettes ne sont des reliques *réelles*, puisqu'il y a beaucoup de musées Ripley tous pareils et que le violon est présenté comme une œuvre de patience de toute une vie. Donc, chaque objet est une copie parfaite — mais réalisée avec des matériaux différents —

d'un original trois fois plus saint-sulpicien. Ce qui compte n'est pas tant l'authenticité de l'objet que l'aspect stupéfiant de la nouvelle qu'il transmet. *Wunderkammer* par excellence, le musée Ripley partage avec les collections de merveilles médiévales et baroques l'accumulation a-critique de pièces curieuses, ce qui le différencie est le manque absolu d'importance de la pièce unique, ou mieux la désinvolte élimination du problème de l'authenticité. L'authenticité vantée n'est pas historique, mais visuelle. Tout semble vrai et donc tout est vrai ; en tout cas, il est vrai que tout semble vrai, et qu'on donne pour vraie la chose à laquelle tout ressemble, même si, comme dans le cas d'Alice au pays des merveilles, elle n'a jamais existé. La désinvolture est telle que les stèles funéraires du monde entier y sont toujours gravées en anglais, mais aucun visiteur ne le remarque (y aurait-il un endroit où l'on ne parle pas anglais ?).

Par ailleurs, lorsque le Museum of Magic and Witchcraft présente la reconstruction du laboratoire d'une sorcière médiévale, avec des meubles poussiéreux pleins de tiroirs d'où sortent des crapauds, des herbes vénéneuses, des flacons avec d'étranges racines, des amulettes, des alambics, des ampoules remplies de liquides toxiques, des poupées transpercées par des aiguilles, des mains de squelette, des fleurs aux noms mystérieux, des becs d'aigle, des os de nouveau-nés, face à cette réalisation visuelle qui rendrait jaloux Louise Nevelson ou Del Pezzo première manière, tandis qu'on entend un fond de hurlements de jeunes sorcières conduites au bûcher et qu'on voit à l'angle d'un couloir sombre les lueurs des flammes des autodafés, ce qui prévaut c'est la théâtralité. Pour le visiteur cultivé, il y a l'habileté de la reconstruction, pour l'ingénu, la violence de l'information — il y en a pour tout le monde, de quoi se plaint-on ? Il reste que l'information historique donne dans le sensationnel, le vrai se mêle au légendaire, Eusapia Palladino apparaît (en cire) après Roger Bacon et le docteur Faust : le résultat final est absolument onirique...

Mais le chef-d'œuvre du souci de reconstruire (et de donner davantage et mieux), on le rencontre là où cette industrie de l'iconisme absolu aborde le problème de l'art.

Entre San Francisco et Los Angeles j'ai eu le bonheur de visiter sept reproductions en cire de la *Cène* de Léonard. Certaines sont grossières et inconsciemment caricaturales, d'autres plus soignées quoique non moins malheureuses dans la violence des couleurs et dans le massacre de ce qui avait été le vibrato de Léonard. Chacune est présentée à côté de l'exemple « original ». Naïvement, on serait amené à supposer que l'image de référence, vu le développement de la reproduction en couleurs, est une copie « à la *Chefs-d'œuvre de l'art* » de la fresque originale. Erreur : la copie tridimensionnelle pourrait souffrir d'une comparaison avec l'original. Et voilà que, suivant le cas, on oppose à la cire une reproduction réduite en bois sculpté, une gravure du XIXe, une tapisserie moderne, un bronze. La voix du commentaire insiste pour qu'on remarque la ressemblance de la cire, et, comparée à un modèle si nul, la cire l'emporte sans problème. Ce mensonge n'est d'ailleurs pas dépourvu de justifications puisque le critère de ressemblance, amplement décrit et analysé, ne concerne jamais l'exécution formelle mais le sujet : « Remarquez Judas qui se trouve dans la même position, saint Matthieu qui... », etc.

D'habitude l'apparition de la *Cène* a lieu dans la dernière salle, avec un fond de musique symphonique et une atmosphère de *son et lumière*. Souvent on est introduit dans une salle et la *Cène* en cire se trouve derrière un rideau qui s'ouvre lentement, pendant que la voix enregistrée, sur un ton profond et ému, vous dit d'abord que vous êtes en train de vivre la plus exceptionnelle expérience spirituelle de votre vie, dont vous devrez informer parents et amis. Suivent des informations sur la mission de rédemption du Christ et le caractère exceptionnel du grand événement représenté, résumé avec des phrases évangéliques. Enfin des informations sur Léonard, le tout empreint d'une intense émotion face au mystère de l'art. A Santa Cruz, la *Cène* est même toute seule, unique attraction, dans une sorte de chapelle érigée par un comité de citoyens, dans la double intention d'élever les esprits et de célébrer les fastes de l'art ; ici les reproductions avec lesquelles il faut comparer la *Cène* sont au nombre de six (une gravure, un cuivre, une copie en couleurs, un remake « en un seul bloc de bois », une tapisserie et une reproduction imprimée d'une reproduction sur verre) : musique sacrée, voix émues, une vieille dame toute propre à lunettes qui recueille l'offrande du visiteur, vente de reproductions imprimées de la reproduction en cire, des reproductions en bois, en métal, en verre. Puis vous sortez sous le soleil, sur la plage du Pacifique, la nature vous éblouit, le Coca-Cola vous invite, l'autoroute vous attend avec ses cinq voies, à la radio de la voiture Olivia Newton Jones chante *Please, Mister, Please* : mais vous avez été effleuré par le frisson de la grandeur artistique, vous avez ressenti la plus vibrante émotion spirituelle de votre vie et vous avez vu l'œuvre d'art la plus œuvre d'art qui soit au monde. Elle est loin, à Milan, qui est une chose comme Florence, toute Renaissance, peut-être n'irez-vous jamais, mais la voix vous a prévenu que la fresque originale est désormais abîmée, presque invisible, incapable de vous procurer l'émotion que vous avez ressentie devant la cire à trois dimensions, qui est plus réelle et « il y en a plus ».

Cependant, jamais aucune émotion spirituelle ne sera à la hauteur de celle que vous éprouverez au Palace of Living Arts de Buena Park, près de Los Angeles. Il se trouve à côté du Movieland Wax Museum, et il est construit comme une pagode chinoise. Devant le Movieland Museum, il y a une Rolls Royce en or, devant le Palace of Living Arts, il y a le *David* de Michel-Ange, en marbre. Lui-même. Ou presque. C'est-à-dire la copie authentique. Il ne faut pas vous en étonner, parce que dans notre voyage nous avons eu la chance de voir au moins dix *David*, avec quelques *pietà* et un set complet des Tombeaux des Médicis. Le Palace of Living Arts est différent parce qu'il ne se limite pas, si ce n'est par quelques sculptures, à donner un moulage suffisamment fidèle. Le Palace reproduit en cire, en trois dimensions, grandeur nature et bien sûr en couleurs, les grands chefs-d'œuvre de l'histoire de la peinture de tous les temps. Voilà Léonard qui peint une dame assise en face de lui : c'est la *Joconde*, en entier avec chaise, pieds et dos. Léonard est à côté d'un chevalet et sur le chevalet, il y a une copie bidimensionnelle de *La Joconde*, qu'attendiez-vous d'autre ? Voici encore l'*Aristote* de Rembrandt, qui contemple le buste d'*Homère*, voici *Le Cardinal Guevara* du Greco, *Le Cardinal de Richelieu* de Philippe de Champaigne, la *Salomé* de Guido Reni, *La Grande Odalisque* d'Ingres et la douce *Pinkie* de Thomas Lawrence (non seulement elle est en trois dimensions, mais sa robe de soie est agitée légèrement par le souffle d'un ventilateur caché, parce que, comme on sait, elle est devant un paysage champêtre couvert de nuages d'orage).

A côté de chaque statue il y a le tableau « original » ; là encore il ne s'agit pas d'une reproduction photographique, mais d'une copie à l'huile, très vulgaire, et encore une fois la copie apparaît plus convaincante que le modèle et le visiteur est persuadé que le Palace remplace et améliore la National Gallery ou le Prado.

La philosophie du Palace n'est pas « Nous vous donnons la reproduction pour que vous ayez envie de l'original », mais « Nous vous donnons la reproduction pour que vous n'ayez plus besoin de l'original ».

Mais pour que la reproduction soit désirée, il faut que l'original soit idolâtré, et voici la fonction kitsch des inscriptions et des voix diffuses qui rappellent la grandeur de l'art du passé : dans la dernière salle on vous montrera une *Pietà* de Michel-Ange, une bonne copie en marbre faite (comme on le précise toujours) par un artisan florentin, et de surcroît la voix vous préviendra que le sol où elle est posée est fait de pierres provenant du saint sépulcre de Jérusalem (et donc il y en a davantage qu'à Saint-Pierre, et c'est plus vrai).

Comme vous avez dépensé vos cinq dollars, vous avez droit à ne pas être trompés et une photocopie à côté reproduira le document par lequel l'administration de l'église du Saint-Sépulcre confirme qu'elle a accordé au Palace de prélever (on ne comprend pas bien où) vingt pierres. Dans l'émotion du moment, avec des faisceaux lumineux qui fendent l'obscurité en éclairant les détails dont on parle, le visiteur n'a pas le temps de se rendre compte que le sol est constitué de plus de vingt pierres et qu'en outre ces pierres entraîneraient aussi un fac-similé de mur de Jérusalem et donc que la pièce archéologique a été largement intégrée. Mais ce qui compte, c'est la sûreté de la valeur commerciale de l'ensemble : la *Pietà*, telle qu'on la voit, a coûté beaucoup d'argent parce qu'il a fallu aller jusqu'en Italie pour avoir une copie authentique. Ailleurs, à côté du *Blue Boy* de Gainsborough, un panneau nous avertit que l'original se trouve maintenant à la Huntington Art Gallery de San Marino, Californie, qui l'a payé sept cent cinquante mille dollars. C'est donc de l'art. Mais c'est aussi de la vie, parce que le panneau ajoute de façon plutôt insensée : « L'âge du *Blue Boy* demeure mystérieux. »

Mais le Palace atteint son apogée à deux endroits différents. De l'un, on voit Van Gogh. Il ne s'agit pas de la reproduction d'un tableau bien précis ; le pauvre Vincent est assis, comme s'il venait de subir un électro-choc, sur l'une des chaises, peintes ailleurs, devant un lit tout tordu comme il en a effectivement représenté, et avec des petits Van Gogh aux murs. Mais ce qui frappe c'est le visage du Grand Fou : en cire naturellement, mais avec la nette volonté de rendre fidèlement le coup de pinceau rapide et tourmenté de l'artiste, et donc son visage apparaît dévoré par un eczéma répugnant, sa barbe est pleine de teigne et la peau se desquame : un scorbut, un herpès, une mycose.

Le second moment sensationnel est donné par trois statues reproduites en cire, et donc plus vraies parce qu'elles sont colorées tandis que l'original était en marbre et de ce fait tout blanc et sans vie. Ce sont un *Captif* et un *David* de Michel-Ange. Le *Captif* est un gaillard avec un maillot de corps enroulé sur la poitrine et un pagne de camp de nudiste modéré. Le *David* est un loubard aux bouclettes noires, avec sur son petit ventre rose sa fronde et une feuille verte. La légende prévient que la cire représente le modèle tel qu'il devait être lorsqu'il fut copié par Michel-Ange. Un peu plus loin, la *Vénus de Milo*, appuyée contre une colonne ionienne devant un mur peint en rouge comme les vases antiques. Je dis appuyée : en effet la malheureuse, polychrome, a ses deux bras. La légende précise : « *Vénus de Milo* portée à la vie comme elle l'était du temps où elle posa pour le sculpteur inconnu en Grèce, à peu près deux cents ans avant J.-C. »

Le Palace est placé sous l'enseigne de Don Quichotte (lui aussi est là, même s'il n'est pas un tableau) qui « représente la nature idéaliste et réaliste de l'homme : c'est pour cette raison qu'il est élu symbole du lieu ». J'imagine que par « idéaliste » on entend la valeur éternelle de l'art ; par « réaliste » le fait qu'ici on peut satisfaire un désir ancestral, c'est-à-dire regarder au-delà du cadre, voir aussi les pieds du buste. Toutes choses que de nos jours la technique la plus élaborée de la reproduction par le laser, l'holographie, obtient à partir du sujet réalisé exprès, et que le Palace of Living Arts réalise à partir des chefs-d'œuvre du passé.

L'unique chose qui étonne est le fait que dans la reproduction parfaite du *Portrait des époux Arnolfini* de Van Eyck, tout est réalisé en trois dimensions, sauf la seule chose que le tableau représentait avec un surprenant artifice illusionniste et que les artisans du Palace auraient pu insérer sans aucun effort : le miroir convexe qui sur le fond restitue de dos la scène peinte, comme vue au grand-angle. Ici, au royaume de la cire tridimensionnelle, le miroir est simplement peint. Il n'y a pas à cela de raisons plausibles sinon d'ordre symbolique. Face à un cas où l'art a joué consciemment avec l'illusion et s'est mesuré à la vanité des images à travers l'image d'une image, l'industrie du Faux Absolu n'a pas osé tenter la copie parce qu'elle aurait effleuré la révélation de son propre mensonge.

LES CHÂTEAUX ENCHANTÉS

EN descendant par les tournants de la côte pacifique entre San Francisco, la plaine de la Tortilla et le parc national de Los Padres, entre les côtes qui rappellent Capri et Amalfi, pendant que la Pacific Highway descend vers Santa Barbara, sur la douce colline méditerranéenne de San Simeon, surgit le château de William Randolph Hearst. Le cœur du voyageur palpite parce que c'est le Xanadu de *Citizen Kane*, le lieu où Orson Welles fait vivre son personnage explicitement décalqué sur le modèle du grand magnat de la presse, grand-père de la malheureuse Patricia.

Parvenu au sommet de la richesse et du pouvoir, Hearst s'était construit ici sa propre forteresse de la Solitude qu'un biographe a ensuite décrite comme « une combinaison de palais et de musée comme on n'en avait jamais plus vu depuis le temps des Médicis ». Comme il arrive dans un film de René Clair (mais ici la réalité dépasse amplement la fiction), il avait acheté par morceaux ou en entier des palais, des abbayes, des couvents européens, en les faisant démonter et numéroter brique par brique, en les transportant emballés par-delà l'Océan et en les reconstruisant sur la colline enchantée, au milieu d'animaux sauvages en liberté. Comme il ne voulait pas un musée mais une maison de la Renaissance, il avait complété les pièces authentiques avec des restaurations hardies sans se préoccuper de distinguer l'original de la copie moderne. Une manie incontinente de la collection, un mauvais goût de parvenu et l'avidité du prestige le conduisaient à niveler le passé sur le présent vécu, mais en concevant le présent comme digne d'être vécu seulement s'il était garanti comme « égal au passé ».

Au milieu des sarcophages romains, des plantes exotiques authentiques et des escaliers baroques refaits, on passe par la piscine de Neptune, par un temple gréco-romain de fantaisie, peuplé de statues classiques parmi lesquelles (comme le guide le dit avec une candeur intrépide) la célèbre *Vénus sortant des eaux* sculptée en 1930 par l'artiste italien Cassou, et l'on arrive à la Grande Maison qui est une cathédrale en style hispano-mexicain avec deux tours (munies d'un carillon de trente-six cloches) dont le portail est garni d'une grille de fer apportée d'un couvent espagnol du xvie siècle surmontée d'un tympan gothique avec la Vierge et l'Enfant. Le sol du vestibule contient une mosaïque trouvée à Pompéi, aux murs il y a des Gobelins, la porte qui donne dans la salle de réunion est du Sansovino, la salle à manger est en style faux Renaissance présenté comme italo-français. Une série de stalles viennent d'un couvent italien (les hommes de Hearst en ont cherché les morceaux dispersés chez de nombreux antiquaires européens), les tapisseries sont du xviie siècle flamand, les objets — vrais ou faux — d'époques différentes, quatre médaillons sont dus à Thorvaldsen. Le réfectoire a un plafond italien « d'il y a quatre cents ans », aux murs sont accrochés les drapeaux d'une « antique famille siennoise ». La chambre à coucher héberge le vrai lit de Richelieu, la salle du billard a une tapisserie gothique, la salle de cinéma (où Hearst obligeait ses invités à regarder tous les soirs les films qu'il avait produits tandis qu'il était assis au premier rang avec un téléphone à portée de main qui le reliait au monde entier) est en faux style égyptien avec des clins d'œil style Empire, la bibliothèque est gothique et les cheminées des différentes salles sont en vrai style gothique. La piscine couverte est un mélange d'Alhambra, de métro de Paris et de pissotière de calife, mais avec plus de majesté.

Ce qui frappe ici n'est pas la quantité de pièces d'antiquité pillées dans presque toute l'Europe ni la nonchalance avec laquelle le tissu artificiel lie le faux à l'authentique sans solution de continuité, mais le sens du plein, la volonté obsessionnelle de ne pas laisser un seul espace qui ne rappelle pas quelque chose. Ce qui frappe donc, c'est le chef-d'œuvre de bricolage obsédé par l'*horror vacui* qui se réalise ici. Cette abondance forcenée est invivable comme sont immangeables ces plats que de nombreux restaurants américains de haut niveau, obscurs et pleins de boiseries, à peine éclairés par de faibles lampes rouges et envahis par une musique continuelle, offrent au client comme image de leur (et de sa) situation d'« affluence » : biftecks très épais avec langouste (et *baked potato*, et crème et beurre fondu, et tomates bouillies et sauce au raifort) parce que ainsi le client en a davantage *more and more* et n'a plus rien à désirer.

Collection incomparable, entre autres, de pièces authentiques, le château de *Citizen Kane* obtient un effet psychédélique et un résultat kitsch non pas parce que le passé n'est pas distinct du présent (parce qu'au fond les seigneurs de l'Antiquité amassaient ainsi leurs pièces rares et le même *continuum* de style se retrouvait dans beaucoup d'églises romanes avec la nef devenue baroque et peut-être le clocher XVIIIe) mais parce qu'on est offensé par la voracité du choix et angoissé par la crainte de succomber à la fascination de cette jungle de beautés vénérables, qui indubitablement a un goût sauvage, une tristesse pathétique, une grandeur barbare, une perversité sensuelle et qui respire la contamination, le blasphème, la messe noire, comme si on faisait l'amour dans un confessionnal avec une prostituée habillée de vêtements sacerdotaux en récitant des vers de Baudelaire tandis que dix orgues électroniques émettent le *Clavecin bien tempéré* joué par Scriabine.

Mais le château de Hearst n'est pas un *unicum*, une *rara avis* : il s'insère dans le paysage touristique californien avec une cohérence parfaite entre les Cènes en cire et Disneyland. Quittons donc le château et parcourons quelques dizaines de miles, en direction de San Luis Obispo. Ici, sur les pentes de la montagne de San Luis, achetée dans sa totalité par Mr. Madonna pour y construire une série de motels d'une vulgarité pop désarmante, voici que surgit le Madonna Inn.

Les pauvres mots dont dispose le langage naturel des hommes ne peuvent pas suffire à décrire le Madonna Inn. Pour en rendre l'aspect extérieur, distribué en une série de constructions auxquelles on a accès à travers une station-service sculptée dans la roche, ou le restaurant, les bars et la cafétéria, on peut tenter seulement de suggérer quelques analogies. Imaginons que Piacentini[1], pendant qu'il feuilletait un livre de Gaudi, ait pris une dose exagérée de L.S.D. et se soit mis à construire une catacombe nuptiale pour Liza Minnelli. Mais ça ne rend pas l'idée. Disons : Archimboldo qui construit la Sagrada Familia pour Mireille Mathieu ou bien : Linda de Suza qui dessine un local Tiffany pour les Novotel. Ou bien encore le Sacré-Cœur imaginé par Dupont Lajoie. Les villes invisibles de Calvino décrites par Delly et réalisées par Leonor Fini pour une foire de tissus. La *Sonate en si bémol mineur* de Chopin chantée par Luis Mariano et exécutée par la

1. Architecte néo-romain de la grandeur fasciste (*N.D.T.*).

43

fanfare des pompiers de Trifouillis-les-Oies. Mais ça ne suffit pas. Essayons de décrire les latrines. Ce sont d'immenses cavernes souterraines avec des colonnes byzantines sur lesquelles sont posés des Putti baroques en gypse. Les lavabos sont de grandes coquilles de madrépore, la pissotière est une cheminée creusée dans la roche, mais comme le jet d'urine (je suis désolé, mais il faut bien expliquer) touche le fond, le manteau suinte d'eau qui tombe telle une petite cascade style chasse d'eau des cavernes de la planète Mongo. Au rez-de-chaussée, dans un cadre hésitant entre le chalet tyrolien et le château de la Renaissance, il y a des gerbes de lustres en forme de fleurs, des bouquets de gui surmontés de bulles opalescentes, mauves et tamisées parmi lesquelles des poupées victoriennes font de la balançoire, tandis que les parois sont entrecoupées de vitraux Art nouveau aux couleurs de ceux de Chartres, de tapisseries style Régence et de tableaux en pur style «illustration réaliste». Les divans circulaires sont roses et dorés, les tables sont en verre et or, le tout étant mélangé à des trouvailles qui rendent l'ensemble pareil à une tranche napolitaine multicolore, à une boîte de fruits confits, à une cassate à la sicilienne, à la maison de Hänsel et Gretel. Puis viennent les chambres, à peu près deux cents, chacune avec une caractéristique différente : pour un prix modique (et un lit géant — *King* ou *Queen Bed* — si vous êtes en voyage de noces) vous pouvez avoir la chambre Préhistorique, toute caverne et stalactites, la Safari Room (toute tapissée avec du papier zébré et le lit en forme d'idole bantoue), la chambre Hawaiienne, la California Poppy, l'Old Fashioned Honeymoon, la Colline irlandaise, la Hauts de Hurlevent, la Guillaume Tell, la Tall and Short, pour les mariés de tailles différentes avec un lit en forme de polygone irrégulier, la chambre avec une chute d'eau le long de la paroi rocheuse, l'Impériale, la chambre Vieux Moulin hollandais, la chambre avec effet de manège.

Le Madonna Inn est le Hearst Castle des pauvres : il n'a pas de prétentions artistiques ou philologiques et fait appel aux goûts sauvages pour le stupéfiant : c'est le « tout plein » et l'absolument somptueux à prix modéré. Il dit à ses visiteurs : « Vous aussi vous pouvez avoir l'incroyable comme les milliardaires. »

Ce besoin d'opulence qui est réel chez le milliardaire comme chez le touriste *middle class* nous apparaît naturellement comme une marque du goût américain, mais il est beaucoup moins diffusé sur la côte atlantique, et non pas parce qu'il y a moins de milliardaires. Disons que le milliardaire atlantique n'a pas de difficulté à s'exprimer avec les moyens de la modernité essentielle, avec les constructions en béton armé et verre, ou avec la restauration de la vieille maison type Nouvelle-Angleterre. Mais c'est parce que la maison existe déjà : en d'autres termes la côte atlantique est moins assoiffée d'architecture dannunzienne parce qu'elle a la sienne : l'architecture historique du XVIIIe siècle et celle du quartier moderne des affaires. L'emphase baroque, le vertige éclectique et le besoin d'imiter prévalent là où la richesse n'a pas de fondement historique. Et donc dans les grandes étendues colonisées avec retard, où est en train de naître la civilisation posturbaine représentée par Los Angeles, métropole faite de soixante-six villes différentes, où les rues sont des autoroutes à cinq voies et où l'homme considère que le pied droit est un membre destiné à appuyer sur l'accélérateur, le gauche, un appendice mort, car les voitures n'ont pas d'embrayage — et les yeux, un objectif pour faire la mise au point, tout en roulant à vitesse constante, sur des merveilles mécanico-visuelles, des enseignes, des constructions qui doivent s'imposer à l'esprit en l'espace de quelques secondes. En effet, le même goût pour les constructions dannunziennes sans poètes, nous le trouvons dans l'État jumeau de la Californie, la Floride, qui se présente elle aussi comme une région artificielle, *continuum* ininterrompu de centres urbains, de grandes rampes d'autoroutes qui chevauchent d'immenses baies, de villes artificielles consacrées au divertissement (les deux Disneyland sont en Floride et en Californie, mais celui de Floride est cent cinquante fois plus grand et encore plus pharaonique et futuriste).

En Floride, au sud de Saint Petersburg, à travers une suite de ponts suspendus qui chevauchent des bras de mer et des autoroutes à fleur d'eau, reliant deux villes à travers une baie aussi merveilleuse qu'impraticable pour les êtres humains dépourvus de voiture ou de bateau, on arrive à Sarasota. Ici la dynastie des Ringling (magnats du cirque, genre Barnum) a laissé d'amples souvenirs d'elle-même... Un musée du cirque, un musée de la sculpture et de la peinture, une villa de style Renaissance et enfin la « Ca'd'Zan ». Le guide explique que cela signifie « *House of John in venitian dialect* », et en effet la Ca' est un palais, ou mieux un morceau de la façade du Grand Canal donnant sur un jardin botanique d'une extraordinaire beauté, où par exemple un bananier, dont les feuilles retombent sur le sol, crée un pavillon habité par une statue de bronze, et derrière, au milieu de la terrasse très peu vénitienne, à travers un parcours fréquenté tantôt par un Giambologna tantôt par un Cellini, faux, mais avec toutes leurs mousses qui rongent le métal aux bons endroits, ce jardin donne sur une des baies de la Floride, autrefois paradis des premiers explorateurs ou terre bénie du petit Jody qui cherchait en pleurant l'immortel Flag, le Petit Chien[1].

Ca'd'Zan est un palais vénitien, symbole du faste et du

1. *Le Petit Chien* est le célèbre roman de M. K. Rawlings.

destin historique des doges, lieu de rencontre de la civilisation latine et de la barbarie mauresque. Il est clair que l'élève qui veut avoir une bonne note accentue la vivacité des couleurs, les influences orientales et s'arrange pour qu'il plaise plus à Othello qu'à Marco Polo ; quant à l'intérieur, il n'y a pas d'hésitations : c'est le Danieli. L'architecte Dwight James Baun est digne (dans le sens de « mérite », comme Eichmann) de passer à la postérité — également parce que, insatisfait par le Danieli, il a exagéré. Il a payé un décorateur hongrois inconnu pour peindre un plafond à caissons style parchemin universitaire, il a mis partout des terres cuites, des gondoles, des vitraux style Murano, rose, améthyste et bleu, mais pour plus de sûreté, il a décoré le tout avec des tapisseries flamandes et anglaises, des trumeaux français, des sculptures « liberty », des chaises Empire, des lits Louis XV, des marbres de Carrare (avec étiquette de garantie) comme il se doit, travaillés par des artisans venus exprès de Venise, et, surtout, il a attaché le plus grand soin à ce que le bar ait des panneaux de verre sertis de plomb venus, notez la finesse archéologique, du Cicardi Winter Palace de Saint Louis — ce qui, soyons honnêtes, est le summum de la bonne volonté. Là aussi les pièces authentiques, qui feraient le bonheur de Sotheby, sont nombreuses, mais ce qui prévaut, c'est le tissu de liaison, reconstruit avec une imagination arrogante, bien que les tableaux explicatifs s'évertuent à étiqueter le bon pour bon jusqu'à arriver à de pitoyables naïvetés comme la légende placée sous une montre hollandaise en forme de château médiéval « *Dutch*, environ 1900 ? ». Les portraits à l'huile du couple de propriétaires dominent béatement, défunts et abandonnés à l'histoire. Parce que le fin du fin n'était pas de vivre dans ces demeures dannunziennes mais de laisser penser à la postérité combien devaient être exceptionnels ceux qui y vivaient — et franchement il faut des talents vraiment exceptionnels, des nerfs à toute épreuve et beaucoup d'amour pour le passé et le futur pour séjourner dans ces pièces, y faire l'amour, faire pipi, manger un hamburger, lire le journal et boutonner son pantalon. Ces constructions éclectiques sont dominées par un sentiment de culpabilité face à la richesse acquise avec des moyens beaucoup moins nobles que l'architecture qui les couronne, une grande volonté de sacrifice expiatoire, une recherche d'absolution face à la postérité.

Il est malgré tout difficile d'exercer sur ces tentatives pathétiques une ironie justicière, parce que d'autres puissants ont pensé se livrer à l'histoire à travers le stade de Nuremberg ou le forum de Mussolini ; il y a quelque chose de désarmant dans cette recherche de la gloire à travers l'exercice d'un amour non partagé pour le passé européen. On est tenté de plaindre le pauvre millionnaire sans histoire qui pour refaire l'Europe dans des savanes désolées les détruit en tant qu'authentiques savanes pour les faire devenir des lagunes inexistantes. Mais il est certain que ce corps à corps avec l'histoire, même s'il est pathétique, ne peut pas se justifier, parce que l'histoire ne s'imite pas, on la fait, et l'Amérique meilleure d'un point de vue architectural nous démontre que c'est possible.

La zone de Wall Street, à New York, est faite de gratte-ciel, de cathédrales néo-gothiques, de parthénons néo-classiques et de structures primaires en forme de cubes. Ses constructeurs n'étaient pas moins hardis que les Ringling et que Hearst, et vous pouvez y trouver aussi un palais Strozzi, propriété de la Reserve Bank of New York, avec ses bossages en pointe de diamant. Construit en 1924 avec « Indian Limestone and Ohio Sand Stone », il stoppe, comme il est juste, l'imitation Renaissance au deuxième étage, continue avec huit étages de fantaisie, élabore des créneaux « guelfes », puis repart en gratte-ciel. Mais ce n'est pas choquant parce que le bas Manhattan est un chef-d'œuvre d'architecture vivante, irrégulière comme la rangée inférieure des dents du cow-boy Kathy. Les gratte-ciel et les cathédrales gothiques y composent ce qui a été défini comme la plus grande *Jam session* en pierre de toute l'histoire de l'humanité. D'ailleurs, même le gothique et le néo-classique n'y apparaissent pas comme l'effet d'un raisonnement à froid, mais réalisent la conscience « revivaliste » de l'époque où ils furent construits : et donc ce ne sont pas des faux, du moins pas plus que la Madeleine à Paris, et ils ne sont pas plus incroyables que la Mole Antonelliana à Turin. Tout est intégré dans un paysage urbain presque homogène, parce que toutes les vraies villes sont celles qui rachètent « urbanistiquement » la laideur architecturale. Dans ce cadre la Ca'd'Zan de Sarasota serait peut-être acceptable à New York comme sont acceptables sur le Grand Canal tant de ses palais frères.

En effet un bon contexte urbain, avec l'histoire qu'il représente, apprend à vivre même le kitsch avec humour, et par conséquent à l'exorciser. A mi-chemin entre San Simeon et Sarasota je me suis arrêté à La Nouvelle-Orléans — je venais de La Nouvelle-Orléans reconstruite de Disneyland et je voulais vérifier mes réactions devant la vraie qui représente un passé encore intact parce que le Vieux-Carré français est l'un des rares endroits non encore refaits, aplanis et reconstruits par la vitalité américaine. La structure de la vieille ville créole est restée telle quelle, avec ses maisons basses, ses vérandas et ses portiques en fonte, raisonnablement rouillés et délabrés, avec ses constructions branlantes qui se soutiennent mutuellement comme dans certains quartiers de Paris ou d'Amsterdam, tout au plus repeintes, mais pas trop. Il n'y a plus ni Storyville, ni Basin Street, ni les lupanars annoncés par des lanternes rouges, mais il y a de nombreux locaux de strip-tease ouverts sur la rue, le tout plein de la musique des *bands*, de touristes et de passants. Le Vieux-Carré n'a absolument rien à voir avec le quartier des divertissements d'une ville américaine, il est plutôt le cousin germain de Montmartre. Dans ce morceau d'Europe prétropicale, il existe encore des restaurants fréquentés par des personnages d'*Autant en emporte le vent*, où des serveurs en frac vous parlent de l'évolution de la « sauce béarnaise » au contact des épices locales, d'autres ressemblent étrangement à une *brasera* milanaise et connaissent les mystères du bouilli avec la sauce verte (présenté de façon tout à fait désinvolte comme de la cuisine créole).

Sur le Mississippi vous pouvez entreprendre un voyage de six heures sur un bateau à roue, naturellement faux, construit selon des techniques modernes, mais qui vous conduit encore le long des côtes sauvages peuplées de crocodiles jusqu'à Barataria, où se cachait Jean Lafitte avec ses pirates avant de s'allier au général Jackson contre les Anglais. Donc, à La Nouvelle-Orléans, l'histoire existe encore et elle est palpable ; sous le portique du presbytère se trouve, comme une pièce archéologique oubliée, l'un des premiers sous-marins du monde, avec lequel les troupes sudistes attaquaient les bateaux nordistes pendant la guerre de Sécession. La Nouvelle-Orléans comme New York connaît ses faux et les historicise : par exemple, dans certaines maisons patriciennes de la Louisiane, on trouve des copies du *Napoléon* d'Ingres, parce que de nombreux artistes français vinrent ici au XIXᵉ siècle, prétendirent être des disciples du grand peintre et en distribuèrent des copies plus ou moins bien faites. Mais cela se passait à une époque où la copie à l'huile était le seul moyen de faire connaître l'original, et l'historiographie locale célèbre ces copies comme des témoignages de sa propre « colonialité ». Le faux est reconnu comme « historique » et comme tel il est déjà revêtu d'authenticité.

A La Nouvelle-Orléans, il existe aussi un musée de

figures de cire dédié à l'histoire de la Louisiane. Il est plein de figures bien faites, de costumes et d'intérieurs d'une honnête précision. Mais le climat est différent : on n'y trouve plus l'atmosphère de cirque et la suggestion magique. Les panneaux explicatifs sont rédigés avec *sense of humour* et empreints de scepticisme. Lorsqu'un épisode est légendaire, il est signalé comme tel, même si l'on admet que c'était plus amusant de reconstruire la légende plutôt que l'histoire. Le sens de l'histoire permet d'éviter les tentations de l'hyperréalité : Napoléon qui discute assis dans son bain de la vente de la Louisiane, selon les mémoriaux de l'époque, devrait bondir nerveusement en éclaboussant les présents. Mais le musée prévient que, comme les costumes coûtent très cher, on a dû éviter la vraisemblance absolue, et s'en excuse. Les cires font allusion à une légende qui a laissé des traces dans les rues avoisinantes : la colonie, les aristocrates, les belles créoles, les prostituées, les spadassins cruels, les pirates, le jazz et les Canadiens, les Espagnols, les Français, les Anglais. La Nouvelle-Orléans n'est pas en proie à la névrose d'un passé nié, mais offre des cadeaux avec une désinvolture de grand seigneur et n'a pas besoin de poursuivre la *real thing*.

Ailleurs le désir spasmodique du Presque Vrai naît simplement d'une réaction névrotique devant le vide des souvenirs : le Faux Absolu est fils de la conscience malheureuse d'un présent sans épaisseur.

LES MONASTÈRES DU SALUT

En Californie et en Floride, le mécénat a montré que pour être D'Annunzio (et le dépasser) ce n'est pas la peine d'être des poètes confirmés, mais il suffit de beaucoup d'argent et d'une sincère religion de syncrétisme famélique. On peut cependant se demander pourquoi, lorsqu'elle affronte le passé par le mécénat, l'Amérique le fait toujours sous les formes de la goinfrerie et du bricolage. Il fallait pour cela d'autres preuves, mais le signe qui guidait notre voyage était le Faux Absolu ; il excluait donc les cas de collections d'art correctement philologiques, dans lesquelles s'alignaient, sans aucune intervention, des œuvres d'art célèbres. Il s'agissait de trouver des cas limites, des moments de frissonnement entre l'archéologie et la falsification. Dans cette perspective la Californie est vraiment encore un Eldorado...

Les yeux (et les nerfs) saturés de musées de figures de cire, de château de *Citizen Kane* et de Madonna Inn, nous nous approchâmes du musée Paul-Getty à Malibu, sur la côte pacifique, après Santa Monica, avec méfiance. La fonctionnaire belle et sensible (femme d'un collègue de l'université de Los Angeles) qui me fait pénétrer dans les mystères du musée en m'évitant d'utiliser l'écouteur avec radio personnelle fourni aux visiteurs est pleine de pudeurs, elle sait pourquoi je suis arrivé au musée Getty et craint mon ironie. Elle me montre des salles remplies de Raphaël, Titien, Paolo Uccello, Magnasco, Georges de La Tour, Poussin et jusqu'à Alma-Tadema, et s'étonne de l'ennui que je manifeste, après des jours et des jours de Dernières Cènes et de fausses *Vénus de Milo*, en regardant distraitement ces choses sordidement authentiques. Elle me guide à travers la prodigieuse collection de sculptures grecques, hellénistiques et romaines, me conduit au laboratoire de restauration où, avec une expertise scientifique et une précision philologique, on gratte sur les dernières acquisitions même les nez ajoutés au XVIIIe siècle, car la philosophie du musée est rigoureuse, savante, férocement allemande, et Paul Getty a prouvé qu'il était effectivement un mécène cultivé et amateur d'art attentif à ne présenter au public californien que des œuvres d'une valeur et d'une authenticité indiscutables. Mais ma Béatrice est timide et se justifie car avant d'arriver aux salles intérieures, nous avons traversé deux grands jardins et un péristyle aéré. Nous avons traversé la villa des Papyrus d'Herculanum, intégralement reconstruite, avec colonnes, peintures pompéiennes aux murs, intègres et éclatantes, blancheur des marbres, population de statues du jardin habité seulement de plantes qui poussent dans le golfe de Naples. Nous avons traversé quelque chose qui est plus que la villa des Papyrus, parce que celle-ci, incomplète, à moitié sous terre, est une supposition de villa romaine, tandis que celle de Malibu est complète : les archéologues de Paul Getty ont travaillé sur les dessins, des modèles d'autres villas romaines, sur de doctes hypothèses, sur des syllogismes archéologiques et l'ont reconstruite comme elle était ou plutôt comme elle aurait dû être. Ma guide est troublée parce qu'elle sait que les conceptions les plus modernes de la muséographie veulent un bâtiment moderne et aseptisé et que le meilleur modèle est le

Guggenheim Museum de Lloyd Wright. Elle comprend que le public, dépaysé entre la reconstruction du vrai et l'authentique, risque de perdre ses points de référence, de ne tenir pour vrai que l'extérieur et de lire l'intérieur comme un grand assemblage de copies modernes. Dans la section des arts décoratifs, les chambres de Versailles contiennent des pièces véritables et précieuses, mais là aussi la reconstruction est totale, même si le guide imprimé indique ce qui est antiquité et ce qui est reconstruction. Les boiseries de la Regence Period Room proviennent de l'hôtel Herlaut, mais le cadre de stuc et la rosette sont reconstruits, tandis que le parquet, bien que datant du XVIIIe siècle, ne faisait pas partie du décor original : les commodes d'époque, en surabondance, viennent d'autres résidences et ainsi de suite. Il est certain que, devant cette reconstruction, le visiteur saisit une idée de l'architecture des intérieurs français de la période rococo beaucoup mieux que s'il voyait des objets simplement alignés dans des vitrines séparées, mais les conservateurs du musée Getty sont éduqués à l'européenne et craignent que, sur leur travail, on ne projette le soupçon et la confusion engendrés par des expériences du type « château de Hearst ».

D'ailleurs les déclarations de Paul Getty, reproduites dans le guide, sont consciemment cohérentes. S'il y a erreur, elle est lucide ; il n'y a pas d'improvisation ni de naïveté, mais une philosophie précise de la manière dont on peut vivre le passé européen sur les côtes de la Californie partagée entre le souvenir des pionniers et Disneyland, et donc dans un pays avec beaucoup de futur et aucune réminiscence historique.

Comment un homme riche et amateur d'art peut-il se souvenir des émotions qu'il a éprouvées un jour à Herculanum ou à Versailles ? Et comment peut-il aider ses concitoyens à comprendre ce qu'est l'Europe ? Il est facile de dire : alignez tous les objets avec des petites fiches explicatives dans un cadre neutre. En Europe le cadre neutre s'appelle Louvre, château des Sforza, Offices, Tate Gallery à deux pas de l'abbaye de Westminster. Il est facile de donner un cadre neutre à des visiteurs qui respirent le passé tous les deux pas, qui arrivent au cadre neutre après avoir parcouru avec émotion des itinéraires au milieu des pierres vénérables. Mais en Californie, avec le Pacifique d'un côté et Los Angeles de l'autre, avec les restaurants en forme de chapeau melon et de hamburger, les autoroutes à quatre niveaux et dix mille échangeurs, que fait-on ? On refait la villa des Papyrus. On accorde sa confiance à un archéologue allemand pourvu qu'il n'en fasse pas trop ; qu'il place les bustes d'Hercule dans une construction qui reproduise un petit temple romain. Si on a de l'argent, on fait en sorte que les marbres viennent des lieux d'origine du modèle, que les exécutants arrivent de Naples, de Carrare, de Venise, et on l'écrit aussi. Kitsch ? Peut-être. Mais dans le sens du château de Hearst ? Pas vraiment. Dans le sens du Palace of Living Arts ou des chambres magiques du Madonna Inn ? De la *Vénus de Milo* avec des bras ? Absolument pas.

Le Palace of Living Arts ou le Madonna Inn sont l'œuvre d'astucieux exploiteurs du prestige de l'art. Le Memorial de Lyndon B. Johnson est l'œuvre d'un Texan enrichi qui pense que chacun de ses gestes est devenu digne de l'historiographie et élève un cénotaphe à la facture de sa blanchisseuse. Le château de Hearst est l'œuvre d'un riche trop riche et affamé non pas d'art mais du prestige que l'art peut lui procurer — et seuls l'argent qu'il avait à sa disposition et sa disponibilité éclectique l'ont empêché de faire un faux total (mais dans un certain sens plus authentique) comme le château de Louis de Bavière, qui est de style gothique repensé dans la deuxième moitié du XIXe siècle.

Le musée Getty est au contraire l'œuvre d'un homme et de ses collaborateurs qui tentent à leur manière de reconstruire un passé plausible et « objectif ». Si les statues grecques ne sont pas grecques, elles sont du moins de bonnes copies romaines, données comme telles ; si les tapisseries sur lesquelles apparaissent des Raphaël authentiques sont faites aujourd'hui, elles sont étudiées de façon à offrir au tableau un cadre à peu près semblable à celui auquel il était destiné ; la *Cybèle* provenant de la collection Mattei à Rome est placée dans un temple de Cybèle dont l'aspect frais, le côté « à peine fini de construire », nous choque, tant nous sommes habitués aux temples à moitié décorés et vétustes ; mais les archéologues du musée ont fait en sorte qu'il apparaisse comme aurait dû être un petit temple romain à peine fini, et nous savons très bien aussi que beaucoup de statues classiques qui nous fascinent à cause de leur blancheur étaient à l'origine polychromes et que les pupilles étaient peintes dans les yeux aujourd'hui blancs. Le musée Getty laisse les statues blanches (et dans ce sens, il est peut-être coupable de fétichisme archéologique à l'européenne) mais recouvre de marbres polychromes les parois du temple en le présentant comme un modèle hypothétique. On est tenté de penser que Getty est plus fidèle à son passé quand il reconstruit le temple que lorsqu'il dispose une statue dans le glacial inachèvement et l'isolement artificiel de la restauration « correcte ».

En d'autres termes, le musée Getty, après une première réaction moqueuse ou perplexe, nous pose une interrogation : qui a raison ? Comment reprend-on contact avec le passé ? Le respect archéologique est seulement une des dimensions possibles, et d'autres époques ont résolu le problème différemment. La solution de Paul Getty appartient-elle à l'époque contemporaine ? Essayons de penser comment vivait un patricien romain et à quoi il songeait quand il se faisait construire une des villas que le musée Getty reconstruit, avec le besoin de reproduire dans son pays les grandeurs de la civilisation grecque. Il imaginait des Parthénon impossibles, commandait aux artistes hellénistiques des copies des grandes statues de l'époque de Périclès. Le patricien romain était un requin avide qui, après avoir contribué à mettre la Grèce en crise, en assurait la survivance sous forme de copies. Entre le patricien romain et la Grèce du ve siècle, il y avait, disons, de cinq à sept cents ans. Entre le musée Getty et la romanité refaite, il y en a, *grosso modo,* deux mille. La science archéologique supplée l'écart temporel : nous pouvons faire confiance aux collaborateurs de Getty, leur restauration est plus fidèle à Herculanum que la restauration d'Herculanum ne l'était à la tradition grecque. Et notre voyage dans le Faux Absolu, commencé sous le signe de l'ironie et de la répulsion sophistiquée, nous ouvre maintenant des interrogations dramatiques.

Laissons le musée Getty, et faisons un bond de quelques milliers de kilomètres en Floride, au Ringling Museum of Art. Les Ringling n'étaient pas des magnats du pétrole mais des propriétaires de cirque équestre. Quand ils se font construire un palais, ils font un faux vénitien qui, tout compte fait, coûte moins cher que le château de Hearst, et abonde davantage en faux patentés. Cependant dans le parc sur la baie de Sarasota, ils édifient un musée d'art qui, au niveau du nombre des œuvres authentiques, n'a rien à envier à Getty : Caravage, Gaudenzio Ferrari, Piero di Cosimo, Rubens, Greco, Cranach, Rembrandt, Véronèse, Hals. Il est plus petit que le Louvre mais plus grand que le Poldi Pezzoli. Ces gens-là avaient de l'argent et l'ont bien dépensé.

Cependant, quel est le cadre du musée ? Une vaste villa Renaissance aérée, légèrement déphasée au niveau des proportions, dominée par un *David* de Michel-Ange (la colonnade est remplie de statues étrusques vraisemblablement authentiques et pillées lorsque les tombes étaient moins protégées que maintenant), et un agréable jardin à l'italienne. Ce jardin est peuplé de statues: on a l'impression de participer à une réception entre amis, voici le *Discobole*, et là-bas le *Laocoon*, bonjour *Apollon du Belvédère*, comment allez-vous? Mon dieu, on rencontre toujours les mêmes.

Naturellement, tandis que les peintures à l'intérieur sont authentiques, ceux-ci sont des faux. Les plaques de bronze, sous chaque statue, le disent clairement. Mais que signifie «faux» devant un calque ou des moulages en bronze? Lisons la plaque: «Danseuse: moulage de bronze d'une copie romaine datant du 1er siècle après J.-C. d'après un original grec du ve siècle avant J.-C. L'original (c'est-à-dire la copie romaine) est conservée au Musée national de Naples.» Et après? Le musée européen a une copie romaine. Le musée américain a une copie de la copie romaine. Mais ce sont des copies de sculptures, pour lesquelles, si l'on suit certains critères techniques, on ne perd rien. Comment pouvons-nous protester? Et allons-nous protester parce que le Giambologna est près du *Laocoon* quand c'est la même chose dans nos musées? Allons-nous protester plutôt parce que la loggia Renaissance acceptable est toute proche de la villa du Grand Canal, bien plus grossière? Mais qu'arriverait-il au visiteur qui dans trois mille ans verrait ces reliques en ignorant tout de l'Europe disparue depuis longtemps? Quelque chose de semblable à ce qui se passe dans la tête du touriste qui, de nos jours, fait le trajet allant de l'immeuble des Assurances, Piazza Venezia, et du Colisée, aux murs de Serviius encastrés dans la façade de la Stazione Termini.

Cependant, seule une catastrophe historique permet d'amalgamer le faux et le vrai, la même qui a rendu la divine Acropole d'Athènes aussi vénérable que Pompéi, la ville des bordels et des boulangers. Ici s'ouvre la perspective de la Dernière Plage, de cette philosophie apocalyptique qui domine plus ou moins ces reconstructions : l'Europe est en train de plonger dans la barbarie et il faut sauver quelque chose. Tel est le raisonnement, sinon du patricien romain, du moins du mécène médiéval qui accumule des souvenirs classiques avec une incroyable désinvolture philologique — que l'on pense à Gerbert d'Aurillac qui prend un manuscrit de Stace pour une sphère armillaire, mais aurait pu faire le contraire (Huizinga dit que la sensibilité du médiéval face à l'œuvre d'art est la même que celle d'un bourgeois étonné d'aujourd'hui). On n'a plus le cœur à ironiser sur les Pietà et sur le goût de l'accumulation poussant les Ringling à acheter le théâtre entier d'Asolo (structures en bois, scène, loges) qui était dans la villa de Catherine Cornaro en 1798 (et accueillit même la Duse) mais fut démoli et vendu en 1939 à un antiquaire pour faire place à une salle « plus moderne ». Maintenant le théâtre est à quelques mètres de distance du faux palais vénitien et abrite des événements artistiques prestigieux.

Mais pour comprendre le thème de la Dernière Plage, revenons en Californie au cimetière de Forest Lawn, à Glendale : l'idée de son fondateur était que Forest Lawn ne devait pas être un lieu de douleur mais de sérénité — et rien autant que la nature et l'art ne peut communiquer ce sentiment. Aussi Mr. Eaton, inventeur de la nouvelle philosophie des cimetières, peuple-t-il Forest Lawn de copies des grands chefs-d'œuvre du passé, du *David* au *Moïse*, du *Saint Georges* de Donatello à la reproduction en marbre de la *Vierge* de la Sixtine de Raphaël, accompagnant le tout de déclarations authentiques de la direction générale des Beaux-Arts italienne, qui atteste que les fondateurs de Forest Lawn sont en effet allés dans tous les musées italiens pour commander des copies « authentiques » des différents chefs-d'œuvre de la Renaissance.

Pour voir *La Dernière Cène*, à des heures régulières comme pour un spectacle théâtral, il faut s'asseoir, devant un rideau, entre la *Pietà* à gauche et les sculptures des Tombeaux des Médicis à droite. Avant le lever du rideau, il faut écouter un long discours qui explique justement que cette crypte est la nouvelle Westminster, qu'elle abrite les tombes de Gutzon Borglum, Jan Styka, Carrie Jacobs-Bond et Robert Andrews Millikan. A part le dernier qui est un prix Nobel de physique, je ne me risque pas à dire qui sont les autres (Miss Bond est l'auteur par exemple de *I love You Truly*) : sans l'abbaye de Westminster beaucoup de personnages qui sont devenus aujourd'hui historiques seraient restés des barons de quatre sous : dans la construction de Renommée Immortelle, il faut avant tout un culot cosmique. Dites-moi qui connaîtrait, sans la tombe homonyme, Cecilia Metella.

Bon. Avant de dévoiler aux yeux émus de l'assistance la reproduction sur vitrail de *La Dernière Cène*, la Voix nous raconte ce qui arriva à Mr. Eaton quand il alla à Sainte-Marie-des-Grâces et se rendit compte que l'action conjuguée du temps et de la malveillance humaine (nous étions à la veille de la Seconde Guerre mondiale) détruirait un jour le chef-d'œuvre de Léonard. En proie à une fièvre sacrée de conservation, Mr. Eaton contacte Mme Rose Caselli-Moretti, descendante d'une ancienne famille d'artisans de Pérouse, et lui commande une reproduction en verre du chef-d'œuvre de Léonard. Non pas dans son état actuel, mais comme on suppose qu'il aurait dû être quand Léonard le peignit — et même mieux : comme Léonard aurait dû le peindre s'il avait été moins paresseux pendant les trois années qu'il employa sans même réussir à terminer son œuvre. A ce moment-là le rideau s'ouvre. Je

60

dois dire que face aux reproductions en cire disséminées dans toute la Californie, ce vitrail de la Caselli-Moretti est une honnête œuvre artisanale qui ne ferait pas piètre figure dans une église européenne du XIXᵉ siècle. L'auteur a eu aussi l'habileté d'estomper le visage du Christ, partageant la même crainte que Léonard lorsqu'il affronta l'icône du Divin : si bien que l'organisation touristique prévoit de projeter derrière la vitre des lumières différenciées qui rendent les moindres détails solaires (aube, midi, crépuscule), de façon à montrer la mobilité du visage de Jésus dans le jeu des variations atmosphériques.

A Forest Lawn, toute cette machine reproductrice du passé est exploitée à des fins lucratives. Une grande stèle grécisante apparaît à l'entrée de la chapelle léonardesque sur laquelle sont gravés ces mots fatidiques : « Pourquoi pensez-vous qu'un enterrement à Forest Lawn coûte cher ? Essayez d'abord. Calculez que nous servons vingt familles par jour, au lieu d'une ou deux comme les autres cimetières, et cela permet de réduire les dépenses générales... », et suivent d'autres précisions, avec des invitations à contrôler avant de faire des affirmations non fondées. Mais l'idéologie proclamée de Forest Lawn est la même que celle du musée Getty qui est gratuitement ouvert au public. C'est l'idéologie de la conservation, au Nouveau Monde, des trésors que l'imprévoyance et le désintérêt du Vieux Monde sont en train de réduire à néant. Naturellement cette idéologie occulte quelque chose : le désir du profit, dans le cas du cimetière, et, dans le cas de Getty, le fait que la colonisation affairiste du Nouveau Monde (dont fait partie aussi l'empire pétrolier de Paul Getty) a affaibli le Vieux. C'est exactement les larmes de crocodile du patricien romain qui reproduisait les grandeurs de cette Grèce que son pays avait rabaissée au rang de colonie. Donc l'idéologie de la Dernière Plage fonde sa propre soif de conservation de l'art sur une efficacité impérialiste ; mais elle en est en même temps la mauvaise conscience comme l'anthropologie culturelle est la mauvaise conscience de l'homme blanc qui paie ses dettes aux primitifs détruits.

Mais — cela étant dit — il serait injuste de refuser d'utiliser cette réalité américaine comme un réactif critique pour un examen de conscience du goût européen. Sommes-nous certains que le pèlerinage du touriste européen à la *Pietà* de Saint-Pierre soit plus exempt de fétichisme que celui du touriste américain à la *Pietà* de Forest Lawn (ici plus palpable et plus proche)? Au fond, dans ces musées, on mène à la perfection l'idée du « multiple ». Le Goethe Institut a récemment refait, à Cologne, le fer à repasser avec pointes et le métronome avec œil de Man Ray ; et, comme la roue de bicyclette de Duchamp n'existe plus qu'en photo, il en a fait refaire une semblable. En effet, une fois qu'on a éliminé le désir fétichiste de l'original, les copies sont parfaites. Alors, celui qui agit contre les droits de l'art, n'est-ce pas plutôt le graveur brisant la plaque pour que les copies numérotées restent en nombre réduit? On peut se poser la question.

Nous n'essayons pas ici d'absoudre les sanctuaires du Faux, mais de rendre suspects aussi les sanctuaires européens de l'Authentique.

LA CITÉ DES AUTOMATES

En Europe, quand quelqu'un veut s'amuser, il va dans une « maison » de divertissement (un cinéma, un théâtre ou un casino). Parfois on peut monter un « parc » qui ressemble à une « ville », mais seulement à titre métaphorique. Aux États-Unis au contraire, comme chacun sait, il existe des villes consacrées au divertissement. Las Vegas en est un exemple : elle est centrée sur le jeu, le spectacle, son architecture est entièrement artificielle et a été étudiée par Robert Venturi comme un fait d'urbanisme absolument nouveau, une ville « message », entièrement faite de signes, et non une ville comme les autres qui fonctionne pour communiquer. Mais Las Vegas est encore une ville « vraie » et dans l'une de ses récentes études sur Las Vegas, Giovanni Brino montrait comment, née lieu de jeu, elle est en train de se transformer toujours plus en ville résidentielle, ville d'affaires, d'industrie et de congrès. Le thème de notre voyage est, je le répète, le Faux Absolu et donc nous ne nous intéresserons qu'à des villes absolument fausses. Disneyland (Californie) et Disney World (Floride) en sont bien sûr les exemples extrêmes ; mais si elles étaient les seules, elles ne seraient que des exemples tout à fait négligeables. Le fait est que les États-Unis sont peuplés de villes qui imitent une ville, comme les musées de figures de cire imitent la peinture et les palais vénitiens ou les villas pompéiennes imitent l'architecture.

Il y a tout d'abord les *ghost towns*, ou mieux les villes de l'Ouest comme il y a cent ans. Il y en a de passablement authentiques où la restauration et la conservation se sont exercées sur un tissu urbain « archéologique ». Mais les plus intéressantes sont celles nées de rien, par pure décision imitative. Elles sont la *real thing*. Il n'y a que l'embarras du choix : vous pouvez avoir des morceaux de ville, comme à la Stone Mountain d'Atlanta, avec voyage en chemin de fer datant du XIXᵉ siècle, attaque d'Indiens et shérif à la rescousse, sur un fond de faux Mount Rushmore qui présente sculptés dans la roche les visages des présidents des États-Unis ; le Six Guns Territory de Silver Springs, avec train, shérif, fusillade dans les rues et french cancan dans le saloon ; une série de ranchos et de missions mexicaines en Arizona, Tombstone avec l'O.K. Corral, Old Tucson, Legend City près de Phoenix ; l'Old South Bar-b-q Ranch de Clewiston, Floride ; et ainsi de suite. Si l'on pousse au-delà du mythe de l'Ouest, nous avons d'autres types de villes comme la Magic Mountain de Valencia, Californie, le Santa Claus Village, des jardins polynésiens des îles de pirates, Astroworlds comme à Kirby, Texas, jusqu'aux territoires « sauvages » des différentes Marinelands, villes écologiques auxquelles nous consacrerons un autre article.

Il y a aussi les imitations de bateaux. Entre Tampa et Saint Petersburg en Floride, on peut par exemple monter sur le *Bounty* amarré au bord d'un village tahitien reconstruit en se référant aux dessins conservés par la Royal Society de Londres, mais en tenant compte aussi du film interprété par Charles Laughton et Clark Gable. De nombreux instruments nautiques sont d'époque, des figures de cire représentent quelques marins ; les chaussures d'un officier sont les mêmes que celles que portait l'acteur qui l'avait incarné ; les informations historiques sur les panneaux didactiques sont dignes de foi, les voix qui envahissent l'atmosphère sont celles de la bande-son du film. Mais limitons-nous au mythe de l'Ouest et choisissons comme échantillon la Knott's Berry Farm de Buena Park, à Los Angeles.

Apparemment, ici, on joue à visage découvert : le tissu urbain et le système de clôture en fer (outre le billet d'entrée) nous avertissent qu'on ne pénètre pas dans une ville vraie, mais dans une ville jouet. Mais tandis qu'on parcourt les premières rues, la trame de l'illusion prend le dessus. D'abord le réalisme de la reconstruction, les étables poussiéreuses, les petits magasins décadents, le bureau du shérif et du télégraphe, la prison, le saloon sont réalisés avec une absolue fidélité et en respectant l'échelle, les vieux équipages sont recouverts de poussière, la blanchisserie chinoise est faiblement éclairée, tous les locaux sont plus ou moins praticables et les magasins sont ouverts, parce que la Berry Farm, comme Disneyland, intègre la réalité du commerce dans le jeu de la fiction, et si l'épicerie est feinte et la vendeuse habillée comme une héroïne de John Ford, les nougats, les noisettes, les objets pseudo-artisanaux indiens sont réels et réels sont les dollars qui sont demandés en échange ; les boissons vantées par des publicités sur panneaux vétustes sont vraies et le client se trouve plongé dans la fantaisie à cause de sa propre authenticité de consommateur, en d'autres termes, il se retrouve dans les conditions du cow-boy et du chercheur d'or qui descendaient dans le centre habité pour se faire soutirer tout ce qu'ils avaient accumulé pendant qu'ils étaient loin.

De plus, les niveaux d'illusion sont multiples et cela accroît l'hallucination, ce qui veut dire que le Chinois de la laverie ou le prisonnier sont des mannequins de cire qui habitent avec des poses réalistes un cadre aussi réaliste dans lequel vous ne pouvez pas entrer ; mais vous ne vous apercevez pas du tout que la pièce en question est une vitrine, parce que vous avez l'impression que si vous le vouliez, vous pourriez ouvrir la porte ou passer par la fenêtre, tant il est vrai que la pièce à côté, disons l'épicerie-bureau du juge de paix, semble être une vitrine. Dans celle-ci au contraire on peut accéder et le juge de paix, en jaquette noire et pistolet au côté, est un monsieur authentique qui vous vend sa propre marchandise. Ajoutons que dans les rues circulent des figurants qui, au bon moment, déclenchent une violente fusillade, et si l'on pense que le visiteur américain moyen porte désormais des jeans à peu près semblables à ceux des cow-boys, un bon pourcentage de visiteurs se confond avec les figurants et accuse la théâtralité de l'ensemble. Par exemple, dans l'école du village, reconstruite avec une minutie hyperréaliste, une maîtresse en coiffe et jupe ample à carreaux se tient derrière la chaire, tandis que, sur les bancs, il y a des enfants qui sont des petits visiteurs de passage, et j'ai entendu un touriste demander à sa femme si les enfants étaient vrais ou faux (et l'on comprenait la disponibilité psychologique à les prendre, selon le cas, pour des figurants, des mannequins ou des automates articulés comme ceux que nous verrons à Disneyland).

Apparemment le discours sur les *ghost towns* est différent de celui des musées de cires ou des copies d'œuvres d'art. Dans les premiers, personne n'imagine que le Napoléon de cire est vrai, mais l'hallucination agit sur le nivellement des différentes périodes historiques et sur la distinction entre réalité historique et fantaisie ; dans le cas des œuvres d'art la confusion entre copie et original, le fétichisme de l'art comme séquence d'objets célèbres sont culturellement ou psychologiquement hallucinatoires. Dans la *ghost town*, au contraire, comme la théâtralité est explicite, l'hallucination se produit parce que les visiteurs deviennent acteurs et donc participants de cette foire commerciale qui semble faire partie de la fiction mais qui en réalité constitue le but lucratif de toute cette machinerie imitative.

Dans son bel essai sur Disneyland comme « utopie dégénérée » (« Une utopie dégénérée est une idéologie réalisée sous forme de mythe »), Louis Marin avait déjà analysé la structure de cette rue de petite ville frontalière du XIXe qui accueille le visiteur et l'oriente dans les différents secteurs de la ville magique. La Main Street de Disneyland semble être le premier acte de la fiction tandis qu'elle est une astucieuse réalité commerciale. Celle-là, comme d'ailleurs toute la ville, se présente comme absolument réaliste et absolument fantastique en même temps, et là réside l'originalité (en terme de conception artistique) de Disneyland face aux autres villes jouets. Les maisons de Disneyland sont à l'échelle 1/1 pour le rez-de-chaussée et à l'échelle 2/3 en ce qui concerne l'étage supérieur, si bien qu'elles donnent l'impression soit d'être habitables, et en effet elles le sont, soit d'appartenir à un passé fantastique que nous pouvons dominer avec l'imagination. Les façades de la Main Street se présentent comme des maisons jouets et nous donnent envie d'y pénétrer, mais leur intérieur est toujours un supermarché déguisé, dans lequel on achète de façon obsessionnelle alors qu'on a l'impression de continuer à jouer.

Dans ce sens Disneyland est plus hyperréaliste que le musée de figures de cire justement parce que le musée tente encore de nous faire croire que ce que l'on voit reproduit fidèlement la réalité, tandis que Disneyland dit clairement que dans son enceinte on ne reproduit absolument que la fantaisie. Le musée de l'art tridimensionnel vend pour presque vraie sa *Vénus de Milo*, tandis que Disneyland peut se permettre de vendre ses reconstructions comme des chefs-d'œuvre de faux, puisque ce qu'elle vend effectivement, les marchandises, ne sont que des reproductions authentiques. Ce qui est falsifié c'est notre envie d'acheter, que nous prenons pour vraie, et en ce sens Disneyland est véritablement la quintessence de l'idéologie de la consommation.

Cependant, une fois que le « tout faux » est admis, il faut, pour être apprécié, qu'il soit pris pour vrai : le restaurant polynésien aura donc, outre un menu assez vraisemblable, des serveuses tahitiennes en costume, une végétation appropriée, des murs de rochers avec petites cascades, et, au moment où on entre, plus rien ne doit laisser supposer qu'à l'extérieur il existe quelque chose qui ne soit pas la Polynésie. Et si dans les musées de cires, la cire n'est pas la chair, à Disneyland, quand les rochers doivent jouer un rôle, ce sont de vrais rochers et, si l'on parle d'eau, c'est de la vraie eau et un baobab est un baobab. Le faux entre en jeu (hippopotames, dinosaures, serpents de mer) davantage pour faire admirer au public sa perfection et sa docilité au programme que pour pallier l'impossibilité d'avoir l'équivalent en vrai. Dans ce sens Disneyland ne produit pas seulement de l'illusion, mais — en la reconnaissant — elle en stimule le désir : on peut trouver un vrai crocodile même dans un zoo, et habituellement il sommeille et se cache, tandis que Disneyland nous dit que la nature falsifiée répond davantage à nos exigences de rêve éveillé. Quand, en l'espace de vingt-quatre heures (ce que j'ai programmé exprès), on passe de La Nouvelle-Orléans feinte de Disneyland à la vraie et du fleuve sauvage d'Adventuredland à un voyage sur le Mississippi où le capitaine du bateau à roue vous prévient qu'il est possible de voir, sur les bords du fleuve, des crocodiles qu'en définitive on ne voit pas, on risque de regretter Disneyland où les animaux sauvages ne se font pas prier. Disneyland nous dit que la technique peut nous donner plus de réalité que la nature.

Dans ce sens je crois que le phénomène le plus typique de cet univers n'est pas la très célèbre Fantasyland, un manège amusant de voyages fantastiques qui vous conduit dans l'univers de Peter Pan ou de Blanche-Neige (machine prodigieuse et il serait idiot de nier son charme et sa légitimité ludique), mais les Pirates des Caraïbes et la Maison hantée. Le spectacle des pirates dure un quart d'heure (mais on perd le sens du temps, ça peut durer dix minutes comme une demi-heure), on entre dans une série de cavernes sur des bateaux à fleur d'eau, on voit d'abord des trésors abandonnés, le squelette d'un capitaine dans un lit somptueux de brocarts troués et recouverts de toiles d'araignée, des corps suppliciés dévorés par les corbeaux, pendant que le squelette vous adresse des menaces. Puis on traverse un bras de mer en passant à travers les feux croisés d'un galion et des canons d'un fort, tandis que le chef corsaire hurle des paroles de défi moqueuses aux assiégés, puis l'on pénètre, comme le long d'un fleuve, dans une ville envahie en proie au pillage, au viol, au vol de bijoux, à la torture du bourgmestre ; la ville brûle comme une allumette, les pirates ivres sont couchés sur des amas de tonneaux, chantent des chansons obscènes. Certains, ivres, tirent sur les visiteurs, la scène dégénère : on sort à la lumière du jour. Tout ce que l'on a vu était à échelle humaine, la voûte de la caverne se confondait avec celle du ciel, la limite de ce monde souterrain était celle de l'univers, et il n'était pas possible d'en apercevoir les frontières. Les pirates bougeaient, dansaient, dormaient, roulaient des yeux, ricanaient, buvaient vraiment. On se rend compte que ce sont des automates, mais on est abasourdi devant leur vérité. En effet la technique « audioanimatronique » était l'orgueil de Walt Disney qui finalement avait réussi à réaliser son rêve de reconstruire un monde de fantaisie plus vrai que le vrai, de briser le mur de la deuxième dimension, de réaliser non pas un film, qui est illusion, mais le théâtre total, et non pas avec des animaux anthropomorphisés, mais avec des êtres humains. Il est vrai que les automates de Disney sont des chefs-d'œuvre de l'électronique : chacun a été conçu en analysant les expressions d'un acteur réel, puis en constituant des modèles réduits, c'est-à-dire en élaborant des squelettes d'une précision absolue, de véritables ordinateurs à forme humaine, revêtus ensuite de « chair » et de « peau » réalisées par une équipe d'artisans, avec une incroyable précision réaliste. Chaque automate obéit à un programme, réussit à synchroniser les mouvements de la bouche et des yeux avec la parole et la sono, répète à l'infini pendant la journée son rôle préétabli (une phrase, un ou deux gestes) et le visiteur entraîné et surpris par la succession des scènes, obligé d'en voir plus d'une à la fois, à droite, à gauche, devant, n'a jamais le temps de se retourner et de remarquer que l'automate à peine vu est déjà en train de répéter son éternel scénario. La technique de l'« audioanimatronique » est utilisée dans beaucoup de secteurs de Disneyland et donne vie aussi à une collection de présidents des États-Unis, mais jamais peut-être comme dans la caverne des pirates elle ne montre davantage sa prodigieuse efficacité. Des hommes ne feraient pas mieux, et coûteraient plus cher, mais ce qui compte surtout c'est que ce ne soient pas des hommes et qu'on le sache. Le plaisir de l'imitation, les Anciens le savaient déjà, est l'un des plus inhérents à l'âme humaine, mais ici, outre le fait de jouir d'une imitation parfaite, on jouit de la persuasion que l'imitation a rejoint son apogée et que maintenant, la réalité sera toujours inférieure.

Sur des critères semblables se fonde le voyage à travers les souterrains de la Maison hantée qui se présente sous l'aspect modeste d'une résidence de campagne, entre

Edgar Allan Poe et les cartoons de Chas Addams, mais qui cache dans son intérieur la collection la plus complète de surprises magiques. On passe à travers un cimetière abandonné où des mains osseuses de squelette soulèvent de l'intérieur des pierres tombales, on traverse une colline agrémentée d'un sabbat de sorcières et de feux follets, on survole un salon, peuplé de fantômes transparents qui dansent en habit XIXe siècle pendant que des invités diaphanes, s'évanouissant parfois dans l'air, assistent au banquet d'un souverain barbare. On est caressé par des toiles d'araignée, on se regarde dans des miroirs à la surface desquels apparaît, derrière nous, une figure verdâtre, on rencontre des chandeliers errants... On ne se retrouve jamais devant un truc vulgaire, style château des sorcières, le bouleversement (tempéré judicieusement par l'humour des trouvailles) est total. Comme dans les films d'épouvante tout nouveaux, il n'y a pas de distanciation, on n'assiste pas à l'horreur des autres, on est dans l'horreur par « synesthésie » totale, et s'il y a un tremblement de terre, même la salle de cinéma doit trembler.

Je dirais que ces deux attractions résument la philosophie de Disneyland davantage que les modèles par ailleurs parfaits des bateaux de pirates, du bateau sur le fleuve, du voilier *Columbia*, tous praticables bien sûr. Davantage que la section du futur avec ses émotions de science-fiction, qui parvient à faire éprouver (comme par exemple un vol sur Mars vécu de l'intérieur d'un astronef, avec tous les effets de la décélération) la perte du sens de gravité, l'éloignement vertigineux de la Terre et ainsi de suite. Davantage que les modèles de fusées et de sous-marins atomiques. Louis Marin a justement remarqué que, tandis que la fausse ville western, la fausse jungle offrent des duplicata à échelle réelle d'événements organiques mais passés ou fantastiques, ceux-là se présentent comme des modèles à échelle réduite de réalités mécaniques actuelles,

71

si bien que, là où la chose est incroyable, l'imitation pourvoit à échelle normale, et là où elle est vraisemblable, on trouve un modèle à échelle réduite pour la rendre désirable au niveau fantastique. Les pirates et les fantômes résument tout Disneyland, dans l'optique de notre voyage du moins, parce qu'ils transforment toute la ville en un immense automate, réalisation finale des rêves des constructeurs du XVIIIe siècle qui avaient donné vie à l'écrivain de Neuchâtel et au Turc joueur d'échecs du baron von Kempelen.

La précision et la cohérence de Disneyland sont en quelque sorte troublées par les ambitions de Disney World en Floride. Construite après, Disney World est cent cinquante fois plus vaste et a la prétention d'être non pas une ville jouet mais le modèle d'une concentration urbaine du futur. Le Disneyland californien n'est ici qu'un noyau périphérique de l'immense construction qui s'étend sur une surface deux fois plus grande que Manhattan. Le grand monorail qui conduit de l'entrée au Magic Kingdom (la Disneyland réelle) traverse des baies et des lagunes artificielles, un village suisse, un village polynésien, des terrains de golf et de tennis, un immense hôtel, en somme une région consacrée aux vacances organisées, si bien qu'on arrive au Magic Kingdom les yeux déjà tellement remplis de science-fiction que le sommet du château médiéval (beaucoup plus gothique que celui de Disneyland, disons une sorte de cathédrale de Strasbourg comparée à Saint-Julien-le-Pauvre) ne frappe plus notre imagination. Le futur avec sa violence a banalisé les histoires du passé. Disneyland est dans ce sens beaucoup plus astucieuse, car elle veut être pénétrée sans que rien vienne rappeler le futur qui l'entoure. Marin a remarqué que la condition essentielle pour y accéder était d'abandonner sa voiture dans un parking et d'arriver aux abords de la ville du rêve avec les petits trains mis à la disposition du public : laisser sa voiture, pour un Californien, c'est abandonner sa propre nature humaine, pour se livrer à un autre pouvoir et démissionner de sa propre initiative.

Allégorie de la société de consommation, lieu de l'imagerie absolue, Disneyland est aussi le lieu de la passivité totale. Ses visiteurs doivent accepter d'y vivre comme ses automates : l'accès à chaque attraction est réglé par des mains courantes et des barrières de tubes métalliques, disposés en labyrinthe, qui découragent toute initiative individuelle. Le nombre des visiteurs impose partout de faire la queue ; les fonctionnaires du rêve correctement vêtus de leurs uniformes adaptés à chaque lieu spécifique n'introduisent pas seulement le visiteur au seuil du secteur choisi, mais en règlent chaque pas (« Voilà, maintenant attendez ici, maintenant montez, asseyez-vous, attendez avant de vous lever », toujours sur un ton courtois, impersonnel, impérieux, au micro). Si le visiteur paie ce tribut, il pourra non seulement avoir droit à la « chose vraie » mais à l'abondance de la vérité reconstruite. Même Disneyland, comme le château de Hearst, n'a pas d'espaces de transitions, il y a toujours quelque chose à voir, les grands vides de l'architecture et de l'urbanisme modernes lui sont inconnus. Si l'Amérique est le pays du Guggenheim Museum ou des nouveaux gratte-ciel de Manhattan, alors Disneyland est une exception curieuse et les intellectuels américains ont raison de refuser de la visiter. Mais si l'Amérique est aussi le pays que nous avons vu au cours de notre voyage, alors Disneyland en est la chapelle Sixtine et les hyperréalistes des galeries ne sont que de timides voyeurs d'un immense et perpétuel « objet trouvé ».

ÉCOLOGIE 1984
ET LE COCA-COLA S'EST FAIT CHAIR

Spongeorama, Sea World, Scripps Aquarium, Wild Animal Park, Jungle Gardens, Alligator Farm, Marineland, les côtes de la Californie et de la Floride sont riches de villes marines et de jungles artificielles où vous pouvez voir des animaux en liberté, des dauphins apprivoisés, des perroquets cyclistes, des otaries qui boivent du Martini avec une olive et qui prennent des douches, des éléphants et des chameaux qui portent sur leur dos entre les palmiers de petits visiteurs. Le thème de la reproduction hyperréaliste n'engage pas seulement l'art et l'histoire mais également la nature.

Et avant tout le zoo. A San Diego chaque enceinte est la reconstruction à grande échelle d'un cadre original. Le thème dominant du zoo de San Diego est la préservation de l'espèce en voie d'extinction et, de ce point de vue, il s'agit d'une réalisation superbe. Le visiteur doit marcher pendant des heures et des heures parce que les bisons et les oiseaux doivent toujours se mouvoir dans un espace créé à leur mesure. Parmi tous les zoos existants, c'est probablement celui où l'animal est le plus respecté. Mais on ne sait pas bien si ce respect doit convaincre l'animal ou l'homme. L'homme s'adapte à tous les sacrifices,

74

même à celui de ne pas voir les animaux, à condition de les savoir vivants dans un cadre authentique. C'est ce qui arrive avec le rarissime koala australien, symbole du zoo, qui peut vivre seulement dans un bois d'eucalyptus et là, il a son territoire où il peut se cacher heureux entre les feuillages tandis que les visiteurs essaient désespérément de l'apercevoir avec des jumelles. Le koala invisible suggère une liberté qui est facilement attribuée à de grosses bêtes plus visibles et plus conditionnées. Comme la température de son parc est artificiellement maintenue au-dessous de zéro, l'ours blanc donne la même impression et, étant donné que les rochers sont marron et l'eau dans laquelle il patauge assez sale, il semble que même le terrible grizzly soit à son aise. Mais le bien-être ne se démontre qu'avec la sociabilité, et le grizzly, qui s'appelle Chester, attend, toutes les trois minutes, le passage d'un minibus avec la fille du zoo qui lui crie de saluer les visiteurs. Alors Chester se met debout, agite sa petite main (qui est une grosse patte terrifiante) et fait bonjour, bonjour. La fille lui jette un biscuit et ainsi de suite jusqu'au passage du prochain minibus.

Autant de docilité engendre des soupçons. Où est la vérité écologique ? Nous pourrions dire qu'il s'agit de soupçons injustes, parce que parmi tous les zoos de la terre celui de San Diego est sans aucun doute le plus humain, ou plutôt le plus animal. Mais le zoo de San Diego contient en germe une philosophie qui s'épanouit dans ces réserves écologiques que sont les Mondes sauvages et dont nous choisirons comme exemple le Marine World Africa-USA de Redwood City à San Francisco. Ici nous pouvons plus légitimement parler d'industrie du faux parce que nous abordons, dans une Disneyland pour animaux, un morceau d'Afrique, fait de petites îles, de cases, de palmeraies, de fleuves sillonnés par des péniches et des « Reines d'Afrique », d'où l'on peut admirer, sur les rives, des zèbres et des rhinocéros en liberté, tandis que le noyau central est plein d'amphithéâtres, d'aquariums souterrains, de cavernes sous-marines habitées par des requins, de vitrines avec des serpents très venimeux et féroces. Le centre symbolique du Marine World est l'Ecology Theater où, assis dans un amphithéâtre confortable (et si vous ne vous asseyez pas, une hôtesse très gentille mais sans pitié vous poussera à le faire parce que tout doit se dérouler dans le confort et l'ordre : vous ne pouvez pas vous asseoir où vous voulez, mais si possible à côté des derniers arrivés, pour que la file d'attente se déroule bien et que chacun puisse prendre place en évitant des recherches inutiles), vous dominez une zone sauvage comme une scène. Là, on voit trois filles blondes, aux cheveux longs, habillées en hippies : l'une joue à la guitare des folksongs très doux, les deux autres introduisent tour à tour un petit lion, un petit léopard, un tigre du Bengale d'à peine six mois. Les animaux sont tenus en laisse, mais même s'il ne l'étaient pas ils n'auraient pas l'air dangereux : grâce à leur âge tendre et à quelques grains de pavot mélangés à leur nourriture, ils sont assez endormis.

L'une des filles explique que les bêtes, traditionnellement très féroces, sont au contraire très bonnes quand elles trouvent un milieu agréable et ami, et invite les enfants à se rendre sur la scène pour les caresser. On n'a pas tous les jours le bonheur de caresser un tigre du Bengale et le public respire la bonté écologique par tous ses pores. D'un point de vue pédagogique, la chose a un certain effet sur les jeunes et leur apprendra certainement à ne pas tuer les animaux sauvages, si toutefois il leur arrive d'en rencontrer un dans leur vie. Mais pour réaliser cette « paix naturelle » (comme une allégorie indirecte de la paix sociale), il a fallu déployer beaucoup d'efforts : l'éducation des animaux, la construction d'un cadre artificiel qui semble naturel, les hôtesses qui éduquent le public : si bien que l'essence finale de cette apologie sur la bonté de la nature est le Dressage universel.

L'oscillation entre une promesse de nature incontaminée et une assurance de tranquillité fabriquée est continuelle : dans l'amphithéâtre marin où l'on exhibe les baleines apprivoisées, ces animaux sont présentés comme *killer whales*, baleines prédatrices ; ce sont vraisemblablement des animaux très dangereux quand ils ont faim. Une fois convaincus de leur férocité, nous sommes satisfaits de les voir si dociles aux ordres, faire des plongeons, des courses, des sauts en hauteur jusqu'à prendre le poisson dans la bouche de leur dompteur et répondre avec des mugissements presque parlants aux questions qui leur sont posées.

Il se passe la même chose dans d'autres amphithéâtres avec les éléphants et les gros singes, et, même si cela fait partie des numéros de cirque traditionnels, je dois avouer que je n'ai jamais vu d'éléphants aussi dociles ni aussi intelligents. Cependant, à travers les baleines prédatrices, les dauphins, les tigres inoffensifs et les éléphants qui s'asseyent avec douceur sur le ventre de leur dompteuse blonde sans lui faire de mal, le Marine World se présente comme un modèle réduit de l'Âge d'or dans lequel il n'existe plus ni compétition, ni *struggle for life*, et où les hommes et les bêtes interagissent sans conflit. Cependant, pour que l'Âge d'or se réalise, il faut que les animaux se plient à l'observance d'un contrat : en échange ils auront la nourriture qui les exemptera de la prédation et les hommes les aimeront et les défendront contre la civilisation. Le Marine World semble nous dire que s'il y a de la nourriture pour tous, la révolution sauvage n'est plus nécessaire, mais pour avoir de la nourriture, il faut accepter la *pax* offerte par le conquérant. A y regarder de près, il s'agit d'une énième variation sur le thème du

« fardeau de l'homme blanc ». Comme dans les récits africains de Wallace, le commissaire Sanders assurera la paix sur le grand fleuve pourvu que Bozambo ne pense pas à organiser un « conciliabule » avec les autres chefs sans en avoir l'autorisation. Autrement le chef est déposé et pendu.

Curieusement, dans ce théâtre écologique, le visiteur n'est pas du côté du dompteur humain mais du côté des animaux : comme eux, il doit suivre des itinéraires fixés, s'asseoir au bon moment, acheter des chapeaux de paille, des *lollipops* et les diapositives qui célèbrent la liberté sauvage et inoffensive. Les animaux gagnent le bonheur en s'humanisant et les visiteurs en s'animalisant.

Dans l'humanisation des animaux se cache l'une des plus habiles ressources de l'industrie du Faux Absolu. Aussi peut-on comparer les Marinelands aux musées de figures de cire qui reconstruisent le dernier jour de Marie-Antoinette. Dans ces musées, tout est signe et tout aspire à devenir réalité. Dans les Marinelands tout est réalité et tout aspire à apparaître comme signe. Les baleines prédatrices dansent la *square dance* et répondent aux questions des dompteurs non pas parce qu'elles ont acquis des capacités linguistiques mais parce qu'elles ont été dressées par réflexes conditionnés, et nous interprétons le rapport stimulus-réponse comme un rapport de signification. Ainsi dans l'industrie de l'attraction quand il y a signe nous ne le percevons pas et quand nous croyons le percevoir, il n'y en a pas. La condition du plaisir réside dans le fait que quelque chose a été falsifié. Les Marinelands sont des lieux plus inquiétants que les autres parce que ici on a presque rejoint la nature mais elle s'annule justement dans l'artifice de pouvoir s'offrir comme une nature incontaminée.

Cela dit, poursuivre la critique relèverait d'un moralisme d'école de Francfort de seconde main. Les lieux sont très agréables : s'ils existaient dans notre civilisation de tueurs de petits oiseaux, ils constitueraient des occasions didactiques tout à fait louables. L'amour pour la nature est une constante du peuple le plus industrialisé du monde, presque un remords, comme l'amour pour l'art européen est une passion toujours insatisfaite. Je voudrais dire que le niveau le plus immédiat de communication que ces Mondes sauvages réalisent est positif : ce qui est le plus inquiétant c'est le niveau allégorique qui se superpose au niveau littéral, la promesse implicite d'un *1984*, déjà réalisé au niveau animal. L'inquiétant n'est pas le plan pervers qui n'y est pas. C'est la menace symbolique. Savoir que le bon Sauvage, s'il existe encore dans les forêts équatoriales, tue les crocodiles et les hippopotames et que pour survivre les crocodiles et les hippopotames devront se plier à l'industrie de la falsification nous trouble. Il n'y a pas d'alternative.

Le voyage à travers les Mondes sauvages nous a révélé des liens subtils entre le culte de la nature et le culte de l'art et de l'histoire. Nous avons vu que pour comprendre le passé, y compris le passé local, il faut avoir sous les yeux quelque chose qui ressemble le plus possible au modèle original. Mais cela se passe aussi avec le présent. On ne peut pas parler de la Maison Blanche ou de Cap Kennedy sans avoir sous les yeux la reconstruction de la Maison Blanche ou le modèle réduit des fusées de Cap Kennedy. La connaissance ne peut être qu'iconique et l'iconisme ne peut être qu'absolu. C'est la même chose pour la nature ; non seulement l'Afrique lointaine mais le Mississippi lui-même doit être revécu, à Disneyland, comme reconstruction du Mississippi. Comme si à Rome il existait un parc qui reproduise à échelle réduite les collines de Chianti. Cette comparaison est injuste. Car la distance entre Los Angeles et La Nouvelle-Orléans est la même que celle qui sépare Rome de Khartoum. C'est donc la distance spatiale, en plus de la distance temporelle, qui pousse ce pays à élaborer non seulement des imitations du passé et des terres exotiques mais même des imitations de lui-même.

Tout cela fait surgir un autre problème : habitué à réaliser le Lointain (dans l'espace comme dans le temps) à travers une reproduction presque « charnelle », comment l'Américain moyen réalisera-t-il son rapport au surnaturel ?

Quand on écoute, à la télévision, les retransmissions religieuses du dimanche matin, on se rend compte que Dieu peut être vécu seulement comme nature, chair, énergie, image tangible. Comme aucun prédicateur n'ose nous montrer Dieu sous la forme d'un mannequin barbu ni sous la forme d'un automate de Disneyland, il ne reste plus qu'à trouver Dieu sous forme de force naturelle, joie, guérison, jeunesse, santé, développement économique (qui est, comme l'enseigne Max Weber, l'essence de l'éthique protestante et de l'esprit du capitalisme).

Oral Roberts est un prophète aux airs de boxeur qui a construit au cœur de l'Oklahoma l'Oral Roberts University, une ville de science-fiction totalement informatisée où une « tour de la prière » semblable à un relais télévisuel diffuse à travers les espaces sidéraux les suppliques au divin qui, accompagnées d'offrandes sous forme d'argent, arrivent du monde entier, *via* télex, comme dans les grands hôtels. Oral Roberts a un aspect sportif de boxeur à la retraite qui ne manque pas de donner quatre coups de poing dans un punching-ball chaque matin avant une bonne douche et un scotch. Son émission se présente comme un music-hall sacré (un Broadway dans la Jérusalem céleste) avec des chanteurs bicolores qui glorifient le Seigneur en descendant des escaliers et en faisant des claquettes, une main devant, l'autre derrière, tout en chantant « ba ba dup » sur l'air de « Jericho, Jericho » ou bien des choses du genre « Le Seigneur est mon récon-fort ». Oral Roberts s'assied sur une marche et parle avec sa femme, en lisant les lettres des fidèles angoissés. Les problèmes ne concernent pas des crises de conscience (divorces, vol de la paie des ouvriers) mais des crises biliaires, des maladies incurables. Oral Roberts est célèbre pour son *healing power*, dès qu'il touche il guérit. A la télévision, il ne peut pas toucher, mais il suggère conti-nuellement une idée du divin comme énergie (la méta-phore la plus souvent employée est « charge d'électricité »), il somme le diable de libérer son fidèle, serre le poing pour suggérer une idée de vitalité et de puissance. Dieu doit être senti de façon palpable comme santé et comme optimisme. Oral Roberts voit le paradis non comme la Rose mystique mais comme Marineland. Dieu est un bon hippopotame. Un rhinocéros qui combat son Armaged-don. Va-t'en, diable, sinon Dieu va te baiser.

Changeons de chaîne. Maintenant c'est Kathryn Kuhl-man qui tient le crachoir dans l'émission *I believe in miracles*, je crois aux miracles. Croire aux miracles signifie en général croire à un cancer qui disparaît quand les médecins avaient perdu tout espoir. Le miracle n'est pas la transsubstantiation, c'est la disparition d'une chose naturelle mais mauvaise. Kathryn, une horrible vieille insupportable, très maquillée, qui sourit comme la femme d'un directeur de la C.I.A. en visite chez Pinochet, interviewe quatre médecins pleins de titres très convain-cants qui essaient désespérément, assis dans son jardin de roses, de sauver leur dignité professionnelle. « Dites-moi, docteur Gzrgnibtz, moi je ne suis pas ici pour défendre Dieu qui n'a pas besoin de mon aide, mais ne vous est-il pas arrivé de rencontrer quelqu'un qui semblait condamné et qui ensuite a été guéri subitement ? » Le docteur cherche une échappatoire. « Vous savez, madame, la médecine ne peut pas tout expliquer, certaines fois il y a des cas psychosomatiques, j'ai bien sûr vu des gens avec un cancer gros comme ça qui deux mois après allaient à bicyclette, que dois-je vous dire ? » Et Kathryn : « Uap Uap (*rire avide*) que vous disais-je ? c'est la "rémission" qui ne peut venir que de Dieu ! » Le docteur essaie une dernière fois de se défendre avec du bon sens : « Mais vous voyez, madame, la science n'arrive pas à tout expliquer, nous ne pouvons pas tout savoir... » Kathryn lance un « Wow ! » féroce en tressaillant avec de petits rires presque sensuels : « Que vous disais-je ? *That's the truth*, quelle chose profonde vous avez dite, docteur ! Nous ne pouvons pas tout savoir ! Voilà la preuve de la puissance de Dieu, le *Supernatural Power of God* ! Le *Supernatural Power of God* n'a pas besoin d'être défendu ! Moi je sais, je sais ! Merci, chers amis, l'émission est terminée ! ». Kathryn Kuhlman n'a même pas tenté, comme le ferait un évêque catholique, de se demander si le guéri avait prié, et ne se demande pas non plus pourquoi Dieu a exercé son pouvoir sur lui et non pas sur son malheureux voisin d'hôpital. Dans le jardin de roses en couleur on a vérifié quelque chose qui « semble » un miracle, comme un visage de cire semble physiquement un personnage historique. A travers le jeu des miroirs et des musiques de fond, encore une fois, le faux semble vrai. Le médecin a la même fonction que le certificat des Beaux-Arts dans les musées de copies : la copie est authentique.

Mais si le surnaturel peut assumer uniquement les formes de la physique, la survivance de l'âme n'échappera pas au même destin. C'est ce discours que tiennent les cimetières californiens. Forest Lawn est une concentration de mémoires historiques, de reproductions d'œuvres de Michel-Ange, de chambres des merveilles, dans lesquelles on admire la reproduction des bijoux de la couronne britannique, les portes du baptistère de Florence en format réel, le *Penseur* de Rodin et différentes bigoteries, le tout assaisonné avec des musiques de Strauss (Johann). Les différents cimetières de Forest Lawn refusent le cénotaphe individuel, les chefs-d'œuvre de l'art de tous les temps font partie du patrimoine collectif, les tombes de la Hollywood Forest Lawn sont cachées sous de modestes dalles de bronze sous l'herbe des prés et à Glendale dans des cryptes très sobres avec diffusion de musique constante et reproduction de statues du siècle dernier de jeunes filles nues, des Vénus, des Vierges désarmées, des Pauline Borghèse, quelques Sacré-Cœur. La philosophie de Forest Lawn est exposée par son fondateur Eaton sur de grandes pierres gravées dans chaque annexe : la mort est une nouvelle vie, les cimetières ne doivent pas être des lieux de tristesse ni un amas désorganisé de statues funèbres. Ils doivent contenir les reproductions des plus belles œuvres d'art de tous les temps, les souvenirs de l'histoire (grandes mosaïques de l'histoire américaine, reliques — fausses — de la guerre d'Indépendance) et doivent être un lieu peuplé d'arbres et de petites chapelles sereines où les amoureux viennent se promener la main dans la main (et c'est vrai, malheureusement), les époux célébrer leurs noces (un grand panneau d'entrée de Forest Lawn-Glendale fait la publicité pour cérémonies nuptiales), les âmes pieuses méditer, rassurées sur la continuité de la vie. Aussi les grands cimetières californiens (certainement plus agréables que les nôtres) sont d'immenses imitations d'une vie naturelle et esthétique qui continue après la mort. L'éternité est assurée par la présence (en couple) de Michel-Ange et de Donatello. L'éternité de l'art devient métaphore de l'éternité de l'âme, la vitalité des plantes et des fleurs devient métonymie de la vitalité du corps qui se consume victorieusement sous la terre pour donner une nouvelle lymphe. L'industrie du Faux Absolu réussit à donner une apparence de vérité au mythe de l'Immortalité à travers le jeu des imitations et des copies, et réalise la présence du divin comme présence du naturel — mais le naturel « cultivé » comme dans les Marinelands.

A deux pas de ces enceintes, l'industrie du divertissement affronte un nouveau thème : l'au-delà comme terreur, présence diabolique, et la nature comme ennemi. Tandis que les cimetières et les musées de figures de cire chantent l'éternité de la Grâce artistique et que les Marinelands élèvent un péan à la bonté de l'Animal sauvage, les nouveaux films, dans la lignée de *L'Exorciste*, nous parlent d'un surnaturel féroce, diabolique et ennemi. Le film qui a eu un énorme succès, *Jaws*, raconte l'histoire d'une bête féroce et insatiable qui avale des hommes et des enfants après les avoir déchirés et mastiqués comme Dieu l'ordonne. Le requin de *Jaws* est un modèle hyperréaliste en plastique, « vrai » et contrôlable comme les automates « audioanimatroniques » de Disneyland. Mais c'est un cousin idéal des baleines prédatrices de Marineland. De leur côté, les diables, qui envahissent des films comme *L'Exorciste* ou sa dernière imitation, *Derrière la porte*, sont de méchants cousins de la divinité guérisseuse d'Oral Roberts : ils se manifestent par voie physique sous forme de vomissements verdâtres ou de voix croassantes. Les tremblements de terre ou les marées des *disaster movies* sont les frères de cette nature qui, dans les cimetières californiens, apparaît réconciliée avec la vie et avec la mort sous forme de troènes, de prés bien tondus, de pins agités par une brise légère. Mais comme la Nature bonne doit être sentie physiquement, même sous forme de musique d'instruments à cordes, la Nature méchante doit être perçue sous forme de secousse physique à travers la participation « synesthésique » du *sensurrounding* qui fait trembler les spectateurs sur leur chaise. Tout doit être palpable pour cette Amérique courante et secondaire qui ignore le Museum of Modern Art et la révolte d'Edward

Kienholz qui refait les musées de figures de cire mais en mettant à ses mannequins des têtes inquiétantes en forme d'horloge ou de scaphandre surréaliste. C'est l'Amérique de Linus pour qui le bonheur doit assumer la forme du Petit Chien ou de la Couverture, l'Amérique de Schroeder qui rend Beethoven vivant non pas tant à travers une partition réduite jouée sur un petit piano d'enfant qu'à travers son buste réaliste en marbre (ou caoutchouc). Une Amérique où le Bien, l'Art, la Fable et l'Histoire, ne pouvant pas se faire chair, doivent au moins se faire plastique.

L'idéologie de cette Amérique voudrait que, à travers l'imitation, s'établisse le réconfort. Mais le profit est vainqueur de l'idéologie parce que les consommateurs ne veulent pas s'exciter uniquement sur la garantie du bien mais également sur le frisson du Mal historique, les Pirates doivent aussi avoir leur évidence palpable ; dans les musées de figures de cire, à côté de la *Vénus de Milo*, nous devons trouver les Prédateurs de tombes, Dracula, Frankenstein, le Lycanthrope, Jack l'Éventreur, le Fantôme de l'Opéra. A côté de la Bonne Baleine s'agite le Méchant Requin en plastique. Tous les deux au même niveau de crédibilité, tous les deux au même niveau de fausseté pour qu'en entrant dans les cathédrales du réconfort iconique le visiteur ne sache pas si son destin est l'enfer ou le paradis et consomme de nouvelles promesses.

II

LE NOUVEAU MOYEN ÂGE*

* *Espresso*, 1972.

Récemment et un peu partout, on a commencé à parler de notre époque comme d'un nouveau Moyen Âge. Il s'agit maintenant de savoir si c'est une prophétie ou une constatation. En d'autres termes : sommes-nous déjà entrés dans le Nouveau Moyen Âge ou, comme l'a dit Roberto Vacca[1] dans un livre assez inquiétant : « Allons-nous au-devant d'un prochain Moyen Âge imminent ? » La thèse de Vacca concerne la dégradation des grands systèmes typiques de l'ère technologique. Trop vastes et complexes pour être contrôlés même individuellement par des dirigeants efficaces, ils sont voués à l'effondrement et par interaction à produire un retour en arrière de toute la civilisation industrielle. Voyons brièvement l'hypothèse la plus apocalyptique imaginée par Vacca, dans une sorte de scénario futurible très convaincant en apparence.

1. Projet d'Apocalypse

Un jour, aux États-Unis, la coïncidence d'un embouteillage routier et d'une paralysie des chemins de fer empêche

---

1. Ingénieur, auteur d'un livre intitulé *Il Medioevo prossimo venturo (N.D.T.).*

le personnel de relève d'atteindre un grand aéroport. Accablés par le stress, les contrôleurs non remplacés provoquent une collision entre deux *jets* qui tombent sur une ligne électrique à haute tension. Sa charge, répartie sur d'autres lignes déjà surchargées, provoque un black-out comme celui que New York a déjà connu il y a quelques années. Mais cette fois-ci, le black-out est plus radical et dure quelques jours. Comme il neige, les routes sont bloquées et les voitures créent des embouteillages monstres ; dans les bureaux, on allume des feux pour se chauffer, des incendies éclatent et les pompiers n'arrivent pas à rejoindre les lieux pour les éteindre. Le réseau téléphonique se bloque sous la pression de cinquante millions de personnes isolées qui essaient de se contacter. Des marches dans la neige commencent et des morts sont abandonnés en chemin.

Dépourvus de toutes provisions, les migrants essaient de s'emparer d'abris et de denrées alimentaires ; les dizaines de milliers d'armes à feu vendues en Amérique entrent en action, les forces armées s'emparent de tous les pouvoirs et sont à leur tour victimes de la paralysie générale. On pille les supermarchés, dans les maisons les réserves de bougies sont épuisées, dans les hôpitaux le nombre de morts de froid, de faim et de manque de soins augmente. Quelques semaines plus tard, lorsque tout rentrera péniblement dans l'ordre, des millions de cadavres dispersés dans les villes et dans les campagnes commenceront à répandre des épidémies et des fléaux dignes de la peste noire, qui au XIVe siècle détruisit les deux tiers de la population européenne. On verra naître des psychoses de contamination et un nouveau maccarthysme bien plus sanglant que le premier entrera en vigueur. La vie politique, en crise, se divisera en une série de sous-ensembles autonomes et indépendants par rapport au pouvoir central, avec des milices mercenaires et une administration affranchie de la justice. Au fur et à mesure que la crise s'étendra, elle sera surmontée plus facilement par les habitants des zones sous-développées, déjà prêts à vivre dans des conditions élémentaires de vie et de compétition. Il y aura de vastes migrations, suivies de fusions et de mélanges raciaux, de circulation et de diffusion de nouvelles idéologies. Comme il n'y aura plus ni lois ni cadastres, la propriété se fondera sur l'usucapion ; d'ailleurs la décadence rapide réduira les villes à une série de ruines plus ou moins habitables et occupées par ceux qui s'en empareront tandis que les petites autorités locales pourront garder un certain pouvoir en construisant des clôtures et des fortifications. A ce moment-là, on sera déjà en pleine structure féodale : les alliances entre les pouvoirs locaux s'appuieront sur le compromis et non pas sur les lois ; les rapports individuels reposeront sur l'agression, sur une alliance par amitié ou communauté d'intérêts ; des mœurs primaires d'hospitalité pour le migrant renaîtront. Face à cette perspective, Vacca nous dit qu'il n'y a rien d'autre à faire que songer à planifier l'équivalent des communautés monastiques qui s'entraînent dès maintenant, au milieu de cette décadence, à sauvegarder et à transmettre les connaissances techniques et scientifiques utiles à l'avènement d'une nouvelle Renaissance. Comment faudra-t-il organiser ces connaissances ? Comment empêcher qu'elles ne se corrompent dans les processus de transmission ou que certaines communautés ne les utilisent pour exercer leur propre pouvoir ? Ce sont ces problèmes que traitent les derniers chapitres (en grande partie discutables) du *Medioevo prossimo venturo*. Mais le problème (comme nous le disions au début) est ailleurs. Il s'agit avant tout de décider si le scénario de Vacca est un scénario apocalyptique ou bien l'emphatisation de quelque chose qui existe déjà. Ensuite, il faut dégager la notion de Moyen Âge de l'aura négative dont l'a entourée une certaine tendance culturelle inspirée par la Renaissance. Essayons par conséquent de comprendre ce que l'on entend par « Moyen Âge ».

2. Pour un autre Moyen Âge

Commençons par remarquer que ce terme définit deux moments historiques bien distincts : le premier va de la chute de l'empire romain d'Occident jusqu'à l'an mille : c'est une époque de crise, de décadence, d'installations violentes de certains peuples et de heurts des cultures. Le second va de l'an mille jusqu'à cette période appelée à l'école « Humanisme » ; non sans raison, de nombreux historiens étrangers la considèrent comme une époque déjà florissante et parlent même de trois Renaissances : l'une carolingienne, l'autre pendant les xie et xiie siècles et une troisième qui est connue sous le nom de Renaissance tout court.

En admettant qu'on arrive à synthétiser le Moyen Âge en une sorte de modèle abstrait, auquel des deux moments définis ci-dessus pourrait correspondre notre époque ? Il serait naïf de vouloir tenter un rapprochement terme à terme, pour la bonne raison que nous vivons une époque d'accélération où ce qui se passe maintenant en cinq ans peut parfois correspondre à ce qui se passait en cinq siècles. En outre, le centre du monde s'est étendu à toute la planète. Aujourd'hui, des civilisations, des cultures et des états de développement différents coexistent, et nous avons tendance à parler de « condition médiévale » à propos des populations bengali, à voir en New York une florissante Babylone ou à considérer Pékin comme le modèle d'une nouvelle Renaissance. Il faudra donc établir un parallèle entre certains moments et certaines situations de notre civilisation planétaire et plusieurs moments d'un processus historique qui va du ve au xive siècle. Il est évident que comparer un moment historique précis (aujourd'hui) avec une période qui s'étend sur presque mille ans tient du jeu gratuit et le serait réellement si nous nous arrêtions là. Mais nous nous proposons d'élaborer une « hypothèse de Moyen Âge » (comme si nous nous proposions de construire un Moyen Âge et songions aux ingrédients qu'il faudrait pour en produire un qui soit efficace et plausible).

Cette hypothèse ou ce modèle aura toutes les caractéristiques des créations de laboratoire : ce sera le résultat d'un choix, d'un filtrage qui dépendront d'un but précis. Notre but est de construire une image historique sur laquelle mesurer des tendances et des situations de notre époque. Ce sera un jeu de laboratoire, mais personne n'a jamais dit sérieusement que les jeux sont inutiles. En jouant, l'enfant apprend à être au monde justement parce qu'il imite ce qu'un jour il devra faire vraiment.

Que faut-il pour faire un bon Moyen Âge ? D'abord, une Grande Paix qui se dégrade, un grand pouvoir international qui, ayant unifié le monde du point de vue de la langue, des mœurs, des idéologies, des religions, de la technologie et de l'art, s'effondre à un moment donné, à cause de sa propre complexité ingouvernable. Il s'effondre parce qu'aux frontières « pressent » des barbares pas nécessairement incultes, mais qui apportent de nouvelles mœurs et de nouvelles visions du monde. Ces barbares peuvent pénétrer par la violence, car ils veulent s'approprier une richesse qui leur avait été niée ; ou bien, ils peuvent s'insinuer dans le corps social et culturel de la Paix dominante en véhiculant de nouvelles croyances et de nouvelles perspectives de vie. Au commencement de sa décadence, l'Empire romain n'est pas miné par l'éthique chrétienne ; il s'est déjà miné lui-même en intégrant à sa culture la culture alexandrine, les cultes orientaux de

Mithra et d'Astarté, en faisant joujou avec la magie, avec les nouvelles éthiques sexuelles, les différents espoirs et images de salut.

Il a accueilli de nouvelles composantes raciales et, par la force des choses, il a éliminé beaucoup de barrières rigides entre les classes sociales. De ce fait, il a réduit la différence entre citoyens et non-citoyens, entre plébéiens et patriciens, sans pour autant abolir la division des richesses et tout en estompant les différences dans les rôles sociaux. Il ne pouvait pas faire autrement. D'ailleurs, il a assisté à des phénomènes d'acculturation, élevé au rang de gouvernants des hommes de races considérées, à peine deux siècles avant, comme inférieures et a « dédogmatisé » de nombreuses théologies. A la même période, le gouvernement peut adorer les dieux classiques, les soldats Mithra et les esclaves Jésus. D'instinct, on persécute la foi qui semble être de loin la plus fatale au système mais la grande tolérance répressive permet de tout accepter.

L'effondrement de la Grande Paix (militaire, civile et culturelle) inaugure une période de crise économique et de carence des pouvoirs. Mais ces siècles obscurs n'apparaissent si « obscurs » qu'à cause d'une réaction anticléricale, d'ailleurs parfaitement justifiable ; en réalité, même le haut Moyen Âge (peut-être plus encore que le Moyen Âge après l'an mille) a été une époque d'une incroyable vitalité intellectuelle, de dialogues passionnés entre les civilisations barbares, l'héritage romain et les piments judéo-chrétiens, de voyages et de rencontres ; une époque où les moines irlandais traversaient l'Europe, diffusaient des idées, encourageaient la lecture et inventaient des choses extravagantes en tout genre... En un mot, c'est bien en ce temps-là que l'homme occidental s'est forgé, et c'est en ce sens que le modèle d'un Moyen Âge peut nous aider à comprendre ce qui se passe de nos jours : la faillite de la Grande Paix entraîne l'insécurité et la crise, le heurt des civilisations et l'ébauche d'une image d'un homme nouveau. Elle ne deviendra claire que plus tard, mais les éléments fondamentaux sont déjà en train de mijoter dans un chaudron dramatique. Boèce qui vulgarise Pythagore et relit Aristote ne répète pas par cœur la leçon du passé; il invente une nouvelle façon de faire de la culture et, en feignant d'être le dernier des Romains, il élabore en réalité le premier bureau d'études des cours barbares.

3. *Crise de la* Pax americana

L'idée que nous sommes en train de vivre la crise de la *Pax americana* est désormais un lieu commun de l'historiographie du présent. Il serait tout à fait puéril de figer dans une image précise les « nouveaux barbares », étant donné le sens négatif et trompeur que le terme « barbare » continue à avoir pour nous : il est difficile de dire si ce sont les Chinois ou les peuples du tiers monde, ou la génération de la contestation, ou encore les immigrés méridionaux qui sont en train de créer un nouveau Piémont inconnu dans le passé; il est difficile de dire s'ils se pressent aux frontières (lesquelles ?) ou s'ils opèrent déjà à l'intérieur du corps social. D'ailleurs, qui étaient les barbares pendant les siècles de la décadence impériale ? Les Huns, les Goths, les peuples asiatiques ou africains qui entraînaient le cœur de l'Empire dans leurs commerces et dans leurs religions ? La seule chose qui était clairement en train de disparaître était le Romain comme aujourd'hui disparaît l'Homme libéral, l'entrepreneur de langue anglo-saxonne qui a eu avec *Robinson Crusoé* son poème primitif et avec Max Weber son Virgile.

Dans les maisons des banlieues, l'*executive* moyen aux cheveux en brosse personnifie encore le Romain aux vertus traditionnelles, mais son fils se coiffe comme un

Indien, porte un poncho de Mexicain, joue du sitar asiatique, lit des textes bouddhiques ou des pamphlets léninistes et parvient (comme souvent c'était le cas pendant le Bas-Empire) à mettre en accord Hesse, le Zodiaque, l'alchimie, la pensée de Mao, la marijuana et les techniques de la guérila urbaine. Il suffit de lire *Do It* de Jerry Rubin ou de penser aux programmes de l'Alternative University qui, il y a deux ans, organisait à New York des cours sur Marx, l'économie cubaine et l'astrologie. D'ailleurs, même ce Romain survivant joue dans ses moments d'ennui à l'échangisme et met en crise le modèle de la famille puritaine.

Inséré dans une grande corporation (grand système en cours de dégradation), ce Romain aux cheveux en brosse est déjà en train de vivre la décentralisation absolue et la crise du pouvoir (ou des pouvoirs) central qui est réduit à n'être plus qu'une fiction (comme l'était l'Empire) et à un système de principes toujours plus abstraits. On peut lire à ce propos l'essai impressionnant de Furio Colombo[1] *(Potere gruppi e conflitto nella società neofeudale)* qui met en lumière l'aspect néo-médiéval de notre époque. Nous savons tous, sans avoir fait d'études de sociologie, que chez nous les décisions du gouvernement ne sont souvent que des décisions formelles par rapport à celles apparemment périphériques de certains grands centres économiques ; ce n'est pas un hasard si ceux-ci commencent à constituer leurs services privés de renseignements, en utilisant éventuellement les forces du service public, et à créer leurs propres universités, dont l'enseignement est fondé sur une efficacité particulière face à l'écroulement du Distributeur central d'éducation. Tous les jours, des informations nous démontrent l'indépendance absolue

1. Journaliste et essayiste. Le texte cité a paru dans *Documenti su il nuovo medioevo,* Bompiani, 1973, où a été publié aussi le présent article *(N.D.T.).*

entre les politiques du Pentagone, du F.B.I. et de la Maison Blanche.

« Le coup de force du pouvoir technologique a vidé les institutions de leurs contenus et a abandonné le centre de la structure sociale », observe Colombo qui ajoute que le pouvoir « s'organise ouvertement à l'extérieur de la zone centrale du corps social, en se dirigeant vers une zone affranchie des tâches et des responsabilités générales, en révélant, ouvertement et de façon inattendue, le caractère accessoire des institutions. »

Les appels que l'on lance ne sont plus formulés en termes de hiérarchie ou de fonction codifiée mais en termes de prestige ou de pression réelle. Colombo cite le cas de la révolte des prisons de New York en octobre 1970, pendant laquelle l'autorité institutionnelle, le maire Lindsay, n'a pu intervenir qu'au moyen d'appels à la modération tandis que les négociations se faisaient d'abord entre prisonniers et gardiens et ensuite entre les journalistes et la direction des prisons, grâce à la média-tion réelle de la télévision.

4. La vietnamisation du territoire

Dans le jeu des différents intérêts privés qui arrivent à s'autogérer et à entretenir les uns avec les autres des rapports d'équilibre et de compromis, avec à leur service des polices privées et des vigiles, possédant leur propre matériel d'autodéfense, Furio Colombo voit une progres-sive vietnamisation des territoires, sillonnés par de nou-velles compagnies de mercenaires (qui sont-ils, les *minute-men* ou les *Black Panthers* ?). Essayez d'atterrir à New York avec un avion de la T.W.A., vous entrerez dans un monde absolument privé, dans une cathédrale autogérée qui n'a rien à voir avec le terminal de la Panam. Le pouvoir central, qui ressent la pression de la T.W.A. d'une façon particulièrement intense, fournit à cette compagnie un service de visas et de douanes plus rapide qu'aux autres. Si vous voyagez avec T.W.A., vous entrez aux États-Unis en cinq minutes, avec les autres compagnies il faut compter une heure. Tout dépend du seigneur féodal volant auquel vous vous lierez et les *missi dominici* (qui sont aussi les dépositaires du pouvoir de condamnation et d'absolution idéologique) lèveront les excommunications pour certains tandis que pour d'autres ce sera plus difficile.

Ce n'est pas la peine d'aller en Amérique pour remarquer les modifications qu'on a fait subir à l'aspect extérieur du hall d'une banque à Milan ou à Turin ; ou pour se rendre compte de la complexité des contrôles internes gérés eux-mêmes par des polices internes qu'il faut passer pour pénétrer dans l'immeuble de la R.A.I. à Rome, qui est devenu un château plus fortifié que les autres. L'exemple de la fortification et de la paramilitarisation des usines est maintenant courant dans notre pays. Quand on en est là, l'agent de police de service ne sert plus qu'à moitié ; il confirme la présence symbolique du pouvoir qui parfois peut effectivement devenir le bras séculier de quelqu'un ; mais souvent les forces mercenaires internes suffisent. Quand la forteresse hérétique (que l'on pense à l'université *statale* de Milan, avec son territoire franc et ses privilèges de fait) devient embarrassante, alors le pouvoir central intervient pour rétablir l'autorité de l'image de l'État ; mais à la faculté d'architecture de Milan, qui s'était transformée en citadelle, le pouvoir central n'est intervenu qu'après la décision prise par des seigneurs féodaux d'origines diverses (industries, journaux, Démocratie chrétienne locale) de triompher de la citadelle ennemie. Ce n'est qu'à ce moment-là que le pouvoir central s'est aperçu, ou a fait semblant de croire, que la situation était illégale depuis des années et il a incriminé le conseil de faculté. Ce petit fief aberrant de templiers ou ce monastère de moines débauchés a été laissé à sa propre gestion, à ses règles, à ses jeûnes ou à ses libertinages, jusqu'au moment où la pression de certains barons est devenue insoutenable[1].

Un géographe italien, Giuseppe Sacco, a développé, il y a un an, le thème de la médiévalisation de la ville. Une série de minorités qui refusent d'être intégrées constituent des clans ; chaque clan repère un quartier qui devient son centre, souvent inaccessible : on en arrive à la notion de

1. Les étudiants protestent parce que les salles de cours sont bondées et l'enseignement est trop autoritaire. Les professeurs voudraient organiser le travail en séminaires avec la participation des étudiants, mais la police intervient. Dans un affrontement, cinq étudiants sont tués (année 1200). On introduit une réforme qui accorde de l'autonomie aux professeurs et aux étudiants ; le chancelier ne pourra pas refuser la licence d'enseignement au candidat qui sera proposé par six professeurs (année 1215). Le chancelier de Notre-Dame interdit les livres d'Aristote. Les étudiants envahissent et démolissent une taverne sous prétexte que ses prix sont trop élevés. Le préposé de la police intervient avec une compagnie d'archers et blesse des passants. Des groupes d'étudiants arrivent des rues avoisinantes et attaquent les forces de l'ordre en lançant des pavés. Le préposé de la police donne l'ordre de charger ; trois étudiants sont tués. Grève générale à l'université où les étudiants se barricadent et envoient une délégation au gouvernement. Beaucoup d'étudiants et de professeurs vont vers des universités périphériques. Après de longues négociations, le roi établit une loi qui réglemente les prix des logements des étudiants et qui crée des collèges universitaires et des cantines (mars 1229). Les ordres mendiants occupent trois chaires sur douze. Révolte des enseignants séculiers qui les accusent de constituer le mandarinat (1252). L'année suivante une lutte violente entre la police et les étudiants éclate ; les enseignants séculiers refusent de faire cours par solidarité, alors que les professeurs des ordres mendiants continuent à faire les leurs (1253). L'université entre en conflit avec le pape, qui donne raison aux enseignants des ordres réguliers, jusqu'au moment où Alexandre IV est obligé de concéder le droit de grève si la décision en est prise par l'assemblée de la faculté avec la majorité des deux tiers. Certains enseignants refusent ces concessions et sont destitués : Guillaume de Saint-Amour, Eudes de Douai, Chrétien de Beauvais et Nicolas de Bar-sur-Aube sont incriminés. Les professeurs destitués publient un livre blanc intitulé *Le Danger des temps récents*, mais ce livre est condamné comme « inique, criminel et exécrable » par une bulle de 1256 (*cf.* Gilette Ziegler, *Le Défi de la Sorbonne*, Paris, Julliard, 1969).

contrada médiévale (Sacco enseigne à Sienne). C'est d'ailleurs aussi l'esprit de clan qui inspire les classes possédantes : celles-ci poursuivent le mythe de la nature, se réfugient à l'extérieur des villes, dans les quartiers-jardins, munis de supermarchés autonomes qui donnent naissance à d'autres types de microsociétés.

Sacco reprend aussi le thème de la vietnamisation des territoires, qui deviennent les théâtres de tensions permanentes à cause de la rupture du consensus : parmi les ripostes du pouvoir, il y a la tendance à la décentralisation des grandes universités (une sorte de défoliation des masses étudiantes) pour éviter de dangereuses concentrations. Dans ce cadre de guerre civile permanente dominé par les affrontements des minorités opposées et privées de centre, les villes deviendront de plus en plus ce que nous pouvons déjà trouver dans certaines localités d'Amérique latine, habituées à la guérilla, où la fragmentation du corps social est bien symbolisée par le fait que les concierges des immeubles sont généralement armés de mitraillettes. Dans ces mêmes villes, les bâtiments publics semblent des forteresses et sont quelquefois entourés de barrières en terre destinées à les protéger contre les attaques au bazooka comme les palais présidentiels.

Naturellement notre comparaison avec le Moyen Âge doit être suffisamment articulée pour ne pas craindre des images diamétralement opposées. Car, alors que dans l'autre Moyen Âge la décroissance de la population, la famine dans les campagnes, les difficultés dans les communications, la décadence des routes et des postes romaines et la crise du contrôle central étaient étroitement liées, aujourd'hui on dirait que c'est exactement le contraire (par rapport à la crise des pouvoirs centraux). Il y a excès de population et ce phénomène interagit avec l'excès des communications et des transports, en rendant invivables les villes, non pas à cause de la destruction et de l'abandon, mais à cause du paroxysme des activités. Le lierre qui ronge les vieilles constructions est, pour le moment, remplacé par la pollution atmosphérique et par l'accumulation de déchets qui défigurent et rendent irrespirables les nouveaux grands ensembles. La ville se remplit d'immigrés et se vide de ses vieux habitants qui n'y viennent que pour travailler et rentrent vite dans leurs faubourgs (qui, après le massacre de Bel Air, sont de plus en plus fortifiés). Manhattan est en passe de ne plus être habité que par des Noirs, Turin que par des Méridionaux tandis que, sur les collines et dans les plaines avoisinantes, on voit naître des châteaux qui établissent entre eux des relations de bon voisinage, de la méfiance réciproque et de grandes occasions de rencontres.

5. La détérioration écologique

Par ailleurs, les grandes villes, qui aujourd'hui ne sont ni envahies par des barbares belligérants ni dévastées par des incendies, souffrent de pénurie d'eau, de crises de l'énergie électrique, de paralysies de la circulation. Vacca nous rappelle l'existence de groupes underground qui, pour miner les bases de la coexistence technologique, invitent les gens à faire sauter toutes les lignes électriques par l'utilisation simultanée du plus grand nombre possible d'appareils électroménagers et à rafraîchir leurs appartements en gardant les réfrigérateurs ouverts. Vacca, en bon scientifique, observe que le réfrigérateur ouvert ne diminue pas la température mais au contraire la fait augmenter : les philosophes païens avaient déjà des objections bien plus graves contre les théories sexuelles et économiques des premiers chrétiens ; le problème n'était pas toutefois de savoir si ces théories étaient efficaces, mais de réprimer l'abstinence et le refus de collaborer lorsqu'ils dépassaient certaines limites. Les professeurs du lycée Castelnuovo de Rome sont incriminés parce qu'ils ne marquent pas comme absents les élèves qui participent aux assemblées et cela équivaut à un refus de sacrifier aux dieux. Le pouvoir craint le relâchement des cérémonies et la carence de respect formel des institutions, car il y voit la volonté de saboter l'ordre traditionnel et d'introduire des mœurs nouvelles.

Le haut Moyen Âge est aussi caractérisé par une forte décadence technologique et par l'appauvrissement des campagnes. Il y a pénurie de fer et le paysan qui laisse tomber dans le puits son unique faucille doit attendre l'intervention miraculeuse d'un saint (comme en témoignent les légendes), autrement c'est la fin. L'impressionnante décroissance de la population ne s'estompe qu'après l'an mille, grâce à l'introduction de la culture des haricots, des lentilles et des fèves, hautement nourrissants, sans quoi l'Europe serait morte de faiblesse constitutionnelle (le rapport entre la renaissance culturelle et les haricots est décisif). Le parallèle avec notre société peut se poursuivre car les résultats sont les mêmes, malgré une apparente opposition : un développement technologique immense entraîne un mauvais fonctionnement et l'expansion de l'industrie alimentaire provoque la production de nourritures toxiques et cancérigènes.

D'autre part la société de consommation à outrance ne produit pas des objets parfaits mais des gadgets qui se détériorent facilement (si vous voulez un bon couteau, achetez-le en Afrique, car, aux États-Unis, après la première utilisation, il se casse) et la société technologique est en voie de devenir une société d'objets usés et inutilisables ; tandis que dans les campagnes nous assistons à des déboisements, à l'abandon des cultures, à la pollution de l'eau, de l'atmosphère et des plantes, à la disparition d'espèces animales, etc. C'est pourquoi au moins une injection d'éléments sains, faute de haricots, devient de plus en plus urgente.

6. *Le néo-nomadisme*

Le fait qu'aujourd'hui on aille sur la Lune, que l'on transmette des matchs de football par satellite et que l'on invente de nouvelles substances correspond très bien à cet autre aspect méconnu du Moyen Âge défini généralement comme une première révolution industrielle : en l'espace de trois siècles, on invente les étriers, le collier avec attelle, le gouvernail postérieur articulé qui permet aux bateaux de naviguer en louvoyant contre le vent, le moulin à vent. Contrairement à ce que l'on pourrait croire, un homme a peu de chances de voir Pavie, tandis qu'il en a de nombreuses de finir à Saint-Jacques-de-Compostelle ou à Jérusalem. L'Europe médiévale était sillonnée de routes de pèlerinage (dont on trouvait la liste dans les bons guides touristiques qui indiquaient les églises abbatiales comme aujourd'hui on indique les motels et les Hilton), de même que nos cieux sont sillonnés de lignes aériennes qui permettent d'aller plus facilement de Rome à New York que de Spolète à Rome.

Quelqu'un pourrait objecter qu'au Moyen Âge on voyageait dans l'insécurité ; partir signifiait faire son testament (que l'on pense au départ du vieil Anne Vercors dans *L'Annonce faite à Marie*, de Paul Claudel) ; voyager signifiait rencontrer des brigands, des bandes de vagabonds et des fauves. Mais depuis un certain temps déjà l'idée du voyage moderne entendu comme un chef-d'œuvre de confort et de sécurité a échoué, et lorsque, pour monter à bord d'un *jet*, il faut passer par les différents contrôles électroniques et les perquisitions contre les détournements, on revit exactement le vieux sentiment d'aventureuse insécurité, destiné vraisemblablement à croître.

7. L'insécurité

« Insécurité » est un mot clef : il faut insérer ce sentiment dans le cadre des angoisses millénaristes ou « chiliastiques » : le monde est sur le point de finir, une catastrophe ultime mettra un terme au millénium. Il est désormais prouvé que les célèbres terreurs de l'an mille ne sont qu'une légende, comme il est prouvé également que tout le Xe siècle est parcouru par la peur de la fin (sauf que vers la fin du millénium cette psychose était déjà passée). En ce qui concerne notre époque, les thèmes récurrents de la catastrophe atomique et de la catastrophe écologique (aussi bien que l'essai que vous êtes en train de lire) sont déjà des annonces de vigoureux courants apocalyptiques. Le correctif utopique de l'époque était l'idée de la *renovatio imperii* ; celui d'aujourd'hui se résume dans l'idée assez modulable de « révolution ». Les deux idées ne manquent pas de perspectives réelles malgré des déphasages par rapport aux projets de départ (l'Empire ne se renouvellera pas, mais on assistera à la renaissance des communes et des monarchies nationales qui disciplineront l'insécurité). Mais l'insécurité n'est pas seulement historique, elle est aussi psychologique, elle fait corps avec le rapport homme-paysage, et le rapport homme-société. On errait la nuit dans les forêts en les voyant peuplées de présences maléfiques, on ne s'aventurait pas si facilement hors des lieux habités, on sortait armé. C'est tout à fait le destin qui attend l'habitant de New York qui ne met plus le pied, après cinq heures du soir, à Central Park, ou craint de prendre un métro le conduisant par erreur à Harlem ou évite d'emprunter ce moyen de transport après minuit et même avant s'il est une femme. Tandis que les forces de police commencent à réprimer partout les hold-up en massacrant sans discrimination les bons et les méchants, s'instaure une pratique du vol révolutionnaire et de l'enlèvement d'ambassadeurs. De la même façon un cardinal pouvait être pris en otage avec sa suite par n'importe quel Robin des Bois pour être échangé contre un ou deux gais compagnons de la forêt destinés à la potence ou à la roue. Comme dernière touche au tableau de l'insécurité collective, nous pouvons ajouter que maintenant comme alors, et contrairement aux usages instaurés par les États modernes et libéraux, on ne déclare plus la guerre (sauf à la fin du conflit, voir l'Inde et le Pakistan) et on ne sait jamais si l'on est en état de guerre ou pas. Pour le reste, il suffit d'aller à Livourne, à Vérone ou à Malte pour voir que les troupes de l'Empire restent en garnison dans les différents territoires nationaux ; il s'agit d'armées multilingues avec des amiraux continuellement tentés d'utiliser les forces pour guerroyer (ou faire de la politique) pour leur propre compte.

8. Les « vagantes »

Dans ces vastes territoires dominés par l'insécurité errent des bandes de marginaux, mystiques ou aventuriers. A côté des étudiants qui, dans la crise générale des universités et grâce à des bourses complètement incohérentes, redeviennent itinérants en ne faisant appel qu'à des maîtres non sédentaires et en refusant leurs propres « instituteurs naturels », nous avons des bandes hippies —

qui sont de véritables ordres mendiants — vivant de la charité publique, à la recherche d'un bonheur mystique (il y a peu de différence entre la drogue et la grâce divine, notamment parce que plusieurs religions non chrétiennes commencent à apparaître derrière le bonheur chimique). Les populations locales ne les acceptent pas et les persécutent et, quand il aura été chassé de toutes les auberges de jeunesse, le frère des fleurs écrira que là se trouve le parfait bonheur. Comme au Moyen Âge, la différence entre le mystique et le larron est négligeable ; Manson n'est rien d'autre qu'un moine qui a exagéré, comme ses ancêtres, avec les rites sataniques (d'autre part même quand l'homme de pouvoir fait de l'ombre au gouvernement légitime on l'implique dans le scandale des ballets bleus comme le fit Philippe le Bel avec les templiers). Excitation mystique et rites diaboliques sont très proches, et Gilles de Rais, brûlé vif après avoir dévoré trop d'enfants, était bien le compagnon d'armes de Jeanne d'Arc, « guérillera » charismatique comme le Che. D'autres formes proches de celles des ordres mendiants sont au contraire revendiquées par les groupes politisés, le moralisme de l'Union des marxistes-léninistes a des racines monastiques, avec son appel à la pauvreté, à l'austérité des mœurs et au « service du peuple ».

Si les comparaisons semblent désordonnées, que l'on pense à l'énorme différence, sous l'apparente couverture religieuse, existant entre les moines contemplatifs et les truands qui à l'intérieur des couvents en faisaient des vertes et des pas mûres, entre les franciscains actifs et populistes et les dominicains doctrinaires et intransigeants ; tous ensemble pourtant s'étaient exclus volontairement et de façon différente du contexte social courant, méprisé en tant que décadent, diabolique, source de névrose, d'« aliénation ». Ces sociétés d'innovateurs, partagées entre une furieuse activité pratique au service des déshérités et une violente discussion théologique, sont déchirées par des accusations réciproques d'hérésie, des excommunications à rebondissements perpétuels. Chaque groupe fabrique ses propres dissidents et ses propres hérétiques, les diatribes que s'adressaient les dominicains ne sont pas différentes de celles que se lancent les trotskistes et les stalinistes — et cela n'est pas l'indice d'un désordre sans but mais au contraire celui d'une société où des forces nouvelles cherchent de nouvelles images de vie collective et découvrent qu'elles ne peuvent pas les imposer sinon à travers la lutte contre les « systèmes en place », en pratiquant une consciente et rigoureuse intolérance théorique et pratique.

9. L'Auctoritas

Il y a un aspect de la civilisation médiévale que l'optique laïque, éclairée et libérale nous a conduits par excès de polémique à déformer et à mal juger : c'est la pratique du recours à l'*auctoritas*. Le savant médiéval fait toujours semblant de ne rien avoir inventé et cite continuellement une autorité précédente. Il peut s'agir des Pères de l'Église orientale, de saint Augustin, d'Aristote, des Écritures ou bien de savants du siècle précédent, mais il ne faut jamais soutenir quelque chose de nouveau sans le faire apparaître comme déjà dit par quelqu'un qui nous a précédés. Si on réfléchit bien, c'est exactement l'opposé de ce qui va se faire de Descartes à nos jours où le philosophe ou le scientifique qui ont un peu de valeur sont justement ceux qui ont apporté quelque chose de neuf (cela vaut aussi, à partir du romantisme et peut-être même à partir du maniérisme, pour l'artiste). Le savant du Moyen Âge, lui, fait exactement le contraire. Ainsi le discours culturel médiéval semble, vu de l'extérieur, être un énorme monologue sans différences, car tout le monde se soucie d'utiliser le même langage, les mêmes citations, les mêmes arguments, le même lexique, si bien que, toujours de l'extérieur, on a l'impression d'entendre répéter sans arrêt la même chose, exactement comme quand on assiste à une assemblée d'étudiants, quand on lit la presse des groupuscules extrémistes ou les écrits de la révolution culturelle.

En réalité, le spécialiste du Moyen Âge sait reconnaître des différences fondamentales de la même façon que le politicien d'aujourd'hui se repère aisément en reconnaissant les différences et les déviations qui caractérisent les interventions et lui permettent de classer son interlocuteur dans telle ou telle autre formation. Le fait est que le savant du Moyen Âge sait très bien qu'on peut faire ce que l'on veut avec l'*auctoritas* : « L'autorité a un nez en cire qu'on peut déformer comme on veut », dit Alain de Lille au XIIᵉ siècle. Mais déjà avant lui Bernard de Chartres avait dit : « Nous sommes comme des nains sur les épaules de géants », les géants sont les autorités indiscutables, beaucoup plus lucides et clairvoyantes que nous ; mais nous, petits comme nous le sommes, lorsque nous nous appuyons sur elles nous voyons plus loin. Il y avait donc, d'une part, la conscience qu'on était en train d'innover et d'avancer ; et, d'autre part, il fallait que l'innovation s'appuie sur un corpus culturel qui assure d'un côté certaines convictions indiscutables et de l'autre un langage commun. Ce n'était pas que du dogmatisme (même si souvent ça le devenait), mais c'était ainsi que l'homme du Moyen Âge réagissait au désordre et à la dissipation culturelle du Bas-Empire, au mélange d'idées, de religions, de prouesses et de langages du monde hélléniste où chacun se trouvait seul avec son trésor de savoir. La première chose à faire était de reconstituer une thématique, une rhétorique et un lexique commun, afin de se reconnaître, sans quoi on ne pouvait plus ni communiquer ni (et c'était le plus important) jeter un pont entre l'intellectuel et le peuple — ce que l'intellectuel du Moyen Âge faisait, contrairement à l'intellectuel grec ou romain.

Or l'attitude des jeunes groupes politiques est tout à fait du même genre ; elle est une réaction face à la dissipation de l'originalité romantico-idéaliste et face au pluralisme des perspectives libérales, considérées comme des couvertures idéologiques qui cachent, sous la patine de la différence d'opinions et de méthodes, l'unité massive de la domination économique. La recherche de textes sacrés (qu'ils soient de Marx ou de Mao, de Che Guevara ou de Rosa Luxemburg) a d'abord la fonction de rétablir une base commune de discours, un corpus d'autorités reconnaissables qui permettent de mettre en place le jeu des différences et des propositions de choc. Cela est fait avec une humilité tout à fait médiévale et exactement opposée à l'esprit moderne, bourgeois, issu de la Renaissance ; la personnalité de celui qui propose ne compte plus et la proposition ne doit pas passer pour une découverte individuelle, mais pour le fruit d'une décision collective, toujours rigoureusement anonyme. Ainsi, une assemblée se déroule comme une *quaestio disputata* : elle donnait à l'étranger une impression de jeu monotone et byzantin alors qu'on y discutait non seulement des grands problèmes de la destinée de l'homme, mais aussi des questions concernant la propriété, la distribution des richesses, les rapports avec le Prince ou la nature des corps terrestres en mouvement et des corps célestes immobiles.

10. Les formes de la pensée

Avec un rapide changement de décor (en ce qui concerne le monde actuel), mais sans nous déplacer d'un centimètre pour notre parallèle avec le Moyen Âge, nous voilà dans une salle de cours où Chomsky découpe grammaticalement nos énoncés en éléments atomiques qui se ramifient de façon bifide, où Jakobson réduit à des traits binaires les émissions phonologiques, où Lévi-Strauss structure la vie parentale et le tissu des mythes en jeux antinomiques et où Roland Barthes lit Balzac, Sade et Ignace de Loyola comme le savant médiéval lisait Virgile, en poursuivant des illusions opposées et symétriques. Rien n'est plus proche du jeu intellectuel médiéval que la logique structuraliste, comme rien ne lui ressemble plus, après tout, que le formalisme de la logique et de la science physique et mathématique contemporaines. On ne doit pas s'étonner de pouvoir retracer dans le même territoire antique des parallélismes avec le débat dialectique des politiciens ou avec la description mathématisée de la science. Nous sommes en effet en train de comparer une réalité en acte avec un modèle concentré ; mais, dans les deux cas, nous nous trouvons devant deux manières d'affronter le réel qui n'ont pas d'équivalent dans la culture bourgeoise moderne et qui dépendent, l'une comme l'autre, d'un projet de reconstitution face à un monde dont on a perdu ou dont on refuse l'image officielle.

Le politicien, soutenu par l'autorité, argumente subtilement pour fonder, sur des bases théoriques, une praxis de formation ; le scientifique essaie, à travers des classifications et des distinctions, de redonner une forme à un univers culturel qui, comme l'univers gréco-romain, a explosé par excès d'originalité et par confluence conflictuelle d'apports trop différents : Orient et Occident, magie, religion et droit, poésie, médecine ou physique. Il s'agit de prouver qu'il existe des coordonnées de la pensée qui permettent de récupérer les modernes et les primitifs sous l'enseigne d'une même logique. Les excès de formalisme et la tentation antihistorique du structuralisme sont les mêmes que nous retrouvons dans les discussions scolastiques. De même, la tension pragmatique et modificatrice des révolutionnaires, qui à l'époque s'appelaient réformateurs ou hérétiques tout court, doit (comme elle devait) s'appuyer sur de violentes diatribes théoriques, tandis que chaque nuance théorique entraînait une praxis précise. Même les discussions entre saint Bernard, partisan d'un art sans images, limpide et rigoureux et Suger, partisan de la cathédrale somptueuse et pullulant de communications figuratives, ont des correspondances à différents niveaux et en clefs différentes, dans l'opposition entre le constructivisme soviétique et le réalisme socialiste, entre art abstrait et néo-baroque, entre théoriciens rigoristes de la communication conceptuelle et partisans « macluhaniens » du village global de la communication visuelle.

11. *L'art comme* bricolage

Cependant, quand on aborde les parallélismes culturels et artistiques, le panorama devient beaucoup plus complexe. Nous avons une correspondance assez parfaite entre deux époques qui, suivant des modalités différentes, essaient de combler par la communication visuelle le fossé qui sépare la culture savante de la culture populaire, en s'appuyant sur les mêmes utopies éducatives et sur la même couverture idéologique d'un projet paternaliste de direction des consciences. Dans les deux cas, il s'agit d'époques où l'élite choisie raisonne à partir de textes écrits et avec une mentalité alphabétisée, tout en traduisant par la suite en images les données essentielles du savoir et les structures portantes de l'idéologie dominante. Le Moyen Âge est bien une civilisation de la vision où la cathédrale est le grand livre de pierre, l'affiche publicitaire, l'écran de télévision, la bande dessinée mystique qui doit tout raconter et tout expliquer : les peuples de la terre, les arts et les métiers, les jours de l'année, les saisons des semailles et de la récolte, les mystères de la foi, les anecdotes de l'histoire sacrée et profane, la vie des saints (qui étaient des grands modèles de comportement comme aujourd'hui le sont les stars et les chanteurs, élite sans pouvoir politique, comme l'expliquerait Francesco Alberoni, mais avec un énorme pouvoir charismatique).

A côté de cette entreprise massive de culture populaire se déroule tout un travail de composition ou de collage exercé par la culture savante sur les détritus de la culture du passé. Prenons une boîte magique de Cornell ou d'Arman, un collage de Max Ernst ou une machine inutile de Munari ou de Tinguely : on se retrouvera au milieu d'un paysage qui n'a rien à voir avec Raphaël ou Canova mais qui a beaucoup à voir avec le goût esthétique médiéval. Dans la poésie on retrouve les centons et les devinettes, les kenningam irlandais, les acrostiches, les tissus verbaux de citations multiples qui rappellent Pound et Sanguineti ; les jeux étymologiques fous de Virgile de Bigorre et d'Isidore de Séville qui ressemblent fort à Joyce (celui-ci le savait), les exercices de composition temporelle des traités de poétique qui semblent être un programme pour Godard et surtout le goût du recueil et de l'inventaire qui se concrétisait alors dans les trésors des princes et/ou des cathédrales où l'on recueillait indistinctement une épine de la couronne de Jésus, un œuf trouvé dans un autre œuf, une corne de licorne, la bague de fiançailles de saint Joseph, le crâne de saint Jean à l'âge de douze ans *(sic)*[1].

Il régnait un manque total de distinction entre objet esthétique et objet mécanique (un automate en forme de coq, artistiquement ciselé, est offert par Harun el-Rashid à Charlemagne : exemple de bijou cinétique) et on ne faisait pas de différence entre objet de « création » et objet de curiosité, objet artisanal et objet artistique, entre « multiple » et exemplaire unique, et, surtout, entre la trouvaille curieuse (la lampe Art nouveau comme la dent de baleine) et l'œuvre d'art. Tout cela était dominé par le sens de la couleur criarde, de la lumière comme élément de jouissance physique et peu importait qu'il fallût avoir des vases d'or incrustés de topazes pour refléter les rayons de soleil réfractés par le vitrail d'une église, tandis qu'aujourd'hui on atteint le même but par l'orgie multimédias de n'importe quel Electric Circus avec des projections polaroïd changeantes et aqueuses.

Huizinga dit que, pour comprendre le goût esthétique médiéval, il faut penser au type de réaction qu'un bourgeois étonné éprouve devant l'objet curieux et précieux. Il pensait en termes de sensibilité esthétique post-

1. Objets contenus dans le trésor de Charles IV de Bohême : le crâne de saint Adalbert ; l'épée de saint Étienne ; une épine de la couronne de Jésus ; des morceaux de Croix ; la nappe de la Cène ; une dent de sainte Marguerite ; un morceau d'os de saint Vital ; une côte de baleine ; une défense d'éléphant ; le bâton de Moïse ; des habits de la Vierge. *Objets du trésor du duc de Berry :* un éléphant empaillé ; un basilic ; de la manne trouvée dans le désert ; une corne de licorne ; une noix de coco ; la bague de fiançailles de saint Joseph. *Description d'une exposition de pop art et de nouveau réalisme :* poupée éventrée d'où jaillissent les têtes d'autres poupées ; paire de lunettes avec yeux peints ; croix avec des bouteilles de Coca-Cola accrochées et une ampoule au centre ; portrait de Marilyn Monroe multiplié ; agrandissement de la bande dessinée de Dick Tracy ; chaise électrique ; table de ping-pong avec balles en gypse ; morceaux de voitures comprimées ; casque de motard décoré à l'huile ; lampe de poche en bronze sur piédestal ; boîte contenant des bouchons ; table verticale avec assiette et couteau ; paquet de Gitanes et douche sur paysage à l'huile.

romantique; aujourd'hui nous trouverions que ce type de réaction est le même que celui d'un jeune devant un poster qui représente un dinosaure ou une motocyclette ou devant une boîte magique «transistorisée» dans laquelle tourbillonnent des faisceaux lumineux, à mi-chemin entre la miniature technologique et la promesse de science-fiction, avec des éléments d'horlogerie barbare.

Notre art, comme celui du Moyen Âge, est additif et composite. Aujourd'hui comme alors, l'expérimentation élitiste raffinée coexiste avec la grande entreprise de vulgarisation populaire (le rapport miniature-cathédrale est le même que celui entre Museum of Modern Art et Hollywood); les échanges et les emprunts réciproques sont continuels. Le byzantinisme apparent, le goût forcené pour la collection, la liste, l'assemblage, l'amas de choses différentes sont dus à l'exigence de décomposer et de rejuger les détritus d'un monde précédent, harmonieux peut-être, mais désuet; un monde à vivre, comme le dirait Sanguineti, comme une *palus putredinis*, traversée et oubliée. Tandis que Fellini et Antonioni tentent leurs enfers et Pasolini ses décamérons (et l'*Orlando* de Ronconi n'est pas du tout une fête de la Renaissance mais un mystère médiéval sur la place et pour le petit peuple), quelqu'un tente désespérément de sauver la culture antique, en se croyant investi d'un mandat intellectuel : on voit se multiplier les encyclopédies, les *digests*, les stockages électroniques de l'information sur lesquels Vacca comptait pour transmettre à la postérité un trésor de savoir qui risque de se dissoudre dans la catastrophe.

12. *Les monastères*

Rien ne ressemble plus à un monastère (perdu dans la campagne, clôturé, côtoyé par des hordes barbares et étrangères, habité par des moines qui n'ont rien à voir avec le monde et qui poursuivent leurs recherches privées) qu'un campus américain. Tantôt le Prince appelle un de ces moines et en fait son conseiller, en l'envoyant au Cathay comme ambassadeur; celui-ci passe avec indifférence du cloître au siècle, devient un homme de pouvoir et essaie de gouverner le monde avec la même perfection aseptisée qu'il mettait à collectionner ses textes grecs. Qu'il s'appelle Gerbert d'Aurillac ou McNamara, Bernard de Clairvaux ou Kissinger, il peut être un homme de paix ou un homme de guerre (comme Eisenhower qui gagne un certain nombre de batailles, puis se retire au monastère en devenant directeur de collège, pour retourner ensuite au service de l'Empire quand la foule l'appelle en tant que héros charismatique).

Mais on ne sait pas si ces centres monastiques auront la tâche de conserver et de transmettre le fonds de la culture du passé, peut-être au moyen d'appareils électroniques compliqués (comme le suggère Vacca), capables de le restituer petit à petit, en stimulant sa reconstruction sans toutefois révéler entièrement tous ses secrets. Le haut Moyen Âge a produit, à la fin, une Renaissance qui s'amusait à faire de l'archéologie; en effet le Moyen Âge n'a rien conservé systématiquement, mais s'est livré à la destruction hasardeuse et à la conservation désordonnée : il a perdu des manuscrits essentiels et en a sauvé des dérisoires, il a gratté des poèmes merveilleux pour écrire, sur leur parchemin, des devinettes ou des prières, il a faussé les textes sacrés en interpolant des passages et c'est ainsi qu'il écrivait « ses » livres. Le Moyen Âge invente la société des communes sans avoir aucun renseignement précis sur la *polis* grecque, il arrive en Chine en croyant y trouver des hommes avec un seul pied ou avec la bouche sur le ventre, il arrive peut-être en Amérique avant

Christophe Colomb en utilisant l'astronomie de Ptolémée et la géographie d'Ératosthène...

13. La transition permanente

On a dit de ce Nouveau Moyen Âge qu'il serait une époque de « transition permanente » pour laquelle il faudrait utiliser de nouvelles méthodes d'adaptation : il ne s'agira pas tant de conserver scientifiquement le passé que d'élaborer des hypothèses sur l'exploitation du désordre, en entrant dans la logique du conflit. On verra naître, mais elle existe déjà en germe, une culture de la réadaptation continuelle, nourrie d'utopie. C'est de cette façon que l'homme du Moyen Âge avait inventé l'université, avec la même désinvolture qui pousse les clercs itinérants d'aujourd'hui à la détruire ; peut-être à la transformer. Le Moyen Âge a conservé à sa façon l'héritage du passé, non pas à travers l'hibernation, mais à travers une continuelle retraduction et réutilisation : une immense opération de bricolage en équilibre entre nostalgie, espoir et désespoir.

Sous son apparence d'immobilité et de dogmatisme, il a été, paradoxalement, un moment de « révolution culturelle ». Tout ce processus a été naturellement caractérisé par des épidémies et des massacres, par l'intolérance et la mort. Personne ne prétend que le Nouveau Moyen Âge soit une perspective tout à fait gaie. Comme disaient les Chinois quand ils voulaient maudire quelqu'un : « Puisses-tu vivre une époque intéressante. »

III

LES DIEUX DU SOUS-SOL

LA MYSTIQUE DE *PLANÈTE*

LES univers parallèles existent-ils? Est-il possible que, pendant que j'écris cet article, un autre moi-même dans une dimension limitrophe soit en train d'écrire un article absolument différent, peut-être dans une autre langue? Les rédacteurs de *Planète* sont tout à fait disposés à l'admettre. J'ai souvent rêvé autour de cette idée en lisant les nouvelles de Frederic Brown, et je suis bien tenté d'y croire, ayant lu dans le premier numéro de l'édition italienne de la revue de Louis Pauwels que je fais partie de ses conseillers. Or, dans la dimension qui est la mienne (dans l'univers où cet article paraît), je sens la nécessité de dissocier mes responsabilités de celles des collaborateurs de *Planète*. Il ne s'agit pas seulement d'une précision d'ordre personnel: le fait privé devient plutôt l'occasion de faire le point sur un fait culturel qu'il était temps de relever. D'abord parce que *Planète* est un phénomène digne d'intérêt (cent mille exemplaires vendus en France: le premier exemple d'une revue de luxe qui devient un phénomène de masse), ensuite parce qu'elle est indubitablement conçue et réalisée avec intelligence. Il faut reconnaître les dangers de cette intelligence pour établir si la planète sur laquelle la revue nous invite à vivre doit être aussi la nôtre, et jusqu'à quel point.

De quoi traite *Planète* ? De tout. De tout ce que la science officielle et les revues normales négligent ; de tous les aspects des sciences et des pseudo-sciences qui nous éclairent sur la nouvelle condition dans laquelle nous vivons déjà et dans laquelle peut-être nous vivrons consciemment demain. *Planète* présente ainsi dans ses numéros des illustrations des doctrines orientales, des panoramas de parapsychologie, des révélations sur de mirobolantes découvertes biochimiques, des relectures de textes occultistes, des éclairages nouveaux sur des phénomènes de la vie quotidienne qui ont échappé à notre réflexion, des morceaux de littérature excentrique, des exemples de science-fiction de bonne qualité, des révélations sur des moments obscurs de l'histoire, des anticipations sur les conquêtes de la technique. Le lecteur rigoureux ne doit pas nécessairement être sur ses gardes face à une telle liste : les textes sont toujours de très bonne qualité, ils sont pour la plupart écrits par des spécialistes connus dans différents domaines, les renseignements sur les faits techniques ne sont jamais fantaisistes, ils sont seulement exposés sous un angle peu usuel. Le choix, si vaste et éclectique, n'est ni fortuit ni dicté par de pures exigences de diversité ; il sous-entend une position culturelle précise, qu'on pourrait résumer avec des propositions comme : le chemin est déjà commencé, on voit se profiler une situation planétaire qui a désormais surmonté les barrières érigées par les sciences et par les politiques traditionnelles, le monde du futur qui s'ébauche dans les propositions et dans les recherches des sciences d'aujourd'hui sera plus vaste, plus imprévisible, plus riche et plus poétique que tout ce que nous pouvons imaginer : des territoires insoupçonnés seront conquis par le genre humain, les royaumes que la magie, la Kabbale, l'astrologie ou la littérature d'anticipation nous font entrevoir pourront cohabiter avec les territoires découverts par les sciences ; préparons-nous, adaptons-nous à cette nouvelle époque, apprenons à lire, dans les fragments du présent, le dessein accompli d'un lendemain différent. Et, surtout, ne renonçons à aucun soupçon, à aucune hypothèse. La tâche de l'imagination, aujourd'hui, c'est justement d'instaurer une « courageuse tolérance de *tout* le fantastique ».

L'hypothèse de *Planète* est, en principe, acceptable : entre le refus borné d'une technique qui attend encore son équipement instrumental et la confiance en toutes les possibilités du savoir, nous choisirons la seconde voie ; entre le refus académique opposé aux hypothèses les plus grisantes, qui peut-être ne nous apparaissent folles qu'à cause de notre myopie, et le goût malicieux d'un possible sans limites, pourquoi ne pas choisir cette seconde voie si humaine ?

Il suffirait, pour être tout à fait d'accord, d'avoir rencontré, comme j'en ai eu l'occasion, Jacques Bergier, l'éminence grise de la revue : un petit bonhomme invraisemblable, absolument fascinant, qui, après avoir combattu dans le maquis, après avoir survécu au camp de concentration, après avoir repéré et signalé à l'Intelligence Service la base de Peenemünde, passe maintenant son temps à élaborer les hypothèses les moins contrôlables, à imaginer des univers logiques dans lesquels il est impossible de calculer deux plus deux, à étudier un code informatique pour les parfums, à psychanalyser les cerveaux électroniques et à exhiber sa connaissance vertigineuse de la littérature feuilletonnesque du monde entier. Après une rencontre avec Bergier, on est persuadé de l'absolue nécessité d'être curieux et intellectuellement téméraire ; on commence à croire que la véritable science naît justement de ces inspections de l'imagination aux frontières de l'incroyable et qu'elle s'en nourrit. Il apparaîtrait alors légitime qu'une revue comme *Planète* se

121

souciât de procurer à chacun de nous, périodiquement, un matériel curieux pour nourrir notre imagination. Sauf que l'arme la plus terrible dont Bergier dispose — qui est aussi la condition de son équilibre —, c'est l'ironie. Essayez de comprendre s'il croit ou pas à ce qu'il est en train de dire... Le soupçon que tout est vrai accompagne constamment le soupçon que tout est faux. Après seulement vient le moment de la recherche, de la vérification.

Lisez maintenant *Le Matin des magiciens*, l'œuvre de Bergier et de Pauwels ; vous vous apercevrez que la grande qualité qui manque à ce livre est justement l'ambiguïté de l'ironie. Dans *Le Matin des magiciens* (qui représente une sorte de bible et de manifeste dont *Planète* est l'incarnation périodique), la possibilité de la pluralité des mondes habités, l'origine extraterrestre de notre science, l'imminence d'une mutation de l'espèce humaine en direction de la parapsychologie, l'accomplissement des hypothèses de la science-fiction sont présentés comme des choses crédibles et crues. Puisque nous avons rencontré Bergier, il ne reste qu'une seule hypothèse possible : dans l'alliance Bergier-Pauwels, la proposition de Bergier : « Tout pourrait être possible », devient : « Tout est possible ».

La différence n'est pas sans conséquence. Celui qui soupçonne que tout *peut* être possible ne renonce à aucune piste de recherche, en acceptant toutefois la possibilité que, si une piste s'avère être bonne, les autres peuvent aussi se révéler inutiles. Mais dire que tout *est* possible revient à dire que tout est vrai et que *tout* est vrai *de la même façon,* le yoga comme la physique nucléaire, l'élévation des pouvoirs psychiques comme la cybernétique, l'abolition de la propriété privée comme l'ascétisme mystique. Cette attitude ne s'appelle plus curiosité intellectuelle, mais syncrétisme. Une telle attitude est typique des époques de transition, et il est curieux qu'elle soit pratiquée par *Planète* qui soutient que nous ne vivons point dans une période de transition et de passage, mais déjà, et directement, dans la « quatrième dimension » qui, même si elle n'est pas l'âge d'or de la quatrième églogue de Virgile, en a toutes les caractéristiques les meilleures.

Attention : lorsque *Planète* nous recommande de ne rien négliger de ce qui se passe autour de nous, de suivre les résultats de l'anthropologie, de la physique, de l'astronomie, de la sociologie ou de la théorie de l'information, elle dit des choses très justes. Mais « suivre » ne veut pas dire tout mélanger et tout prendre pour argent comptant, comme si le travail s'arrêtait là. Cela veut dire, au contraire, commencer par là et voir si, dans une nouvelle situation culturelle, il est possible de reconstituer de façon critique une certaine totalité du savoir. La différence entre ces deux attitudes est la même que celle qui existe entre une somme algébrique et un pur amas d'éléments hétérogènes. Dans l'algèbre, $(a + b). (a - b)$ donne $(a^2 - b^2)$. C'est une nouvelle forme construite critiquement en traduisant les données de la première. Mais, si j'additionne trois chevaux, huit concepts, une machine à écrire et une pilule anticonceptionnelle, nous avons toujours trois chevaux, huit concepts, une machine à écrire et une pilule anticonceptionnelle. Rien de nouveau ne s'est passé. Il est arrivé seulement que, maintenant, je crois avoir compris le mécanisme du réel : et, au contraire, je ne l'ai pas compris, justement parce que j'ai pris en bloc les choses telles qu'elles étaient, je les ai hypostasiées dans une notion fabuleuse de « réalité » et je n'ai pas bougé le petit doigt pour agir sur elles.

Rester en deçà de l'intervention active, voilà ce qui me semble être le vice caché de *Planète*. Dans la présentation de l'édition italienne, Angelo Magliano essaie de se convaincre que le moment historique que nous sommes en train de vivre est positif ; que la technique peut produire une plus grande humanité et une plus grande justice ; et il a parfaitement raison. Tout est en train de changer et il en prend acte : nous souscrivons entièrement. Il ne faut pas avoir peur, car même la bombe atomique, qui semblait un instrument de mort, a miraculeusement montré un meilleur visage en devenant le ressort de la paix. Sur ce point nous réagissons : car il est vrai que la bombe atomique, à travers l'équilibre de la terreur, nous a ouvert des perspectives de coexistence, non pas parce que les cycles cosmiques ont dansé leur optimiste danse du progrès mais parce que, dans l'ordre : 1) deux cent mille personnes sont mortes pour pouvoir hanter notre sommeil ; 2) Einstein, Oppenheimer et Eatherly ont témoigné ; 3) Bertrand Russell a conduit des milliers de jeunes Anglais à s'asseoir par terre ; 4) des gens du monde entier ont constitué des comités pour le désarmement ; 5) Kennedy et Khrouchtchev ont commencé une certaine politique et, donc, un certain type d'intervention sur les faits.

Ainsi, ce n'est pas vrai que tout est bon, que tout est possible, que tout est vrai. Car ce sont les opérations humaines qui constituent les valeurs et le sens des choses ; dans des circonstances historiques précises, celui qui est assez sensible et critiquement averti pour percevoir que tout pourrait devenir bon, tout pourrait être possible et tout pourrait apparaître vrai opère des choix : il fait ainsi devenir bonnes, possibles et vraies uniquement certaines choses.

On objectera que ce discours est un peu gros : Magliano dit clairement que *Planète* ne veut pas faire de la philosophie mais se limiter à nous fournir du matériel pour stimuler notre imagination. Mais Pauwels, dans le même numéro, le dément : *Planète* se veut philosophique. La tâche de cette revue prétend être une université parallèle, l'école permanente d'une nouvelle encyclopédie. Si cette encyclopédie du fantastique n'était que l'instrument de travail et d'amusement d'une élite de spécialistes qui recherchent à l'extérieur de leurs domaines des occasions pour élargir les horizons du soupçon, il n'y aurait rien de mal ; personnellement, je lis toujours *Planète* avec un plaisir certain et, pris individuellement, beaucoup de ses articles sont très valables. Mais *Planète* est devenue en France un phénomène de masse. Elle n'est donc plus un stimulus pour des gens raffinés, elle est un message pour tous ceux qui attendent une systématisation des données. C'est une invitation à la contemplation passive du possible pour ceux qui soupçonnent déjà, par paresse ou par découragement, que les propositions d'actions d'autres sortes relèvent de l'escroquerie ou de la maniaquerie. Dans ce sens, *Planète* devient un confortable moyen d'évasion pour les autodidactes de l'occulte, une dangereuse université du poujadisme métaphysique.

Pourquoi le nazisme ? Parce que Hitler croyait à la théorie de la glace éternelle et à la concavité de la Terre, nous dit *Planète* : vous n'y aviez pas pensé, et pourtant cela explique tout. C'est possible. Mais la revue *Planète* a-t-elle déjà songé à l'idée que le nazisme réalisait, dans des conditions historiques précises, les aspirations d'une classe dominante prête à accepter toutes les fantaisies sur la concavité de la Terre, pourvu que les événements suivent un certain cours ? A force de penser que tout est possible, on risque d'occulter ce qui a réellement été possible et qu'on a pu vérifier.

Paese Sera, 1963.

LE SACRÉ N'EST PAS UNE MODE

En 1938 débarquait dans la ville de Metropolis, venant de la riante Smallville, Clark Kent, *alias* Superman, sur qui désormais tout le monde sait tout. Mais en ces temps lointains de capitalisme néo-technologique où l'on préparait à Chicago l'encyclopédie de la science unifiée et où l'on jugeait insensées les propositions des philosophes métaphysiques, il n'y avait rien de mystérieux en Superman. Que ce jeune homme pût voler comme un avion et soulever des bâtiments comme des fétus de paille était explicable scientifiquement. Il venait de Krypton où, comme chacun sait, la gravité est différente : il était donc normal qu'il eût des super-pouvoirs. Sa super-mémoire venait aussi du fait que, pour les mêmes raisons de gravité, il avait développé mieux que les autres ces capacités de *quick reading* qui d'ailleurs était déjà enseigné dans les universités.

Le Superman historique n'avait rien de mystique.

Aux abords des années quatre-vingt, le Superman cinématographique est tout autre. D'abord ce n'est pas un hasard qu'il ait un père aussi encombrant que Marlon Brando, dont l'histoire accapare presque la moitié du film, et que ce père transmette à l'enfant partant pour la Terre un savoir dont nous ignorons tout et qui se concrétise en stalagmites de diamants, matériau on ne peut plus symbolique.

Ce n'est pas un hasard non plus qu'il lui donne un viatique trinitaire, qu'il le place dans une nacelle en forme de bateau qui navigue dans les espaces comme la comète des rois mages; et que Superman adulte, habité par des voix pétulantes comme une Jeanne d'Arc en jupon, ait des problèmes de jardin des Oliviers et des visions de Thabor. Il est le fils de l'Homme.

Clark Kent viendrait donc sur la terre pour satisfaire les espérances d'une génération qui s'amuse avec le *Silmarillon* de Tolkien et déchiffre une théogonie qui lui impose de mémoriser les fils de Jlluvatar et les Quandi, les Atani, les prés fleuris de Valinor et les blessures de Melkor. Si cette génération avait dû apprendre toutes ces choses à l'école elle aurait probablement occupé l'université ou le lycée pour protester contre un excès d'accumulation des connaissances.

La réincarnation de Superman se présenterait alors comme la version pop d'une série de phénomènes plus profonds et complexes qui semblent tous révéler une tendance : le retour à la pensée religieuse. Tout le monde islamique revient à une vision théocratique de la vie sociale et politique, des masses de lemmings américains courent se suicider au nom d'un bonheur supraterrestre, des mouvements néo-millénaristes et glossolaliques envahissent la province italienne, l'Action catholique revient sur le devant de la scène, le prestige du Saint-Siège se renforce. A côté de ces manifestations de religiosité « positive » apparaît la nouvelle religiosité des ex-athées, révolutionnaires déçus qui se ruent sur les classiques de la tradition, les astrologues, les mystiques, les macrobiotiques, les poètes visionnaires, le néo-fantastique (il ne s'agit plus de science-fiction sociologique mais de nouveaux cycles de la Table ronde) : enfin ils ne lisent plus les textes de Marx ou de Lénine mais les œuvres inquiétantes de grands auteurs démodés, si possible les déçus d'Europe centrale, ouvertement suicidaires ; ils aiment surtout ceux qui n'ont rien publié de leur vivant, ceux qui ont concocté un seul manuscrit, incomplet par-dessus le marché, et qui, ayant été incompris pendant longtemps parce qu'ils écrivaient dans une langue minoritaire, en s'acharnant sur le mystère de la mort et du mal, avaient un mépris profond pour les actions humaines et le monde moderne.

Mais on dirait que, sur ces éléments, sur ces tendances indéniables, les médias construisent un scénario qui répète le schéma suggéré par Feuerbach pour exprimer la naissance de la religion. L'homme d'une certaine manière a le sentiment d'être infini ; il est capable de vouloir de façon illimitée et de vouloir tout. Mais il s'aperçoit qu'il n'est pas capable de réaliser ce qu'il veut et, donc, il doit imaginer un autre (qui possède en quantité optimale ce qu'il désire de mieux) et à qui il délègue la tâche de combler la fracture entre ce qu'il veut et ce qu'il peut.

Les médias signalent donc, d'un côté, les symptômes d'une crise des idéologies optimistes du progrès : aussi bien l'idéologie positiviste et technologique qui voulait construire un monde meilleur à l'aide de la science que celle, historico-matérialiste, qui voulait construire une société parfaite par la révolution. D'un autre côté, ils tendent à traduire en forme mythique le fait que ces deux crises (qui d'un certain point de vue n'en sont qu'une) s'expriment en termes politiques, sociaux et économiques, comme un retour à l'ordre, ou bien un coup de frein conservateur (voir la parabole fellinienne du chef d'orchestre). Les médias montrent le même problème à travers d'autres allégories et accentuent les phénomènes de retour à la religiosité. Dans ce sens, alors qu'ils semblent fonctionner comme un thermomètre qui enregistre une hausse de température, ils font au contraire partie du combustible qui alimente la chaudière.

En effet, il est plutôt naïf de parler d'une revanche des formes religieuses institutionnelles. Elles n'avaient pas du tout disparu et il n'y a qu'à penser à un certain type d'associations de jeunes catholiques : le fait est que, face à une opinion publique qui parlait de marxisation complète des jeunes, il était plus difficile pour ceux qui n'étaient pas marxistes de s'affirmer comme une force organisée capable d'exercer un certain attrait. De la même façon, le succès de l'image paternelle du nouveau pape semble plutôt un processus spontané de renforcement de l'image de l'autorité dans un moment de crise des institutions qu'un nouveau phénomène religieux. Tout compte fait, celui qui croyait croit toujours et celui qui ne croit pas s'adapte, il joue à être démocrate-chrétien lorsque c'est la D.C. qui lui promet un poste à la mairie, flirte avec le compromis historique quand il a l'impression que le P.C.I. peut lui assurer un poste au conseil régional.

Mais, à propos de ces phénomènes, il faut distinguer entre la religiosité institutionnelle et le sens du sacré. Le récent livre de Ferrarotti, *Forme del sacro in un epoca di crisi* (publié par Liguori), repose le problème de cette importante distinction : la crise de la fréquentation des sacrements n'a jamais signifié la crise du sens du sacré. Les formes de religiosité personnelles, qui se sont concrétisées dans les mouvements de l'après-Concile, étaient présentes durant toute la décennie pendant laquelle les journaux nous faisaient penser que la société s'était laïcisée. Les mouvements néo-millénaristes se sont développés de façon constante dans les deux Amériques et apparaissent ouvertement aujourd'hui en Italie à cause du conflit entre société industrielle avancée et sous-prolétariat marginalisé. Enfin, on peut considérer comme faisant partie de ces vicissitudes sacrées le néo-millénarisme athée, c'est-à-dire le terrorisme qui répète sous des formes violentes un scénario mystique dominé par l'exigence d'un témoignage douloureux, d'un martyre, d'un bain de sang purificateur. Enfin, tous ces phénomènes sont réels, mais ne font pas partie du scénario à la mode, du *riflusso*[1]. Tout au plus ils cachent, au moment où ils sont mis en évidence de façon pittoresque, les faits réellement nouveaux qui concernent plutôt des revirements conservateurs au niveau politique.

Le thème du recours au sacré me semble avoir un certain intérêt à propos d'une sacralité athée qui ne se présente pas comme une réponse de la pensée religieuse traditionnelle aux déceptions de la gauche, mais comme un produit autonome d'une pensée laïque en crise. Ce phénomène ne date pas, lui non plus, de ces dernières années, et c'est dans le passé qu'il faut chercher ses racines. Ce qui est intéressant, c'est que ce phénomène parcourt à nouveau sous des formes athées des étapes qui ont été propres à la pensée religieuse.

Le problème, c'est que deux types d'idées de Dieu ont accompagné l'histoire de l'humanité. D'une part, il y a un Dieu personnel qui est la plénitude de l'être (« Je suis celui qui est ») et qui donc possède toutes les vertus que l'homme n'a pas : c'est le Dieu de la toute-puissance et de la victoire, le Dieu des armées. Mais ce Dieu, d'autre part, se manifeste souvent de façon contraire : comme celui qui n'est pas. Il n'est pas parce qu'il ne peut être nommé, il n'est pas parce qu'il ne peut être décrit à l'aide d'aucune catégorie que nous utilisons pour désigner les choses qui existent. Le Dieu qui n'est pas traverse l'histoire même du

---

1. Ce mot désigne l'abandon de l'activité politique, au profit d'un plus grand intérêt pour les différents aspects de la vie privée, accompagné d'une conversion au réformisme, voire au conservatisme, de la part des participants aux mouvements révolutionnaires d'extrême gauche en Italie, à partir de la seconde moitié des années soixante-dix *(N.D.T.)*.

christianisme : il se cache, il est indicible, il peut être atteint seulement grâce à la théologie négative ; il est la somme de ce qu'on ne peut pas dire de lui, on en parle en célébrant notre ignorance et on le nomme tout au plus comme un gouffre, un abîme, un désert, une solitude, un silence, une absence.

Ce Dieu-là alimente le sens du sacré ignorant les Églises institutionnalisées, comme l'a décrit, il y a plus de cinquante ans, Rudolf Otto dans son très célèbre *Das Heilige*. Le sacré nous apparaît comme *numen*, comme *tremendun*, il est l'intuition qu'il existe quelque chose qui n'a pas été produit par l'homme et pour qui la créature sent à la fois de l'attraction et de la répulsion. Il engendre une terreur et une fascination irrésistibles, un sentiment d'infériorité et un désir d'expiation et de souffrance. Dans les religions historiques, ce sentiment confus a pris, suivant les époques, la forme de divinités plus ou moins terribles. Mais dans l'univers laïque, il a assumé depuis au moins cent ans d'autres formes. Le terrible et le fascinant ont renoncé à se revêtir d'apparences anthropomorphiques de l'être très parfait pour prendre celles d'un vide par rapport auquel nos intentions sont vouées à l'échec.

Une religiosité de l'Inconscient, du Gouffre, de l'Absence de Centre, de la Différence, de l'Altérité absolue, de la Fracture a traversé la pensée moderne, en contrepoint souterrain des insécurités de l'idéologie du progrès du XIXe siècle et du jeu cyclique des crises économiques. Ce Dieu laïcisé et infiniment absent a accompagné la pensée contemporaine sous différents noms et a explosé dans la renaissance de la psychanalyse, dans la redécouverte de Nietzsche et de Heidegger, dans les nouvelles anti-métaphysiques de l'Absence et de la Différence. Durant la période de l'optimisme politique s'était créée une nette fracture entre ces façons de créer le sacré, c'est-à-dire entre l'inconnu et les idéologies de l'omnipotence politique : avec la crise de l'optimisme marxiste et de l'optimisme libéral cette religiosité du vide dont nous sommes tissés a même envahi la pensée de la soi-disant gauche.

Mais si cela est vrai, le retour du sacré a précédé de loin le syndrome de l'orphelin, éprouvé par les déçus qui sont devenus paranoïaques parce qu'ils ont découvert que les Chinois n'étaient ni infaillibles ni complètement bons. La « trahison » des Chinois a donné le coup de grâce (très extérieur) à ceux qui depuis longtemps avaient la sensation que sous le monde des vérités rationnelles proposées par la science (la capitaliste autant que la prolétarienne) se cachaient des failles, des trous noirs — sans avoir le courage d'exercer une critique sceptique, lucide, dotée d'un sens de l'humour ou d'un manque de respect envers les autorités.

Il sera intéressant de s'interroger longuement dans les années à venir sur ces nouvelles théologies négatives, sur les liturgies qui en découlent, sur leur incidence au niveau de la pensée révolutionnaire. Il sera intéressant aussi de voir à quel point elles sont sensibles à la critique de Feuerbach, pour en citer une ; ou bien de voir si à travers ces phénomènes culturels n'est pas en train de se profiler un Nouveau Moyen Âge de mystiques laïques, plus enclins à se retirer comme des moines qu'à participer comme des citoyens. Il faudra voir aussi jusqu'à quel point peuvent encore entrer en jeu, comme antidote ou comme antistrophe, les vieilles techniques de la raison, les arts du *trivium*, la logique, la dialectique et la rhétorique ; il est probable qu'on sera accusé d'impiété si on s'obstine encore à la pratiquer.

Espresso, 1979.

LES SUICIDÉS DU TEMPLE

La chose la plus étrange dans l'histoire des suicidés du Temple du peuple est la réaction des médias, aussi bien américains qu'européens.

Cette réaction revient à dire : « C'est un événement inconcevable une chose inconcevable ». Il apparaît inconcevable qu'un homme longtemps estimé comme Jim Jones (tous ceux qui l'ont rencontré au cours des dernières années, qui l'ont aidé dans ses activités charitables ou qui l'ont exploité pour recueillir des voix l'ont défini unanimement comme un prédicateur désintéressé, une personnalité fascinante, un intégrationniste convaincu, un bon démocrate, comme nous dirions en Italie, un « antifasciste ») ait pu devenir fou et se transformer en un autocrate sanguinaire, une sorte de Bokassa qui dévorait les substances de ses fidèles, s'adonnait aux drogues, à l'homo- et à l'hétérosexualité la plus effrénée et faisait massacrer ceux qui tentaient d'échapper à son emprise. Il semble invraisemblable que tant de gens bien l'aient suivi les yeux fermés jusqu'au suicide. Il semble impensable qu'une secte néo-chrétienne, avec une légère aspiration au communisme mystique, finisse par se transformer en association criminelle qui oblige ses transfuges à demander la protection de la police parce qu'ils courent le danger d'être assassinés. Il semble impossible que de braves retraités, des étudiants, des Noirs désireux de s'intégrer socialement choisissent d'abandonner la belle et riante Californie, toute prés verdoyants et brises printanières, pour aller s'enliser dans la jungle équatoriale, toute pullulante de piranhas et de serpents venimeux. Il est inimaginable que les familles des jeunes « envoûtés » ne réussissent pas à obtenir de la part du gouvernement une intervention énergique et que ce ne soit qu'à la fin que le pauvre Ryan se mette à faire une enquête en y laissant sa peau. En somme, toute une avalanche d'incroyable, d'histoires de fou, de jamais entendu, de « Mais dans quel monde vivons-nous ? », de « Où finirons-nous ? ».

Il y a de quoi rester sans voix, non pas devant Jim Jones mais devant la bonne conscience des gens « normaux ». Les gens normaux essaient de refouler désespérément une réalité qu'ils ont sous les yeux depuis au moins deux mille ans. Car l'histoire du Temple du peuple est une vieille histoire faite de cycles et d'éternels retours. Ne pas vouloir se souvenir de ces choses conduit à voir dans le terrorisme l'intervention de la C.I.A. ou des Tchèques. Ce serait trop beau si le mal venait toujours de l'étranger. L'ennui, c'est qu'il ne vient pas d'une distance horizontale mais de distances verticales. Ce qui revient à dire que certaines réponses doivent être demandées à Freud et à Lacan et non pas aux Services secrets.

Le plus beau, c'est que les policiers et les journalistes américains n'avaient même pas besoin d'aller lire les textes sacrés sur l'histoire des sectes millénaristes ou les classiques de la psychanalyse. Ils n'avaient qu'à lire les romans policiers. L'histoire du Temple du peuple est racontée dans l'un des derniers livres de ce grand filou de Harold Robbins (grand filou parce qu'il sait toujours écrire ses romans avec des morceaux de réalité, une fois c'est l'histoire de Hefner, une autre celle de Porfirio Rubirosa,

134

une autre celle d'un magnat du pétrole). Dans le livre en question, il y a un certain révérend Sam (il ressemble d'ailleurs beaucoup au révérend Moon) qui a fondé un laboratoire auquel ses jeunes adeptes donnent toutes leurs richesses qu'il investit dans des spéculations financières avisées. Sam prêche la paix et l'harmonie, initie ses jeunes adeptes à la plus complète promiscuité sexuelle, crée un lieu de retraite mystique dans la jungle où il impose une discipline très rigoureuse, des rites initiatiques au moyen de drogues, des tortures et des persécutions pour ceux qui tentent de fuir ; à la fin les frontières entre le culte, la criminalité et les rituels de type famille Manson deviennent très minces. C'est la trame du roman de Robbins. Mais Robbins n'invente rien, pas même sur le plan de la traduction romanesque d'épisodes réels.

Quelques décennies avant lui, le grand Dashiell Hammett, dans *Le Baiser de la violence*, met en scène un culte du Saint-Graal, situé en Californie bien sûr et qui commence en rassemblant des fidèles fortunés dont on confisque les richesses ; ce culte n'est pas du tout violent, même si les initiations (dans ce cas aussi) se font à l'aide de drogues, de tours d'illusionniste (la mise en scène ressemble à celle des mystères d'Éleusis) : le prophète « était un type qui te frappait... quand il te regardait tu te sentais tout remué », puis il devient fou et « il croyait qu'il pouvait tout faire et tout obtenir... Il rêvait de convaincre le monde entier de sa divinité... C'était un fou qui ne voyait pas de limites à son pouvoir ».

On a vraiment l'impression d'entendre les interviews du *New York Times* à propos de Jones : c'était une personne extraordinairement gentille et, donc, une personnalité magnétique, il nous donnait un sens de la communauté. L'avocat Mark Laine tente d'expliquer comment il avait sombré dans une paranoïa « de type soif de pouvoir absolu ». Relisons maintenant le livre qu'Ed Sanders avait consacré à la famille de Charles Manson, qui contient déjà la radiographie d'un culte californien et de sa fatale dégénérescence. Ce qui permettrait à tout politicien avisé de comprendre ce que pourraient devenir les fils de Moon, les scientistes et même les Hare Krishna.

Alors, pourquoi ces choses arrivent-elles et pourquoi justement en Californie ? La deuxième partie de la question est assez naïve. Il y a bien sûr des raisons pour lesquelles la Californie est particulièrement féconde en cultes, mais le scénario de base est beaucoup plus ancien. Bref, le culte de Jones et de l'Église du Temple avait toutes les caractéristiques des mouvements millénaristes qui traversaient l'histoire occidentale des premiers siècles du christianisme à nos jours (et je me limite à ceux-là parce qu'il serait trop long de parler de millénarisme juif, de cultes orientaux analogues, des cultes de Cybèle à l'époque classique, de formes assez semblables sur le continent africain, que l'on retrouve aujourd'hui au Brésil...).

La série commence probablement au IIIe siècle après J.-C. avec la fraction extrémiste des donatistes qui se promènent armés de bâtons et attaquent les troupes impériales, assassinent leurs ennemis qui obéissent à l'Église de Rome, aveuglent leurs adversaires théologiques avec des mélanges de chaux et de vinaigre. Assoiffés de martyre, ils bloquent les voyageurs et les menacent de mort s'ils ne consentent pas à les torturer, ils organisent de somptueux banquets funèbres et ensuite se tuent en se jetant du haut des rochers. Dans le sillage des diverses interprétations de l'Apocalypse, dans l'attente du millénium surgissent les différents mouvements médiévaux, les petits frères et les apostoliques de Gerardo Segarelli, d'où naîtra la révolte de Fra Dolcino, les frères du libre esprit, les turlupins suspectés de satanisme, les différents groupes cathares qui quelquefois se suicidaient en jeûnant. Au XIIe

siècle, Tanchelme, doté d'un charisme impressionnant, se fait donner toutes les richesses de ses disciples et parcourt les Flandres, Eudes de l'Étoile traîne ses disciples dans les forêts de Bretagne jusqu'à ce qu'ils finissent tous sur le bûcher. Au cours des Croisades les bandes de Tafurs, hirsutes et sales, s'adonnent au pillage, au cannibalisme, et au massacre des juifs, invaincus à la guerre et craints par les Sarrasins. Plus tard le révolutionnaire du haut Rhin massacre avec férocité des ecclésiastiques ; au XIIIe siècle se diffusent les mouvements des flagellants (crucifères, frères de la Croix, flagellants secrets de la Thuringe) qui passent de village en village en se battant à mort. La période de la Réforme protestante voit le communisme mystique s'installer dans la ville de Münster où les adeptes de Thomas Münzer instaurent sous Jean de Leyde un État théocratique qui se fonde sur la violence et la persécution. Les croyants doivent renoncer à tous biens matériels et sont contraints à la promiscuité sexuelle ; tandis que le chef assume de plus en plus des attributs divins et impériaux, les insoumis sont enfermés pendant des jours et des jours dans les églises jusqu'à ce qu'ils deviennent prostrés et soumis à la volonté du prophète. A la fin tout est purifié par un immense massacre dans lequel tous les fidèles perdent la vie.

On pourrait observer que dans tous ces mouvements, le suicide n'est pas de règle, mais la mort violente l'est, ainsi que le bain de sang et la destruction sur le bûcher. Il est d'ailleurs facile de comprendre pourquoi le thème du suicide (d'ailleurs présent chez les donatistes extrémistes) semble refaire surface aujourd'hui ; la raison en est que le désir de martyre, de mort et de purification était assouvi par le pouvoir. Il suffit pour s'en convaincre de lire un chef-d'œuvre de notre littérature médiévale, l'histoire de frère Michel Minorita, pour voir la fascination exaltante et sûre que la promesse du bûcher avait pour le martyr, qui pouvait en outre attribuer aux autres cette mort à laquelle il aspirait si ardemment. Naturellement, dans la Californie d'aujourd'hui, où même un massacreur comme Manson vit tranquillement en prison et demande la liberté surveillée, où le pouvoir se refuse à administrer la mort, le désir de martyre doit assumer des formes plus actives, bref, *do it yourself.*

On pourrait continuer encore avec les parallèles historiques (que sais-je, les Camisards du XVIIIe, les prophètes des Cévennes du XVIIe, les convulsionnaires de Saint-Médard, jusqu'aux différents mouvements des tremblants, des pentecôtistes, des glossolaliques qui envahissent maintenant même l'Italie et sont absorbés souvent par l'Église catholique). Mais il suffit de comparer les caractéristiques du culte de Jim Jones à un modèle synthétique de différents cultes millénaristes (sans tenir compte des différences) pour trouver certains éléments construits. Le culte naît en un moment de crise (spirituelle, sociale, économique), il attire d'un côté les vrais pauvres et de l'autre des « riches » atteints d'un syndrome d'autopunition, annonce la fin du monde et la venue de l'Antéchrist (Jones attendait un coup d'État fasciste et l'holocauste nucléaire). Il commence par une campagne de communion des biens et il convainc ses adeptes qu'ils sont les élus. En tant que tels, ils acquièrent confiance dans leurs corps, et, après une période de rigorisme, ils passent à des pratiques d'extrême liberté sexuelle. Le chef, doté de charisme, soumet tout le monde à son pouvoir psychologique et utilise à son propre avantage, pour le bien commun, autant les biens matériels que la disponibilité des fidèles à se laisser posséder mystiquement. Il n'est pas rare qu'on emploie des drogues ou des pratiques d'autosuggestion pour obtenir la cohésion psychologique du groupe. Le chef traverse plusieurs phases de divinisation. Le groupe passe de l'autoflagellation à l'action violente vis-à-vis des infidèles et donc à la violence sur soi-même par désir de martyre. D'un côté se déclenche un délire de persécution, de l'autre la diversité du groupe déchaîne une persécution véritable dans laquelle on attribue au groupe lui-même des délits qu'il n'a pas commis.

Dans le cas de Jim Jones, l'attitude libérale de la société américaine l'a poussé à construire le complot (le député qui allait les détruire) et donc l'occasion autodestructrice. Comme on le voit, même l'aspect de fuite dans la forêt est présent. En d'autres termes, l'Église du Temple du peuple n'est qu'un exemple d'un renouveau des cultes millénaristes, dans lesquels, à la fin (après un début justifié par des situations de crise sociale, de pauvreté, d'injustice, de contestation du pouvoir et de l'immoralité des temps), les élus sont pris par la tentation d'origine gnostique selon laquelle, pour se libérer de la domination des anges, seigneurs du cosmos, il faut passer par toutes les formes de la perversion et traverser les marécages du mal.

Alors, pourquoi aujourd'hui, pourquoi surtout aux États-Unis, pourquoi en Californie ? Si le millénarisme naît de l'insécurité sociale et explose à des moments de crise historique, dans d'autres pays il peut s'incarner dans des formes socialement positives (la révolution, la grande conquête, la lutte contre le tyran et même la recherche non violente du martyre, comme pour les premiers chrétiens ; et dans tous ces cas, il est soutenu par une théorie très solide qui permet la justification sociale du sacrifice) ou imiter les formes historiquement positives en se coupant de la justification sociale (comme il arrive avec les Brigades rouges). Dans une société comme la société américaine, où il n'existe plus d'objet auquel se mesurer, comme aux temps de la guerre du Viêt-nam, une société qui permet même aux marginaux de vivre de l'allocation chômage, mais où la solitude et la mécanisation de la vie poussent les gens à se droguer ou à parler seuls au coin des rues, la recherche du culte substitutif devient frénétique. La Californie est un paradis coupé du monde où tout est permis et où tout est inspiré par un modèle obligatoire du « bonheur » (il n'y a même pas la saleté de New York ou de Detroit, on y est condamné à être heureux). N'importe quelle promesse de vie communautaire, de « nouveau pacte », de régénérescence est bonne. Elle peut passer par le jogging, par les cultes sataniques, les nouveaux christianismes. La menace de la « faille » qui un jour détachera la Californie du continent en la poussant à la dérive pèse mythiquement sur les consciences rendues instables par la vie artificielle. Pourquoi pas Jones et la belle mort qu'il promet ?

La vérité, c'est qu'il n'y a pas en ce sens une telle différence entre la folie destructrice des Khmers qui dépeuplent les villes et créent une république mystique de révolutionnaires voués à la mort et la folie destructive de celui qui verse cent mille dollars au prophète. L'Amérique juge négativement le rigorisme chinois, le sens de campagne permanente des Cubains, la folie sinistre des Cambodgiens. Mais quand elle se trouve devant l'apparition du même désir de renouveau millénariste et le voit dévié sous la forme asociale du suicide collectif, elle ne comprend pas que la promesse d'arriver un jour sur Saturne ne suffit pas. Alors elle dit qu'il est arrivé quelque chose d'«inconcevable ».

Espresso, 1978.

AVEC QUI SONT LES ORIXÀ?

Ce soir, à São Paulo, je me promène avec un groupe d'amis qui me guide vers l'extrême périphérie, du côté de l'aéroport international. Un voyage d'environ une heure de voiture vers les sites afro-brésiliens. Nous arrivons près d'un grand bâtiment, surplombant un peu une zone de maisons pauvres, pas encore une favela : la favela est plus loin, on entrevoit ses faibles lumières. L'édifice est bien construit, on dirait un oratoire : c'est un *terreiro*, ou maison, ou abri de candomblé. Un touriste, et même un Brésilien qui ne l'aurait jamais visité (et ils sont nombreux, la majorité au moins des petits et des grands bourgeois), parlerait avec excitation de macumba.

Nous nous présentons, un vieux Noir nous purifie avec des fumigations. En entrant, je m'attends à voir un local qui ressemblerait à certains abris d'umbanda que j'ai déjà visités : un triomphe de kitsch religieux, alourdi par la tolérance syncrétiste ; des autels couverts de statues du Sacré-Cœur, de la Vierge, de divinités indiennes, de diables rouges comme on en voit seulement dans les spectacles de Lindsay Kemp. Au contraire la salle a une rigueur presque protestante avec un décor sobre. Au fond, les bancs pour les fidèles non encore initiés ; à côté de l'estrade des tambours, les chaises somptueuses pour les *ogà*. Les *ogà* sont des gens de condition sociale élevée, souvent des intellectuels pas nécessairement croyants, mais tout de même respectueux du culte. Ils sont investis de la même fonction honorifique de conseillers et de garants de la maison et sont choisis après proposition d'une divinité supérieure. Le grand romancier Jorge Amado a cette fonction dans un *terreiro* de Bahia ; élu par Jansa, divinité nigérienne seigneur de la Guerre et des Vents. L'ethnologue français Roger Bastide, qui avait étudié ces cultes, avait été choisi par la volonté d'Oxossi, divinité yoruba protectrice des chasseurs. En face des tambours, il y a les chaises pour les invités sur lesquelles nous fait asseoir le *pai-de-santo*, c'est-à-dire le *babalorixà*, c'est-à-dire (pour que nous nous comprenions) le prêtre de cette église. Un métis aux cheveux blancs, imposant et plein de dignité. Il connaît ses invités, fait quelques remarques spirituelles sur le risque que ces intellectuels rationalistes pèchent par mécréance.

Mais dans cette église qui peut accueillir avec tant de libéralité les divinités africaines et le panthéon chrétien, la tolérance est de règle : elle est l'essence même du syncrétisme. En effet, je vois sur le mur du fond trois images qui m'étonnent : la statue polychrome d'un Indien, nu avec une couronne de plumes, et celle d'un vieil esclave noir vêtu de blanc, assis en train de fumer la pipe. Je les reconnais, ce sont un *caboclo* et un *preto velho*, des esprits de trépassés qui ont un rôle important dans les rites umbanda mais pas dans le candomblé, qui n'établit de rapports qu'avec les divinités supérieures, les Orixà de la mythologie africaine. Que font-ils là, des deux côtés d'un grand crucifix ? Le *pai-de-santo* m'explique qu'il s'agit d'un hommage : le candomblé ne les « utilise » pas mais il n'imagine même pas de nier leur présence et leur pouvoir.

C'est la même chose qui arrive avec l'Exù. Dans

l'umbanda il est souvent considéré comme une sorte de diable (on en vend des statuettes de métal, avec des cornes, une queue très longue et le trident ; ou des statues de bois ou de terre cuite colorée, énormes, d'un kitsch répugnant, comme un diable lascif des Folies-Bergère ; le candomblé ne le considère pas comme un diable, mais comme une sorte d'esprit moyen, un Mercure dégénéré, messager des esprits supérieurs dans le bien comme dans le mal. Il ne l'honore pas, il n'en recherche pas la possession, mais au début du rite le *pai-de-santo* se hâtera de purifier l'atmosphère avec un énorme cigare (qu'il agite comme un encensoir) pour demander poliment à l'Exù, justement, de rester à l'extérieur et de ne pas déranger les travaux. Ce qui revient à dire : Jésus et le diable ne sont pas de chez nous, mais c'est bien d'entretenir de bons rapports de voisinage avec eux.

Mais qu'honore le candomblé ? Les Orixà, les divinités supérieures des religions africaines, nagô-yorubas du Soudan, ou bantoues angolaises et congolaises, celles qui ont accompagné au Brésil les premiers esclaves et ne les ont jamais plus abandonnés. Le grand Ologun, père de tous les dieux, dont il n'existe aucune représentation, et Oxalà, que le syncrétisme populaire identifie à Jésus-Christ et en particulier à Notre-Seigneur de Bonfim, vénéré à Bahia. Et puis tous les autres dont nous parlerons.

Comme le *pai-de-santo* avec qui je parle est de toute évidence une personne cultivée, je lui pose tout de suite des questions embarrassantes en précisant que ma curiosité est d'ordre théologique et philosophique. Mais les Orixà sont-ils des personnes ou des forces ? Des forces naturelles, précise le prêtre, des vibrations cosmiques, de l'eau, du vent, des feuilles, un arc-en-ciel. Mais alors pourquoi en voit-on partout les statues et sont-ils identifiés à saint Georges ou à saint Sébastien ? Le *pai-de-santo* sourit, se met à me parler des racines profondes que ce culte a même dans la religion juive, dans des religions plus anciennes, me dit que le candomblé accepte la loi de Moïse. Il sourit à nouveau quand je fais allusion aux rites de la magie noire, au très célèbre macumba qui en est la variante négative et qui dans le rite umbanda devient le quimbanda, où l'Exù et sa compagne, la lascive Pomba-Gira, s'emparent des corps humains en transe et qui comprend tous ces rituels pratiqués aussi pour préparer les matchs de football, dans lesquels on tue des coqs pour faire mourir ou pour rendre malades les joueurs de l'équipe adverse. Il sourit comme un théologien de l'Université grégorienne à qui je demanderais un avis sur le miracle de San Gennaro ou sur les madones qui pleurent. Il ne dira jamais rien contre la foi populaire, mais rien non plus en sa faveur : il sourit, on sait comment est le peuple. Que dire d'ailleurs de l'umbanda ? Un culte récent, né dans les années trente, d'un mélange de religions africaines, de catholicisme, d'occultisme et de spiritisme kardéciste, un produit du positivisme français. Gens qui croient à la réincarnation quand les initiés en transe sont envahis par les esprits des trépassés (et par *pretos velhos* et *caboclos*) et puis se mettent à vaticiner, à donner des conseils aux fidèles. L'umbanda est la version conservatrice et spiritualiste des rites afro-brésiliens et respecte avec une absolue dévotion l'ordre constitué. Tandis que le candomblé (ceci, le *pai-de-santo* ne me le dit pas mais je le sais) naît en tant que recherche d'une identité culturelle de la part des esclaves noirs, c'est un geste de révolte volontaire, superbe marginalisation religieuse et culturelle, à tel point qu'il a été longuement persécuté. Dans le Pernambouc, on raconte qu'un chef de la police collectionnait encore, dans les années trente, les oreilles et les mains coupées de ces damnés fétichistes qu'il arrêtait.

L'histoire du développement de ces différents cultes est très confuse (il existe là-dessus des centaines et des centaines de volumes), je n'essaie pas ici de résoudre un difficile problème d'ethnologie brésilienne : je me limite à énumérer certains soupçons. La loi Rui Barbosa de 1888 (dite la « loi d'or ») abolit l'esclavage mais ne confère pas un statut social « régénéré » à l'esclave. Au contraire, en 1890, dans la timide tentative d'abolir le souvenir de l'esclavage en tant que marque négative, on donne l'ordre de brûler toutes les archives du marché des esclaves. Trouvaille hypocrite parce que de cette façon les esclaves ne pourront plus jamais reconstruire leur histoire, leurs origines : ils deviennent formellement libres, mais sans passé. Alors on comprend pourquoi c'est vers la fin du siècle dernier que les cultes deviennent officiels, s'intensifient, sortent de la clandestinité parce que dans l'absence de « racines » familiales, les Noirs essaient de reconstruire leur identité culturelle au moyen de la religion. Cependant, il est très curieux que justement en période positiviste des intellectuels blancs enflammés par les théories spirites européennes influencent les cultes des Noirs, en les poussant progressivement à absorber les principes du spiritisme du siècle dernier. Des phénomènes de ce genre se sont aussi produits dans l'histoire européenne : quand il y a eu des formes de millénarisme révolutionnaire, l'action des Églises officielles a toujours essayé de les transformer en phénomènes de millénarisme mieux élevé, fondé sur l'espoir et non sur la violence. Alors il faudrait penser que les rites candomblé restent comme des noyaux de millénarisme « dur », au milieu des rites umbanda plus édulcorés. Mais je ne peux pas parler de cela au *pai-de-santo*. J'aurai une réponse ambiguë en sortant dans le jardin pour visiter les cases des divinités.

Tandis qu'un groupe de filles, en majorité noires, vêtues rituellement à la mode de Bahia, se précipitent pour les derniers préparatifs, un monsieur, vêtu de blanc (de la tête aux pieds) parce que c'est le mois d'Oxalà symbolisé par cette couleur, nous accueille et nous guide en parlant en italien. Maintenant il le parle mal, il est venu d'Italie tout de suite après la guerre (en effet il parle d'aventures en Afrique orientale et du maréchal Graziani). Il a eu beaucoup d'aventures, il a essayé toutes les religions, maintenant il a conquis la paix : « Si on me disait que le monde est en train de tomber (il montre du doigt la terre devant ses pieds), je ne ferais rien d'autre que de me déplacer un peu plus loin. »

Les maisons des Orixà, disposées dans le vaste jardin comme les chapelles d'un de nos chemins de croix, exposent l'image du saint catholique mélangée avec l'Orixà correspondant. A l'intérieur, il y a une symphonie de couleurs crues et violentes, dues aux fleurs, aux statues, à la couleur de la nourriture qui vient d'être cuite et offerte aux dieux : blanc pour Oxalà, bleu et rose pour Yemanjà, rouge et blanc pour Xangò, jaune et or pour Ogùn et ainsi de suite. On n'entre que si on est initié ; on s'agenouille en baisant le seuil et en se touchant d'une main le front et l'oreille droite. Alors je demande : Yemanjà, déesse des Eaux et de la Procréation, est-elle ou pas Notre-Dame de la Conception ? Xangò est-il ou pas saint Jérôme ? Et pourquoi ai-je vu Ogùn mélangé avec saint Antoine à Bahia et avec saint Georges à Rio, tandis qu'ici saint Georges apparaît resplendissant dans son manteau bleu et vert, prêt à transpercer le dragon dans la maison d'Oxossi ? Je crois connaître la réponse : c'est un sacristain d'une église catholique de Bahia qui me l'a donnée, il y a deux ans. On sait que les pauvres sont naïfs. Pour qu'ils prient saint Georges, il faut leur dire qu'il n'est pas différent d'Oxossi. Mais mon guide me donne la réponse contraire : on sait comment est le peuple, pour lui faire connaître la réalité et la force d'Oxossi, tu dois lui faire croire que c'est saint Georges.

Le candomblé est incontestablement une religion antique et sage.

Mais le rite va commencer. Le *pai-de-santo* fait les fumigations propitiatoires, les tambours attaquent leur rythme obsédant tandis qu'un chanteur entonne des *pontos*, strophes rituelles qui sont chantées en chœur par les initiés. Les initiés sont en majorité des femmes, la *filha-de-santo* est le médium préparé qui sera visité pendant la danse par un Orixà. Maintenant, depuis un certain temps, il y a aussi des initiés mâles, mais le don médiumnique semble être un privilège de la femme. A Bahia, je devais, quelques semaines plus tard, visiter un *terreiro*, vieux de quatre cents ans et je devais être reçu par la *mae-de-santo* ou l'*ialorixà*, vénérable et posée comme une abbesse. Des femmes de ce genre ont dominé la vie culturelle et sociale de Salvador, la capitale de Bahia, et des écrivains comme Jorge Amado en parlent avec un respect affectueux et déférent. Ici, parmi les femmes, il y a aussi quelques Blanches. On me montre une blonde, une psychologue allemande, elle danse en rythme les yeux perdus dans le vide, commence à transpirer lentement, tendue dans l'espoir d'entrer en transe. Elle n'y parviendra pas car elle n'est pas encore mûre pour le baiser des dieux; quand les autres «filles de saint» arrivent à l'extase, je la vois encore s'agiter au fond, presque en pleurs, bouleversée, essayant de perdre le contrôle en suivant la musique des atabaques, les tambours sacrés qui ont le pouvoir d'appeler les Orixà. Et entre-temps, un par un, beaucoup d'initiés font leur saut physique et mystique: on les voit soudain se raidir, leur regard devient vide, leurs mouvements automatiques. Leurs corps célèbrent la nature et les pouvoirs de l'Orixà qui les visite. Ceux qui sont possédés par Yemanjà sont souples et semblent nager, les possédés par Oxalà sont courbés et font des gestes lents et ainsi de suite (dans l'umbanda, quand Exù arrive, on bouge de façon saccadée et nerveuse); ceux qui ont reçu Oxalà seront recouverts de voiles particuliers parce que leur chance a été particulièrement grande.

Avec nous, il y a une adolescente de quinze ans, européenne, avec ses parents. Ils lui avaient dit que si elle voulait venir, il fallait qu'elle suive avec attention, curiosité et respect, mais avec détachement, en échangeant des opinions avec les autres sans se laisser absorber. Car, si Pythagore avait raison, la musique peut nous faire faire ce qu'elle veut. J'ai vu d'autres fois des visiteurs non croyants, mais particulièrement réceptifs, tomber en transe comme des masses. L'adolescente maintenant transpire, a mal au cœur, veut sortir. Elle est rattrapée tout de suite par l'Italien vêtu de blanc qui parle à ses parents et leur dit de la laisser pendant quelques semaines dans la maison. La jeune fille a clairement des qualités médiumniques, elle a réagi positivement à Ogùn, il faut cultiver ses aptitudes. La fille veut s'en aller, ses parents sont épouvantés. Elle a effleuré le mystère des étranges rapports entre le corps, les forces de la nature, les techniques incantatoires. Maintenant elle a honte, elle croit avoir été victime d'une tromperie : elle retournera à l'école et entendra parler des rites dionysiaques sans peut-être comprendre que, pendant un instant, elle a été elle aussi une ménade.

Le rite est fini, nous prenons congé du *pai-de-santo*. Je lui demande de quel Orixà je suis le fils. Il me regarde dans les yeux, examine la paume de mes mains et dit : « Oxalà. » Je plaisante avec l'un de mes amis qui n'est que fils de Xangò.

Deux jours après, à Rio, d'autres amis me conduisent dans un autre *terreiro* de candomblé. La zone est plus pauvre, la foi plus populaire ; si la maison de São Paulo semblait être une église protestante, celle-ci ressemble à un sanctuaire méditerranéen. Les costumes sont plus africains et ceux qui sont visités par Oxalà recevront à la fin des masques splendides qui pour moi n'existaient que dans des bandes dessinées. On dirait de grands harnais de paille recouvrant tout le corps. C'est une procession de fantômes végétaux, conduits par la main comme des aveugles par les officiants et trébuchant dans leurs mouvements catatoniques dictés par le dieu.

Ici la *comida dos santos*, la nourriture rituelle offerte aux Orixà, est un excellent produit de la cuisine de Bahia, disposée en plein air sur de grandes feuilles, sorte de corbeilles immenses de gourmandises tribales et, à la fin du rite, on doit en manger nous aussi. Le *pai-de-santo* est un type curieux, habillé comme Orson Welles dans *Cagliostro*, au visage jeune d'une beauté un peu molle (c'est un Blanc blond). Il sourit avec une tendresse de curé à ses fidèles qui lui baisent les mains. Avec quelques mouvements de John Travolta de banlieue, il ouvre la danse. Plus tard, il quittera ses ornements et apparaîtra en jean, pour pousser le tambour à accélérer, pour rythmer les mouvements des initiés qui sont sur le point d'entrer en transe. Il ne nous laisse assister qu'au début et à la fin, il semble ne pas vouloir que nous soyons présents au moment où les initiés entrent en transe, qui est toujours le moment le plus dur. Par respect pour nous ou pour ses fidèles? Il nous conduit chez lui, où il nous offre un dîner à base de *fejoada*.

Aux murs sont accrochés d'étranges tableaux très colorés à mi-chemin entre l'indien et le chinois, avec des images surréalistes, comme on en voit aux États-Unis dans les magazines underground des groupes plus ou moins inspirés par l'Orient. Ils sont de lui, il peint. Nous parlons d'éthique et de théologie. Il n'a pas la rigueur théologique du *pai-de-santo* de l'autre soir, sa religiosité est plus indulgente et pragmatique. Il nie l'existence du bien et du mal, tout est bien. Je lui dis : « Mais si lui (je montre un de mes amis) veut me tuer et vient vous consulter, vous devrez bien lui dire que c'est mal! — Je ne sais pas, répond-il avec un sourire vague, peut-être que pour lui, c'est une bonne chose, je ne sais pas, moi je lui expliquerai seulement qu'il vaut mieux pour lui qu'il ne vous tue pas. Mais soyez tranquille, s'il vient me voir, il ne vous tuera pas après. » Nous tentons encore quelques argumentations sur le bien et sur le mal. Il insiste sur un ton rassurant : « Ne vous en faites pas, je m'en occuperai, il ne vous tuera pas. » Il est tendrement orgueilleux de son charisme. Il parle de l'amour qu'il ressent pour ses gens, de la sérénité qui vient de la fréquentation des Orixà.

Il ne se prononce pas sur leur nature cosmique, sur leur rapport avec les saints. Il n'y a pas de différence, il suffit d'être serein. Le candomblé a une théologie différente dans chaque *terreiro*. Je lui demande quel est mon Orixà. Il se rétracte à nouveau, ce sont des choses difficiles à dire, ça peut changer suivant les circonstances, il ne croit pas en cette capacité de jugement ; si vraiment j'insiste, à première vue, je devrais être fils d'Oxalà. Je ne lui dis pas que j'ai déjà obtenu la même réponse, il y a deux nuits. Je voudrais encore le prendre en défaut.

Mon ami, celui qui aurait dû me tuer, joue le jeu du Brésilien engagé. Il lui parle des contradictions du pays, des injustices et lui demande si sa religion pourrait également pousser les hommes à la révolte. Le *babalorixà* dit évasivement que ce sont des problèmes auxquels il ne veut pas répondre, puis sourit de nouveau avec une douceur excessive comme lorsqu'il m'assurait que mon ami ne me tuerait pas ; il murmure quelque chose du genre : « Mais si c'était nécessaire, on pourrait... »

Que voulait-il dire ? Que ce n'est pas nécessaire maintenant ? Que le candomblé est quand même toujours la religion des opprimés et pourrait leur donner la force de se révolter ? N'a-t-il pas confiance en nous ? Il nous congédie à quatre heures du matin pendant que les transes abandonnent les membres bouleversés des fils et des filles des saints. L'aube se lève. Il nous offre quelques-unes de ses œuvres d'art. On dirait le directeur d'un bal de banlieue. Il ne nous a rien demandé ; il nous a simplement fait des cadeaux et offert un dîner.

J'ai encore une question que je n'ai pas posée non plus à son collègue de São Paulo. Pourquoi, pas seulement dans ces deux cas, me suis-je aperçu que le candomblé (pour ne pas parler de l'umbanda) attire de plus en plus les Blancs ? J'y ai rencontré un médecin, un avocat, beaucoup de prolétaires et de sous-prolétaires. Ces rites sont en train de devenir une offre généralisée d'espoir, de consolation, de vie communautaire alors qu'au départ ils étaient une revendication d'autonomie raciale, la configuration d'un espace pour les Noirs, imperméable à la religion des Européens. Ils sont dangereusement proches des rites du carnaval et du football, même s'ils restent plus fidèles à des traditions antiques, moins liés à la consommation, capables de toucher plus profondément la personnalité des adeptes — dirais-je — plus sages, plus vrais, plus liés à des pulsions élémentaires, aux mystères du corps et de la nature. Toutefois ils demeurent une façon de tenir les masses déshéritées dans leurs réserves tandis que les généraux industrialisent le pays sur leur dos, en l'offrant à l'exploitation du capital étranger. La question que je n'ai pas posée aux deux *pai-de-santo* est : Avec qui sont les Orixà ?

En tant que fils d'Oxalà, aurais-je eu le droit de poser cette question ?

Espresso, 1979.

FRAPPER QUEL CŒUR?

L'ATTENTE frénétique d'un nouveau communiqué des B.R.[1] sur le sort de Moro et les discussions agitées sur le comportement à suivre dans cette affaire ont conduit la presse à réagir de façon contradictoire. Certains journaux n'ont pas reproduit le communiqué en question, mais ils n'ont pas pu éviter de lui faire de la publicité avec des gros titres à la une ; d'autres l'ont reproduit, mais avec des caractères si petits qu'ils ont privilégié les lecteurs à la vue parfaite (discrimination inacceptable). La réaction sur le contenu a été elle aussi embarrassée parce que tout le monde attendait inconsciemment un texte parsemé de *ach so !* ou de mots formés de cinq consonnes consécutives qui trahissent immédiatement le terroriste allemand ou l'agent tchèque. Au contraire, on s'est retrouvé devant une longue argumentation politique.

Tout le monde a compris qu'il s'agissait d'une argumentation et les plus malins ont perçu qu'elle était adressée non pas à l'« ennemi » mais aux amis potentiels, pour prouver que les B.R. ne sont pas une poignée de désespérés qui tapent dans le vide, mais qu'elles doivent être considérées comme l'avant-garde d'un mouvement qui

1. *B.R.* : Brigades rouges *(N.D.T.)*.

trouve sa justification dans le cadre de la situation internationale.

Si les choses sont ainsi, on ne doit pas réagir en affirmant simplement que leur communiqué est délirant, fumeux, fou. Il doit être analysé avec calme et attention ; de cette façon seulement, on pourra comprendre quelle est la faille qui, partant de prémisses assez lucides, montre la fatale faiblesse théorique et pratique des B.R.

Il faut avoir le courage de dire que ce message délirant contient une prémisse très acceptable et traduit, quoique de façon un peu confuse, une thèse que toute la culture européenne et américaine, des étudiants de soixante-huit jusqu'aux théoriciens de la *Monthly Review* en passant par les partis de gauche, répète depuis longtemps. Donc, s'il y a « paranoïa », ce n'est pas dans les prémisses, mais, comme nous le verrons, dans les conclusions pratiques qu'on en tire.

Je ne pense pas qu'il soit opportun de sourire sur le délire du prétendu E.I.M., c'est-à-dire État impérialiste des multinationales. Peut-être que la façon dont il est représenté est un peu folklorique, mais personne ne se cache que la politique internationale planétaire n'est plus déterminée par différents gouvernements mais justement par un réseau d'intérêts productifs (que nous pouvons aussi appeler le réseau des multinationales) qui décide des politiques locales, des guerres et des paix et détermine les rapports entre monde capitaliste, Chine, Russie et tiers monde.

Éventuellement il est intéressant de remarquer que les B.R. ont abandonné leur mythologie à la Walt Disney, selon laquelle d'un côté il y avait un individu capitaliste et méchant appelé Oncle Picsou et de l'autre les Rapetou escrocs et canailles, mais avec une certaine imagination sympathique parce qu'ils dévalisaient à coups d'expropriations prolétaires le capitaliste avare et égoïste.

Le jeu des Rapetou avait été joué par les Tupamaros uruguayens, persuadés que les oncles Picsou du Brésil et d'Argentine transformeraient l'Uruguay en un second Viêt-nam pendant que les citoyens, amenés à sympathiser avec les Rapetou, se transformeraient en autant de Viêt-congs. Le jeu n'a pas réussi parce que le Brésil n'a pas bougé et que les multinationales qui voulaient produire et vendre dans le Cono Sur ont laissé rentrer Perón en Argentine, ont divisé les forces révolutionnaires et ont permis que Perón et ses successeurs s'enfoncent dans la merde jusqu'au cou. A ce moment-là les Montoneros les plus malins ont fui en Espagne et les plus idéalistes y ont laissé leur peau.

C'est justement parce que le pouvoir des multinationales existe (avons-nous oublié le Chili ?) que l'idée de la révolution à la Che Guevara est devenue impossible. On fait la révolution en Russie quand tous les États européens sont engagés dans une guerre mondiale ; on organise la Longue Marche en Chine quand le reste du monde a d'autres chats à fouetter... Mais quand on vit dans un univers dans lequel le système des intérêts productifs se sert de l'équilibre atomique pour imposer une paix qui arrange tout le monde et lance des satellites qui se surveillent réciproquement, on ne fait plus de révolution nationale parce que tout se décide ailleurs.

Le compromis historique d'un côté et le terrorisme de l'autre représentent deux ripostes (évidemment opposées) à cette situation. L'idée confuse qui anime le terrorisme est un principe très moderne et très capitaliste (par rapport auquel le marxisme classique ne peut pas réagir) de théorie des systèmes. Les grands systèmes n'ont pas de tête, n'ont pas de protagonistes et ne vivent même pas sur l'égoïsme individuel. Donc on ne les frappe pas en tuant le roi, mais en les rendant instables à travers des gestes dérangeants qui se servent de leur propre logique : s'il existe une usine entièrement automatisée, elle ne sera pas dérangée par la mort du patron, mais seulement par une série d'informations aberrantes introduites çà et là qui rendent difficile le travail des ordinateurs.

Le terrorisme moderne feint (ou croit feindre) d'avoir médité sur Marx, mais en réalité, même par des chemins indirects, il a médité sur Norbert Wiener d'un côté et sur la littérature de science-fiction de l'autre. Le problème est qu'ils ne l'ont pas suffisamment médité et n'ont pas assez étudié la cybernétique. La preuve en est que dans toute leur propagande précédente les B.R. parlaient encore de « frapper le cœur de l'État » en cultivant d'une part la notion d'État remontant au XIXᵉ siècle et de l'autre l'idée que l'adversaire avait un cœur ou une tête — comme dans les batailles d'autrefois, où si on parvenait à atteindre le roi, qui chevauchait devant les troupes, l'armée ennemie était démoralisée et détruite.

Dans le dernier tract, les B.R. abandonnent l'idée de cœur, d'État, de capitaliste méchant, de ministre « bourreau ». Maintenant l'adversaire est le système des multinationales dont Moro est un commis ou quelqu'un qui tout au plus en connaît les secrets.

Quelle est alors l'erreur de raisonnement (théorique et pratique) que commettent à ce point les B.R., surtout quand elles font appel, contre la multinationale du capital, à la multinationale du terrorisme ?

Première naïveté. Après avoir saisi l'idée des grands systèmes, on les érige à nouveau en mythe en pensant qu'ils ont des plans secrets dont Moro serait au courant. En réalité les grands systèmes n'ont rien de secret et on sait très bien comment ils fonctionnent. Si l'équilibre multinational déconseille la formation d'un gouvernement de gauche en Italie, il est puéril de penser qu'on ait envoyé à Moro des instructions pour défaire la classe ouvrière. Il suffit (par exemple) de provoquer quelque chose en Afrique du Sud, de désorganiser le marché des diamants à Amsterdam, d'influencer le cours du dollar, et la lire entre en crise.

Deuxième naïveté. Le terrorisme n'est pas l'ennemi des grands systèmes, il en est au contraire la contrepartie naturelle acceptée et prévue.

Le système des multinationales ne peut pas vivre dans une économie de guerre mondiale (et atomique de surcroît), mais il sait qu'il ne peut pas non plus réduire les pulsions naturelles de l'agressivité biologique et l'impatience des peuples et des groupes. C'est pourquoi il accepte de petites guerres locales qui seront peu à peu disciplinées et réduites par des interventions internationales avisées, et accepte aussi le terrorisme. Une usine ici, une autre plus loin sont désorganisées par un attentat, mais le système continue à avancer. Un détournement d'avion de temps en temps, et les compagnies aériennes perdent une semaine, mais par contre les journaux et les télévisions y gagnent. En outre le terrorisme sert à donner une raison d'être aux polices et aux armées qui, laissées sans occupation, ne demandent qu'à se réaliser dans quelque conflit plus important. Enfin le terrorisme sert à favoriser des interventions disciplinaires là où un excès de démocratie rend la situation ingouvernable.

Le capitalisme « national » à la Oncle Picsou craint la révolte, le vol et la révolution qui lui soustraient ses moyens de production. Le capitalisme moderne, qui investit dans différents pays, a toujours un espace de manœuvre assez ample pour pouvoir supporter l'attaque des terroristes en un point, deux points, trois points isolés.

Parce qu'il est sans tête et sans cœur, le système manifeste une incroyable capacité de cicatrisation et de rééquilibrage. Où qu'on le frappe, ce sera toujours à la périphérie. Si le président des industriels allemands y laisse sa peau, il s'agit d'un accident statistiquement acceptable comme les accidents de la route. Pour le reste (et on l'avait décrit depuis longtemps), on procède à une médiévalisation du territoire avec des fortifications et de grands ensembles résidentiels pourvus de gardiens privés et de cellules photo-électriques.

Le seul incident sérieux pourrait être une insurrection terroriste diffuse sur tout le territoire mondial, un terrorisme de masse (comme le voudraient les B.R.) : mais le système des multinationales « sait » (dans la mesure où un système peut « savoir ») que l'on peut exclure cette hypothèse. Le système des multinationales n'envoie pas des enfants à la mine : le terroriste est celui qui n'a rien à perdre sinon ses propres chaînes, mais le système organise les choses de façon telle que tout le monde aurait quelque chose à perdre dans une situation de terrorisme généralisé. Il connaît le moment où le terrorisme, au-delà de quelques actions pittoresques, commencera à inquiéter trop la journée quotidienne des masses ; elles se lèveront alors contre lui.

Qui voit d'un mauvais œil le système des multinationales, comme on a pu le constater dernièrement ? Que tout d'un coup par exemple en Espagne, en Italie et en France, le pouvoir tombe aux mains des partis qui ont derrière eux des organisations ouvrières. Aussi corruptibles que soient ces partis, le jour où les organisations de masses mettront le nez dans la gestion internationale du capital, des ennuis pourraient surgir. Les multinationales ne mourraient pas si Marchais prenait la place de Giscard, mais tout deviendrait plus difficile.

Le souci que les partis communistes au pouvoir connaîtraient les secrets de l'O.T.A.N. (secrets de Polichinelle) n'est qu'un prétexte : le vrai souci du système des multinationales (et je le dis froidement, sans sympathie pour le compromis historique tel qu'on nous le propose aujourd'hui) est le fait que le contrôle des partis populaires dérange une gestion du pouvoir qui ne peut pas se permettre des temps morts pour vérifications à la base.

Le terrorisme, au contraire, suscite beaucoup moins de préoccupation parce qu'il est la conséquence biologique des multinationales, comme un jour de fièvre est le prix à payer pour un vaccin efficace.

Si les B.R. ont raison dans leur analyse d'un gouvernement mondial des multinationales, elles doivent reconnaître qu'elles, les B.R., en sont la contrepartie naturelle et prévue. Elles doivent reconnaître qu'elles sont en train de jouer un scénario déjà écrit par leurs ennemis présumés. Au contraire, après avoir découvert, bien que grossièrement, un principe important de la logique des systèmes, les B.R. répondent avec un roman-feuilleton digne du XIXᵉ siècle, fait de vengeurs et de justiciers habiles et efficaces comme le comte de Monte-Cristo. On pourrait en rire, si ce roman n'était pas écrit avec du sang.

La lutte se déroule entre de grandes forces et non pas entre des « héros » et des « démons ». Malheureux est alors le peuple qui se trouve avec les « héros » dans ses pattes, surtout s'ils pensent encore en termes religieux et entraînent le peuple dans leur sanglante escalade vers un paradis désert.

La Repubblica, 1978.

POURQUOI RIENT-ILS DANS CES CAGES?

IL y a quelques années (le 25 février 1979), j'avais envoyé un article à *La Repubblica*. A vrai dire ce n'était pas un article, mais une petite nouvelle, de celles que techniquement on appelle « uchronies », c'est-à-dire science-fiction ou utopie à rebours, narration du type « que serait-il arrivé si César n'avait pas été poignardé ». Comme il s'agissait de fiction et non pas de réflexion politique, elle a fini dans les pages culturelles. Chaque auteur est plus ou moins attaché aux choses qu'il écrit et certaines lui plaisent plus que d'autres ; moi, j'étais très fier de cette nouvelle, mais je dois avouer que je ne reçus aucune réaction intéressante alors que j'en reçois pour des choses que j'ai écrites avec moins d'engagement. Le fait est que, à part les passionnés de ce genre littéraire, peu de gens estiment que les « uchronies » (comme les utopies) soient une façon très sérieuse de réfléchir sur le présent.

Dans cette nouvelle, j'imaginais qu'en Italie et dans le monde, après la Seconde Guerre mondiale, l'histoire avait pris un cours différent et que l'Italie pendant les dernières décennies était en guerre contre un Empire fasciste turc. Je m'amusais à imaginer les différentes alliances politiques qui en auraient découlé, et surtout je voyais les membres du noyau historique, Curcio et Gallinari, chefs des escadrons d'assaut, décorés de la médaille d'or, et les héroïques Brigades rouges engagées contre l'envahisseur turc, félicitées au parlement par Amendola, tandis que le pape Paul VI réfléchissait avec mélancolie sur la tranquillité que l'Italie aurait connue si à partir de 1945 nous avions eu trente ans de paix.

Quelle était la signification de cette nouvelle? que la culture démocratique avait trop facilement traité de « réactionnaires » certaines théories du comportement animal selon lesquelles il existe dans les espèces (dans toutes les espèces) un quota de violence qui doit se manifester d'une manière ou d'une autre. Les guerres dont les futuristes, non sans raison bien qu'avec une satisfaction infâme, avaient fait l'éloge comme « seule hygiène du monde » sont d'importantes soupapes de sécurité qui servent à purger et à sublimer cette violence. S'il n'y a pas de guerres (et personnellement je préférerais qu'il y en ait le moins possible), il faut accepter l'idée que la société exprime d'une façon ou d'une autre le quota de violence qui couve en elle.

Mais mon histoire avait aussi une autre morale : si cette violence doit s'exprimer, peu importe qu'elle prenne la forme de hold-up, de crimes d'honneur, de campagnes pour l'extermination des hérétiques, de manifestations de satanisme, de suicides collectifs en Guyane, d'exaltations nationalistes, d'utopies révolutionnaires pour la révolte prolétaire. La morale finale était que, si l'on avait offert à Curcio et à Gallinari un beau mythe nationaliste ou colonialiste, peut-être le massacre des juifs, ils y auraient adhéré plutôt qu'au rêve de frapper le cœur de l'État bourgeois.

Ces réflexions sont à nouveau d'actualité ces jours-ci, pendant que l'on assiste d'un côté au procès Moro et de l'autre au rite grotesque de la guerre anglo-argentine.

Qu'y a-t-il d'effrayant dans le conflit pour les

Malouines ? Non pas le fait que le général Galtieri ait cherché un ennemi à l'extérieur pour calmer des tensions internes, car c'est une technique normale de dictateur et chacun doit faire son métier, aussi sale soit-il. Ce n'est pas non plus le fait que la Grande-Bretagne réagisse avec des modalités tenant plus du roman d'aventures que de l'époque postmoderne, parce que « Noblesse oblige », et chacun est prisonnier de sa propre histoire et de ses propres mythes nationaux.

Ce qui est effrayant, c'est que les Montoneros de Firmenich, les péronistes révolutionnaires, tous ceux pour qui l'opinion publique démocratique européenne s'était émue quand ils languissaient dans les prisons de la dictature et qu'on arrivait à justifier quand ils faisaient leurs petits attentats (il faut comprendre, disait-on, ils vivent sous une dictature), que tous ces révolutionnaires à temps complet, tous ces ennemis du capitalisme et des multinationales aujourd'hui se rangent avec enthousiasme au côté du gouvernement, exaltés par l'invitation nationaliste à mourir pour les frontières sacrées de la patrie.

On dirait vraiment mon histoire : si les généraux argentins avaient inventé une belle guerre, il y a dix ans, tous ces héros n'auraient jamais commis d'actes terroristes, mais auraient été tués, le poignard entre les dents, en lançant des bombes. Le Chili ne joue pas à ce jeu parce que Pinochet est un homme avisé et a besoin du soutien des Américains, mais vous pouvez constater que Cuba est tout de suite d'accord, et Castro a dû lire davantage des romans d'aventures que les textes de Marx.

Je vois beaucoup d'analogies entre les brigadistes qui ricanent pendant le procès Moro et les Montoneros qui maintenant crient Vive Galtieri : comme je vois beaucoup d'analogies entre eux et ce qui s'est passé dans un pays aussi allergique à l'idéologie que les États-Unis, où la violence pour s'exprimer a eu besoin d'autres écrans, comme le culte de Satan.

Je comprends l'indignation et le désarroi de Giampaolo Pansa qui dans *La Repubblica* d'hier n'arrivait pas à comprendre pourquoi les brigadistes étaient si joyeux et ne ressentaient pas le poids de leurs victimes. Mais relisons les comptes rendus de l'enquête et du procès contre Charles Manson et sa « famille », après le massacre de Sharon Tate : c'est le même scénario, la même psychologie, la même absence de remords, le même sentiment d'avoir fait quelque chose qui donnait un sens à une vie tout compte fait trop ennuyeuse et pacifique.

On retrouve la même joie chez ces milliers de pauvres gens qui ont bu du poison et en ont donné à leurs enfants, pour suivre la mystique suicidaire d'un prédicateur qui, quelque temps avant, était prêt à se sacrifier pour des causes bien plus nobles.

Cela explique aussi le phénomène des repentis. Comment est-il possible de se repentir après l'arrestation et de se repentir complètement en dénonçant ses propres camarades alors qu'on ne se repentait pas au moment d'expédier deux balles dans la nuque d'un homme sans défense ? Mais puisqu'il y avait l'impulsion de tuer, pourquoi ne pas se repentir une fois le jeu terminé ? L'idéologie n'a rien à voir là-dedans, ce n'était qu'une couverture.

Je sais très bien que ce discours risque de passer pour réactionnaire : il n'y a pas d'idéologie, ni d'idéaux, il n'y a que des forces biologiques obscures qui entraînent les hommes vers les effusions de sang (le leur et celui des autres), il n'y a aucune différence entre les martyrs chrétiens, les garibaldiens, les Brigades rouges et les résistants.

Eh bien, le problème est de ne pas arriver à cette conclusion. Le problème est de savoir comprendre que tous les sacrifices ne sont pas faits pour rien. Mais cela implique d'effectuer toutes les distinctions dont notre raison est capable ; pour les articuler il faut en premier lieu toujours suspecter la mystique du sacrifice et du sang. Je ne veux pas suggérer qu'il n'y a aucune différence entre ce que la société reconnaît comme des héros et ceux que la société considère comme des fous sanguinaires, même s'il y en a beaucoup moins que ne le prétendent les manuels scolaires. Je ne veux pas suggérer que toutes les idéologies et tous les idéaux sont des couvertures transitoires pour des pulsions violentes qui naissent dans les profondeurs de notre espèce. Il y a peut-être une distinction, et elle est très simple.

Les vrais héros, ceux qui se sacrifient pour le bien de la collectivité et que la société reconnaît comme tels, peut-être longtemps après, alors que sur le moment ils ont été qualifiés d'irresponsables et de brigands, sont toujours des gens qui agissent *à contrecœur*. Ils meurent, mais ils préféreraient ne pas mourir ; ils tuent mais ils ne voudraient pas tuer. Preuve en est qu'ils renoncent à se vanter d'avoir tué en état de nécessité.

Les vrais héros sont toujours entraînés par les circonstances, ils ne choisissent jamais parce que, s'ils le pouvaient, ils choisiraient de ne pas être des héros. L'exemple des nombreux partisans, réfugiés dans les montagnes, capturés et torturés, qui n'ont pas parlé pour ne pas augmenter le tribut du sang est significatif.

Le véritable héros est toujours un héros par erreur, son rêve serait d'être un honnête lâche comme tous les autres. S'il avait pu, il aurait résolu l'affaire autrement, sans effusion de sang. Il ne se vante ni de sa mort, ni de celle des autres. Mais il ne se repent pas. Il souffre et il se tait, ce sont éventuellement les autres qui l'exploitent en en faisant un mythe tandis que lui, l'homme digne d'estime, n'était qu'un pauvre type qui a réagi avec courage et dignité dans un événement plus grand que lui.

Au contraire, nous savons tout de suite et sans hésiter que nous devons nous méfier de ceux qui partent sur les chapeaux de roue, poussés par un idéal de purification par le sang, le leur et celui des autres mais plus souvent celui des autres. Ils sont en train de jouer un scénario animal, déjà étudié par les éthologistes. Nous ne devons pas nous en étonner, nous en scandaliser trop. Mais nous ne devons pas ignorer non plus l'existence de ces phénomènes.

Si on n'accepte pas et si on ne reconnaît pas avec courage la fatalité de ces comportements (en étudiant les techniques pour les contenir, les prévenir, en leur offrant d'autres soupapes moins sanglantes), on risque d'être aussi idéaliste et moraliste que ceux dont on réprouve la folie sanguinaire. Reconnaître la violence comme une force biologique est le vrai matérialisme (qu'il soit historique ou dialectique, peu importe), et la gauche a très mal fait de ne pas étudier assez la biologie et l'éthologie.

La Repubblica, 1982.

CRISE DE LA CRISE DE LA RAISON

Il m'est arrivé de lire dans un hebdomadaire une phrase d'un célèbre romancier qui affirmait que, comme la raison ne suffit plus à expliquer le monde dans lequel nous vivons, nous devons avoir recours à d'autres instruments.

Malheureusement l'interviewé ne précisait pas de quels instruments il s'agissait et laissait le lecteur libre de penser aux choses suivantes : le sentiment, le délire, la poésie, le silence mystique, un ouvre-boîtes, le saut en hauteur, le sexe, les intraveineuses d'encre sympathique. Pour notre plus grand malheur chacun de ces instruments peut être opposé à la raison mais chaque opposition impliquerait une définition différente de la raison.

Par exemple, le livre qui a été le point de départ de ce débat[1] semble parler de crise d'un modèle, dit « classique », de raison, comme l'explique clairement dans l'introduction Aldo Gargani. Mais les alternatives que Gargani propose font partie d'autres domaines philosophiques sous la rubrique « Raison » ou « Activité rationnelle » ou du moins raisonnable, comme il le reconnaît.

1. *Crisi della ragione,* sous la direction d'Aldo Gargani, Turin, Einaudi, 1979.

Quant aux autres essais du livre (pour n'en citer que quelques-uns), celui de Ginzburg oppose à la raison déductive un raisonnement hypothétique élaboré à partir d'indices, considéré comme valable déjà par Hippocrate, par Aristote et par Peirce ; celui de Veca propose une série très convaincante de règles pour faire des conjectures raisonnables et celui de Viano une prudente définition de la rationalité comme exercice d'une « voix » qui élabore les justifications invoquées pour donner du crédit à des croyances particulières de façon qu'elles soient comprises par tout le monde.

Nous avons ici de bonnes définitions pour une attitude rationnelle non classique qui nous permet de nous mouvoir dans le réel sans déléguer les tâches de la raison au délire ou à l'athéisme. Le problème n'est pas de tuer la raison mais de mettre les mauvaises raisons en condition de ne pas nuire ; et de dissocier la notion de raison de celle de vérité. Mais cet honorable travail ne s'appelle pas hymne à la crise. Il s'appelle, depuis Kant, « critique ». Repérage des limites.

L'impression ressentie devant une crampe linguistique comme celle de la crise de la raison, c'est que plus que la raison, il faut définir le concept de crise. Et l'utilisation indiscriminée du concept de crise est un cas de crampe d'édition. La crise se vend bien. Dans les dernières décennies nous avons assisté à la vente (dans les kiosques, en librairie, par abonnement, et par le porte-à-porte) de la crise de la religion, du marxisme, de la représentation, du signe, de la philosophie, de l'éthique, du freudisme, de la présence et du sujet (je laisse tomber d'autres crises dont je ne m'occupe pas professionnellement, même si j'en souffre, comme la crise de la lire, du logement, de la famille, des institutions et du pétrole...). D'où la célèbre réplique : « Dieu est mort, le marxisme est en crise et moi je ne me sens pas trop bien. »

Prenons une baliverne comme la crise de la représentation ; même en admettant que ceux qui en parlent aient une définition de ce qu'est la représentation (ce qui n'est pas souvent le cas), si je comprends bien ce qu'ils veulent dire — à savoir, que nous n'arrivons pas à nous construire des images du monde qui soient sûrement adéquates à la forme même de ce monde, en admettant qu'elle existe —, j'apprends que la définition de cette crise a commencé avec Parménide, a continué avec Gorgias, a donné pas mal de problèmes à Descartes, a mis tout le monde dans l'embarras avec Berkeley et Hume, et ainsi de suite jusqu'à la phénoménologie. Si Lacan est intéressant, c'est parce qu'il reprend (re-prend) Parménide.

Il semble que qui découvre aujourd'hui la crise de la représentation ait des idées merveilleusement imprécises sur la continuité de ce discours (cela me fait penser à la blague de l'étudiant interrogé sur la mort de César : « Pourquoi ? Il est mort ? Je ne savais même pas qu'il était malade ! »).

Mais même si on admet l'ancienneté de la crise, on ne comprend pas encore dans quel sens on l'a fait jouer. Je grille un feu rouge, l'agent me siffle et me donne une contravention à moi (et pas à un autre). Comment tout cela peut-il arriver si l'idée de sujet et celle de la représentation réciproque sont en crise ? Mais je me demande si le fond du problème est bien là. Mais alors qu'est-ce qui était en crise ? Allons-nous nous décider à l'éclaircir ? Ou bien êtes-vous en train de me soumettre à une série d'actes terroristes ? Je proteste.

Revenons à la raison ou, mieux, à sa définition. A force de se mouvoir dans la forêt des différentes et millénaires définitions philosophiques, nous pouvons (avec l'approximation de quelqu'un qui ne doit écrire que quelques feuillets) ébaucher cinq acceptions de base.

1) La raison serait ce type de connaissance naturelle, typique de l'homme que l'on peut opposer d'une part aux simples réactions instinctives et de l'autre à la connaissance non discursive (comme les illuminations mystiques, la foi, les expériences subjectives incommunicables par le langage, etc.). Dans ce cas, on parle de raison pour dire que l'homme est capable de produire des abstractions et de discourir par abstraction. Cette notion ne me semble pas en crise : que l'homme soit ainsi fait est hors de doute, au pis on doit décider à quel point cette façon de procéder par abstraction est meilleure que d'autres façons de penser, car indubitablement celui qui a des visions mystiques pense tout autant. Mais parler de la crise de la raison signifie justement formuler une abstraction en utilisant nos capacités rationnelles pour mettre en doute le bienfondé d'un certain type d'exercice de ces capacités.

2) La raison est une faculté particulière de connaître l'Absolu par vision directe, elle est l'autoconscience du Moi idéaliste, l'intuition des principes premiers auxquels obéissent aussi bien le cosmos que l'esprit humain et même l'esprit divin. Que ce concept soit en crise est une chose acquise. Il nous a déjà donné bien trop de souci. Flanquons des coups de pied à qui vient nous dire qu'il a la vision immédiate de l'Absolu et vient nous l'imposer, mais ne parlons pas de crise de la raison. Car il s'agit, bien entendu, de sa crise à lui.

3) La raison est un système de principes universels qui précèdent même la capacité d'abstraction de l'homme. L'homme doit tout au plus les reconnaître, éventuellement avec des efforts et en y réfléchissant longuement. De toute façon c'est du platonisme. Attitude illustre : mise largement en crise, à commencer par Kant (mais même avant). C'est la fameuse raison classique. Sa crise est évidente mais non pas acquise. On la retrouve même dans la logique ou dans les mathématiques contemporaines. Que

veut dire le fait que la somme des angles internes d'un triangle qui donne toujours cent quatre-vingts degrés soit une vérité nécessaire ? Il s'agit tout au plus de discuter sur la différence entre vérité universelle évidente et postulat. Si je postule une géométrie euclidienne, le fait que la somme des angles internes d'un triangle soit toujours de cent quatre-vingts degrés est une vérité nécessaire. D'habitude on aspire à la liberté de changer, dans des situations particulières, les postulats. A celui qui me le permet, je permets d'utiliser la notion de vérité nécessaire. Il est clair que sur des décisions de ce genre, on combat pour la définition numéro cinq dont nous parlerons.

4) Raison comme faculté de bien juger et de bien discerner (le bien ou le mal, le vrai ou le faux) : c'est le bon sens cartésien. Si l'on insiste sur le caractère naturel de cette faculté, on revient à quelque chose qui ressemble beaucoup à la définition numéro trois. Cette notion est aujourd'hui certainement en crise mais de façon ambiguë. Je dirais qu'elle est en crise par excès : cette naturalité innocente a été déplacée de la raison à d'autres facultés comme le désir, le besoin, l'instinct. Au lieu d'insister sur la crise de cette notion (certes assez dangereuse et « idéologique »), je jugerais plus utile de mettre en crise les certitudes de ses remplaçants. Dans ce sens le nouveau cartésianisme de l'irrationnel, pour ainsi dire, me semble bien plus inquiétant.

Dire que ces quatre acceptions du concept de raison sont en crise est comme dire qu'après Galilée et Copernic la Terre tourne autour du Soleil. Il se peut qu'il faille ajouter que peut-être le Soleil tourne autour de quelque chose d'autre, c'est-à-dire que le Soleil n'est arrêté que par rapport à la Terre, mais sur la première affirmation, il n'y a plus de doutes et l'idée que le Soleil tourne autour de la Terre est certainement en crise (mais pourquoi le répéter ?).

5) On arrive ainsi à la cinquième définition : qui est, elle aussi, en crise, mais de façon différente des autres. Plus qu'en crise, elle est critique parce que, d'une certaine façon, elle est la seule définition qui permette de repérer de façon « rationnelle » ou « raisonnable », de mettre continuellement en crise la raison, le rationalisme classique, les notions anthropologiques de raisonnable et en définitive ses propres conclusions.

La cinquième définition est très moderne mais aussi très ancienne. Si on relit bien Aristote, on peut même la tirer de ses écrits, en prenant quelques précautions. Si on relit Kant (et relire veut toujours dire : lire en se référant à nos problèmes et en soumettant le cadre original à des critiques et à des précautions explicites), Kant est encore acceptable. A propos, on m'annonce de France qu'après la mort de Marx, de Hegel et quelques maladies incurables de Freud, on assiste à une renaissance kantienne ; je signale cette affaire à mon ami l'éditeur Laterza ; préparons-nous, les gars, heureusement, le vieux, on l'a étudié au lycée et on l'a tout avalé à l'université pendant que les Français lisaient Victor Cousin, et, avouons-le, on est toujours restés secrètement attachés au promeneur de Königsberg, même lorsque le simple fait de le nommer nous valait l'accusation d'être du côté du Viêt-nam du Sud, quelle décennie affreuse avons-nous vécue là !

Je disais donc : dans ce cinquième sens, on exerce la rationalité par le fait même qu'il faut exprimer des propositions sur le monde et même avant d'être sûr que ces propositions soient « vraies », il faut s'assurer que les autres les comprennent. Donc il faut élaborer des règles communes pour parler — règles du discours mental exprimé. Ce qui ne revient pas à affirmer que lorsque nous parlons nous devons dire toujours une seule chose sans ambiguïté ni polysémie. Au contraire, il est plutôt rationnel et raisonnable de reconnaître qu'il existe aussi

170

des discours (dans le rêve, dans la poésie, dans l'expression des désirs et des passions) qui signifient simultanément plusieurs choses, même contradictoires.

Mais justement parce qu'il est heureusement évident que nous parlons aussi de façon ouverte et polysémique, il faut, de temps en temps et pour atteindre certains buts, élaborer des normes de discours que l'on puisse partager. Cela du moins dans des secteurs spécifiques où l'on décide d'adopter tous les mêmes critères pour utiliser les mots et pour les enchaîner dans des énoncés sur lesquels on puisse discuter. Puis-je raisonnablement affirmer que les êtres humains aiment la nourriture ? Oui, même si parmi eux il y a des dyspepsiques, des ascètes, des anorexiques. Il suffit que l'on s'entende pour établir que, dans ce contexte problématique, une preuve statistique est raisonnable.

Est-ce que la preuve statistique est valable pour établir quelle est la bonne signification de *L'Iliade* ou si Laura Antonelli est plus désirable qu'Eleonora Giorgi ? Non, on change de règle. Et celui qui n'est pas d'accord avec ce critère ? Je ne dirais pas qu'il n'est pas raisonnable, mais permettez-moi de le regarder d'un œil suspicieux. Si possible, je l'évite.

Ne me demandez pas ce que je dois faire quand il s'infiltre : il sera raisonnable de décider *d'une façon ou d'une autre* quand le cas se présentera. Dans ce sens sont raisonnables aussi bien les lois de la logique que celles de la rhétorique (dans le sens d'une certaine technique de l'argumentation), il s'agit d'établir des domaines dans lesquels les unes sont préférables aux autres.

Un ami logicien me disait : « Je renonce à toutes certitudes sauf au *modus ponens*. » Qu'y a-t-il de rationnel dans cette attitude ? J'explique en deux mots, pour les néophytes : le *modus ponens* est la règle de raisonnement (et donc la règle pour un discours compréhensible et qui suit des conventions bien précises). Selon cette règle, si j'affirme : « si *p* alors *q* », et qu'ensuite j'admets *p*, alors *q* doit suivre. A savoir, si j'établis que je définis comme européens tous les citoyens français (et que nous sommes d'accord sur ce postulat de signification), si Ali Hassan est un citoyen français, tout le monde doit reconnaître qu'il est européen.

Le *modus ponens* n'est pas valable en poésie, dans le rêve et en général dans le langage de l'inconscient. Il suffit d'établir dans quel domaine on applique cette règle, c'est-à-dire qu'il suffit de commencer un discours en établissant si nous acceptons ou non le *modus ponens*. Il faudra bien sûr se mettre d'accord sur les prémisses parce que quelqu'un pourrait vouloir définir « citoyen français » seulement par « celui qui naît en France de parents blancs ».

Il est parfois possible que sur la définition des prémisses, sur les postulats de signification que l'on veut accepter se déclenchent des luttes qui durent à l'infini. Il sera raisonnable de ne pas appliquer le *modus ponens* jusqu'au moment où tout le monde sera d'accord sur les prémisses. Mais après, il me semble raisonnable d'appliquer le *modus ponens* si on a accepté sa validité. Il sera rationnel de ne pas y avoir recours dans les cas où l'on soupçonne qu'il ne puisse donner aucun résultat de compréhensibilité réciproque (on ne peut pas analyser avec le *modus ponens* la proposition de Catulle *Odi et amo*, à moins de redéfinir les notions de haine et d'amour — mais, pour les redéfinir de façon raisonnable, il faudrait raisonner selon le *modus ponens*...).

En tout cas, si quelqu'un utilise le *modus ponens* pour me prouver que celui-ci est une loi rationnelle éternelle (classique, à accepter sur la base de l'intuition), j'estimerai raisonnable de définir comme irrationnelle son intention. Cependant, il me semble raisonnable de raisonner selon le *modus ponens* dans beaucoup de cas, par exemple pour jouer aux cartes : si j'ai établi que le poker d'as l'emporte sur un poker de dix, je dois admettre que tu as gagné. Le fait est qu'il faut établir la possibilité de changer de jeu avec un accord préalable.

Ce que je continue à considérer comme irraisonnable, c'est que quelqu'un me soutienne, par exemple, que le désir l'emporte toujours sur le *modus ponens* (ce qui serait même possible), mais pour m'imposer sa notion de désir et pour réfuter ma réfutation, qu'il essaie de me prendre en contradiction en utilisant le *modus ponens*. J'éprouve le désir de lui fracasser le crâne.

J'attribue la diffusion de ces comportements non raisonnables aux nombreuses publications qui jouent avec des métaphores désinvoltes sur la crise de la raison (et je ne parle pas, bien sûr, du livre *Crisi della ragione*, dans lequel les arguments sont raisonnables). Cependant, qu'il soit bien clair que ce problème nous touche non seulement au niveau de la discussion scientifique mais aussi en ce qui concerne les comportements quotidiens et la vie politique. Donc : camarades, longue vie au *modus ponens* ! Mais du calme.

Alfabeta, 1980.

IV

CHRONIQUES DU VILLAGE GLOBAL

POUR UNE GUÉRILLA SÉMIOLOGIQUE

Iʟ n'y a pas si longtemps encore, quand on voulait s'emparer du pouvoir politique il suffisait de contrôler l'armée et la police. Maintenant c'est seulement dans les pays sous-développés que les généraux fascistes se servent encore de chars d'assaut pour leurs coups d'État. Il suffit qu'un pays ait atteint un haut degré d'industrialisation pour que le panorama change complètement : le lendemain de la chute de Khrouchtchev, les directeurs de la *Pravda*, des *Izvestia* et des chaînes de télévision et de radio ont été remplacés ; aucun mouvement dans l'armée. Aujourd'hui un pays appartient à celui qui contrôle les communications.

Si la leçon de l'histoire n'est pas assez convaincante, on peut avoir recours à la fiction qui, comme l'enseignait Aristote, est beaucoup plus vraisemblable que la réalité. Prenons trois films américains sortis dernièrement : *Seven Days in May, Dr. Strangelove* et *Fail Safe*. Tous les trois traitaient des possibilités d'un coup de force militaire contre le gouvernement des États-Unis. Dans les trois films, les militaires n'essayaient pas de contrôler le pays par une violence armée, mais par le contrôle du télégraphe, du téléphone, de la radio et de la télévision.

Je ne dis rien de neuf : désormais, avec les spécialistes

de la communication, le grand public lui aussi perçoit que nous sommes en train de vivre à l'ère de la communication. Comme l'a suggéré le professeur McLuhan, l'information n'est plus un instrument pour la production de biens économiques mais elle est devenue le bien principal. La communication s'est transformée en industrie lourde. Lorsque le pouvoir économique passe des mains de ceux qui possèdent les moyens de production aux mains de ceux qui possèdent les moyens d'information qui, à leur tour, peuvent déterminer le contrôle des moyens de production, le problème de l'aliénation lui-même change de sens. Face au spectre d'un réseau de communication qui s'étend sur l'univers entier, chaque citoyen du monde devient le membre d'un nouveau prolétariat. Mais, aucun manifeste révolutionnaire ne pourrait lancer à ce prolétariat l'appel : « Prolétaires du monde entier, unissez-vous ! » Car, même si les moyens de communication, en tant que moyens de production, changeaient de maître, la situation de soumission, elle, ne changerait pas. A la limite, il est tout à fait permis de soupçonner les moyens de communication d'être aliénants même s'ils appartenaient à la communauté.

Un journal n'est pas redoutable (ou, du moins, ne l'est pas seulement) à cause de la force économique et politique qui le dirige. Le journal est déjà défini comme moyen de conditionnement de l'opinion lorsque les premières gazettes apparaissent. Quand quelqu'un doit écrire chaque jour autant d'articles que permet l'espace dont il dispose, de telle façon qu'ils soient accessibles à un public divers au niveau des goûts, de la classe sociale, de l'instruction, sur tout un territoire national, la liberté de celui qui écrit est déjà finie : les contenus du message ne dépendront pas de l'auteur mais des déterminations techniques et sociologiques du média.

Tout cela avait été perçu depuis longtemps par les

critiques les plus sévères de la culture de masse qui avaient affirmé : « Les médias ne véhiculent pas des idéologies : ils sont eux-mêmes une idéologie. » Cette position, que dans un de mes livres j'ai qualifiée d'« apocalyptique », sous-entend cet autre argument : peu importe ce que vous direz à travers les canaux de communication de masse, quand le récepteur est entouré d'un ensemble de communications qui lui arrivent par des canaux différents, simultanément, dans une forme donnée, la nature de ces informations a très peu d'importance. Ce qui compte, c'est le bombardement progressif et uniforme de l'information, dans lequel les différents contenus s'aplatissent et perdent leurs différences.

Vous aurez remarqué que c'est aussi la position archiconnue de Marshall McLuhan dans *Understanding Media*. Sauf que, pour ceux que j'appelais les « apocalyptiques », cette conviction se traduisait par une conséquence tragique : le destinataire des messages, libéré des contenus de la communication, ne reçoit qu'une leçon idéologique globale, l'invitation à la passivité narcotique. Quand les médias triomphent, l'homme meurt.

Marshall McLuhan, en revanche, à partir des mêmes prémisses, arrive à la conclusion que, lorsque les médias triomphent, c'est l'homme « gutenbergien » qui meurt tandis qu'un autre homme naît, habitué à « ressentir » le monde d'une façon autre. Nous ne savons pas si cet homme sera meilleur ou pire que son prédécesseur, mais nous savons qu'il s'agit d'un homme nouveau. Là où les apocalyptiques voyaient la fin de l'histoire, McLuhan voit le début d'une nouvelle phase historique. Mais cela n'est pas différent de ce qui se passe lorsqu'un végétarien pur et dur discute avec un consommateur de L.S.D. : le premier voit dans la drogue la fin de la raison, l'autre le début d'une nouvelle sensibilité. Les deux sont d'accord en ce qui concerne la composition chimique des substances psychédéliques.

Mais le spécialiste des communications, lui, doit se poser le problème suivant : est-ce que la composition chimique de chaque acte de communication est identique ?

Naturellement il existe des éducateurs héritiers des lumières qui font preuve d'un optimisme plus simple : ils ont une confiance inébranlable dans le contenu du message. Ils pensent pouvoir modifier les consciences en transformant les émissions de télévision, le quota de vérité dans le message publicitaire, l'exactitude de l'information dans les pages des journaux.

Je voudrais rappeler à ces derniers, aussi bien qu'à ceux qui soutiennent que *the medium is the message*, une image que nous avons trouvée dans tant de *cartoons* et de *comic strips*, une image un peu obsolète, vaguement raciste, mais qui sert à merveille pour illustrer cette situation. Il s'agit de l'image du chef cannibale qui s'est mis au cou, en pendentif, un réveil.

Je ne crois pas qu'il existe toujours des chefs cannibales ainsi parés, mais chacun de nous peut transposer ce modèle en différentes expériences de sa vie quotidienne. Le monde des communications est plein de cannibales qui transforment un des instruments aptes à mesurer le temps en bijoux « op ».

S'il en est ainsi, il est faux de dire que *the medium is the message* : il est possible que l'invention de l'horloge, nous habituant à penser le temps sous la forme d'un espace divisé en parties uniformes, ait changé pour certains hommes le mode de percevoir, mais il existe certainement quelqu'un pour qui le « message-horloge » signifie autre chose.

Mais s'il en est ainsi, il n'est pas vrai non plus que l'action sur la forme et sur le contenu du message puisse convertir celui qui le reçoit. Parce que celui qui reçoit le message semble jouir d'une liberté absolue, celle de le lire d'une façon *différente*.

J'ai dit « différente » et non pas « fausse ». Un bref examen du fonctionnement de la communication peut nous dire quelque chose de plus précis là-dessus. La chaîne de la communication présuppose une *source* qui, au moyen d'un *émetteur*, émet un *signal* à travers un *canal*. Au bout du canal, le signal est transformé en *message* à l'usage du *destinataire* à travers un *récepteur*. Cette chaîne de communication prévoit naturellement la présence d'un *bruit* le long du canal de telle sorte que le message a besoin d'une *redondance* pour que l'information soit transmise de façon claire. Mais l'autre élément fondamental de cette chaîne est l'existence d'un code, commun à la source et au destinataire. Un code est un système de probabilités préétabli ; lui seul permet d'établir si les éléments du message sont intentionnels (voulus par la source) ou s'ils sont la conséquence du bruit. Il me semble très important de bien distinguer les différents points de cette chaîne car, lorsqu'on les délaisse, se produisent des équivoques qui empêchent de considérer ces phénomènes avec toute l'attention nécessaire. Par exemple, une bonne partie des thèses de Marshall McLuhan sur la nature des médias vient du fait qu'il appelle « médias », en général, des phénomènes qui sont identifiables tantôt au canal, tantôt au code, tantôt à la forme du message. L'alphabet réduit, selon des critères d'économie, les possibilités des organes phonateurs et fournit, de ce fait, un code pour communiquer l'expérience ; la route me fournit un canal le long duquel je peux faire voyager une communication quelconque. Dire que l'alphabet et la route sont des médias revient à confondre un code avec un canal. Dire que la géométrie euclidienne et un habit sont des médias signifie réunir dans la même catégorie un code (les éléments d'Euclide sont une manière de formaliser l'expérience et de la rendre communicable) et un message (un certain habit, sur la base de codes vestimentaires — de conventions acceptées par la société — communique l'attitude que j'ai à l'égard de mes semblables). Dire que la lumière est un média signifie ne pas se rendre compte qu'il existe au moins trois acceptions de « lumière ». La lumière peut être un signal d'information (j'utilise l'électricité pour transmettre des impulsions qui, sur la base du code Morse, signifient des messages particuliers); la lumière peut être un message (si ma maîtresse met la lampe à la fenêtre, cela signifie que son mari est parti); et la lumière peut être un canal (si la lumière est allumée dans ma chambre, je peux lire le message-livre). Dans tous ces cas l'impact de chaque phénomène sur le corps social varie suivant le rôle qu'il joue dans la chaîne de communication.

Pour s'en tenir à l'exemple de la lumière, dans chacun des trois cas suggérés, la signification du message change selon le code choisi pour l'interpréter. Le fait que la lumière, quand j'utilise le code Morse pour transmettre des signaux lumineux, soit un signal — et que ce signal ne soit rien que de la lumière — a pour le destinataire une importance moindre par rapport au fait que ce dernier doive absolument connaître le code Morse. Si par exemple, dans le deuxième des cas mentionnés, ma maîtresse utilise la lumière comme signal pour me transmettre en code Morse le message « Mon mari est à la maison », alors que je continue à me rapporter au code précédemment établi, selon lequel « lumière allumée » signifie « Mon mari absent », ce qui détermine mon comportement (avec toutes les conséquences désagréables qui en découleront) n'est pas la forme du message ni son contenu selon la *source émettrice*, mais le code que j'utilise. C'est l'utilisation du code qui attribue au signal-lumière un certain contenu. Le passage de la galaxie Gutenberg au Nouveau Village de la Communication totale n'empêchera pas que se déchaîne entre moi, ma maîtresse et son mari l'éternel drame de la jalousie.

Dans ce sens la chaîne de communication que nous avons ébauchée devra se changer de la façon suivante : le *récepteur* transforme le *signal* en *message*, mais ce message est encore la forme vide à laquelle le *destinataire* pourra attribuer différents sens selon le code qu'il y applique.

Si j'écris la phrase *No more*, celui qui l'interprète à la lumière du code langue anglaise la comprendra dans le sens le plus évident ; dite par un Italien, pourtant, je vous assure que la même phrase signifierait « Pas de mûres » ou bien « Non, je préfère les mûres » ; mais, si au lieu d'un repère botanique mon interlocuteur italien utilisait un repère juridique, il comprendrait « Pas de demeures » ; et si son repère était érotique, la même phrase serait la réponse « Non, les brunes » à la question « Est-ce que les gentlemen préfèrent les blondes ? ».

Naturellement, dans la communication normale, entre deux êtres humains, relative à la vie quotidienne, ces équivoques sont moindres : les codes sont établis d'avance. Il y a toutefois des cas extrêmes comme, en premier lieu, la communication esthétique où le message est intentionnellement ambigu dans le dessein précis de stimuler l'utilisation de codes différents de la part de ceux qui seront en contact avec l'œuvre d'art, en des lieux et à des moments différents.

Si dans la communication quotidienne l'ambiguïté est exclue, alors qu'elle est voulue dans la communication esthétique, dans les communications de masse l'ambiguïté, quoique ignorée, est toujours présente. Nous avons un exemple de communication de masse lorsque la *source* est unique, centrale, structurée selon les modalités de l'organisation industrielle ; le *canal* est un expédient technologique qui exerce une influence sur la forme même du signal ; et les *destinataires* sont la totalité (ou bien un très grand nombre) des êtres humains répartis en différents points du globe. Les experts américains se sont rendu compte de la signification d'un film d'amour en Technicolor, conçu pour dames des banlieues et projeté, ensuite, dans un village du tiers monde. Mais dans des pays comme l'Italie, où le message télévisé, élaboré par une source industrielle centrale, arrive simultanément dans une ville industrielle du Nord et dans un village agricole au fin fond du Sud, dans deux circonstances sociologiques séparées par des siècles d'histoire, ce phénomène se produit tous les jours.

La simple réflexion paradoxale suffit cependant à nous convaincre de ce fait : lorsque la revue *Eros*, aux États-Unis, publia les célèbres photos d'une femme blanche et d'un homme de couleur qui, nus, s'embrassaient, j'imagine que, si les mêmes images avaient été transmises par une chaîne de télévision à grande diffusion, l'interprétation du message par le gouverneur de l'Alabama et par Allen Ginsberg aurait été différente : pour un hippie californien, pour un « radical » du *Village* l'image aurait signifié la promesse d'une nouvelle communauté, pour un adhérent au Ku Klux Klan le même message aurait signifié une terrible menace de violence charnelle.

L'univers des communications de masse est rempli de telles interprétations discordantes que, j'oserais dire, la variabilité des interprétations est la loi constante des communications de masse. Les messages partent de la source et arrivent dans des situations sociologiques différenciées où agissent des codes différents. Pour un employé de banque de Milan la publicité à la télévision d'un réfrigérateur représente une stimulation à l'achat mais pour un paysan sans travail de Calabre, la même image signifie la dénonciation d'un univers du bien-être qui ne lui appartient pas et qu'il devra conquérir. C'est pourquoi j'estime que, dans les pays pauvres, même la publicité à la télévision fonctionne comme message révolutionnaire.

Le problème des communications de masse vient du fait que, jusqu'à maintenant, la variabilité des interprétations a été fortuite. Personne ne règle la manière dont le destinataire utilise le message — sauf à de rares exceptions. Dans ce sens, tout en ayant déplacé le problème, tout en ayant dit « Le média n'est pas le message » mais « Le message dépend du code », nous n'avons pas résolu le problème de l'ère des communications. A l'apocalyptique qui nous dit : « Le média ne transmet pas d'idéologie, il est lui-même idéologie ; la télévision est la forme de communication qui assume l'idéologie de la société industrielle avancée », nous ne pourrons que répondre : « Le média transmet les idéologies auxquelles le destinataire peut faire appel sous forme de codes issus de la situation sociale dans laquelle il vit, de l'éducation qu'il a reçue, de ses dispositions psychologiques du moment. » Si cela était vrai, le phénomène des communications de masse serait immuable : il existe un instrument très puissant que personne n'arrivera jamais à régler ; il existe des moyens de communication qui, contrairement aux moyens de production, ne peuvent être contrôlés ni par la volonté privée ni par celle de la collectivité. En face d'eux nous sommes tous, du directeur de la chaîne C.B.S. au président des États-Unis, en passant par Martin Heidegger et le plus humble paysan du delta du Nil, le *prolétariat*.

Pourtant, le défaut de cette façon de considérer le problème réside, je crois, dans le fait que nous sommes tous en train d'essayer de gagner cette bataille (la bataille de l'homme dans l'univers technologique de la communication) en faisant appel à la stratégie.

D'habitude les hommes politiques, les éducateurs, les spécialistes des problèmes de la communication estiment que, pour contrôler le pouvoir des médias, il faut contrôler deux moments de la chaîne de la communication : la *source* et le *canal*. On croit pouvoir contrôler de telle façon le *message* ; au contraire on ne contrôle ainsi que le message en tant que forme vide que chacun remplira de significations suggérées par sa propre situation anthropologique et son modèle culturel. La solution stratégique peut se résumer dans la phrase : « Il faut s'emparer du fauteuil du président de la Radio-Télévision », ou bien : « Il faut s'emparer du fauteuil du ministre de l'Information », ou encore : « Il faut s'emparer du fauteuil du directeur du quotidien Tel ou Tel. » Je ne nie pas que cette approche puisse offrir d'excellents résultats à quelqu'un qui viserait le succès politique ou économique, mais je commence à craindre qu'elle n'offre que des résultats bien minces à celui qui souhaite rendre aux hommes une certaine liberté face au phénomène global de la communication.

C'est pourquoi, demain, il faudra appliquer à la stratégie une solution de guérilla. Il faudra occuper, dans chaque lieu du monde, la première chaise devant chaque poste de télévision (et évidemment : la chaise du leader du groupe devant chaque écran cinématographique, chaque transistor, chaque page de quotidien). Si vous voulez une formulation moins paradoxale, je dirai : On ne gagne pas la bataille pour la survie de l'homme en tant qu'être responsable dans l'ère de la communication à la source de la communication mais à son point d'arrivée. J'ai parlé de guérilla parce qu'un destin paradoxal et difficile nous attend — et par « nous », j'entends les spécialistes et techniciens de la communication : précisément au moment où les systèmes de communication prévoient une seule source industrialisée et un seul message qui arrivera à un public dispersé dans le monde entier, nous devrons être capables d'imaginer des systèmes de communication complémentaires qui nous permettent d'atteindre chaque groupe humain, chaque individu du public universel, pour discuter le message à son point d'arrivée, à la lumière des codes d'arrivée en les comparant aux codes de départ.

Un parti politique, capable d'atteindre de façon capillaire tous les groupes qui regardent la télévision et de les amener à discuter le message qu'ils reçoivent, peut changer la signification que la source avait donnée à ce message. Une association pour l'éducation, capable de pousser un certain public à discuter le message qu'il reçoit, pourrait en retourner la signification. Ou bien prouver que le message peut être interprété de plusieurs façons.

Attention : je ne suis pas en train de proposer une nouvelle forme de contrôle de l'opinion publique, encore plus redoutable. Je propose une action pour pousser le public à contrôler le message et ses multiples possibilités d'interprétation.

L'idée qu'un jour il faudra demander aux savants et aux éducateurs d'abandonner les studios de télévision ou les rédactions des journaux pour mener une guérilla de porte en porte, comme les provos de la réception critique, peut faire peur et sembler être une pure utopie. Mais, si l'ère de la communication avance dans la direction qui nous semble être aujourd'hui la plus probable, elle sera le seul salut pour les hommes libres. Les modes de cette guérilla culturelle sont à étudier. Il est probable que, dans l'interconnexion des différents médias, on pourra utiliser un média pour communiquer une série d'opinions sur un autre média. C'est ce que, dans une certaine mesure, fait un journal quand il critique une émission de télévision. Mais qui nous garantit que l'article du journal sera lu dans l'optique que nous souhaitons ? Serons-nous obligés d'avoir recours à un autre média pour enseigner à lire le journal de façon consciente ?

Certains phénomènes de « contestation de masse » (hippies ou beatniks, *new bohemia* ou mouvements étudiants) nous apparaissent aujourd'hui comme des réponses négatives à la société industrielle : on refuse la société de la communication technologique pour chercher d'autres formes de vie associative. Naturellement on réalise ces formes en utilisant les moyens de la société technologique (télévision, presse, disques...). Ainsi on ne sort pas du cercle, mais on y retourne au contraire sans le vouloir. Les révolutions résultent souvent de formes plus pittoresques d'intégration.

Mais il se pourrait bien que ces formes non industrielles de communication (des *love-in* aux meetings des étudiants assis par terre dans le campus universitaire) deviennent les formes d'une future guérilla de la communication. Une manifestation complémentaire aux manifestations de la communication technologique, la correction continuelle des perspectives, la vérification des codes, l'interprétation toujours renouvelée des messages de masse. L'univers de la communication technologique serait alors traversé par des groupes de guérilleros de la communication qui réintroduiraient une dimension critique dans la réception passive. La menace selon laquelle *the medium is the message* pourrait alors devenir, face au média et au message, le retour à la responsabilité individuelle. Face à la divinité anonyme de la communication technologique, notre réponse pourrait être : « Que *notre* volonté soit faite, pas la Tienne. »

Communication au colloque « Vision 1967 », New York, octobre 1967, organisé par l'International Center for Communication, Art and Sciences.

LA MULTIPLICATION DES MÉDIAS

Il y a un mois la télévision nous a permis de revoir un classique dont nous nous souvenions avec admiration, attachement et respect; je parle de *2001: l'odyssée de l'espace*, de Kubrick. J'ai interrogé plusieurs amis après cette redécouverte et ils ont été unanimes: ils étaient déçus.

Ce film qui, il n'y a pas si longtemps, nous avait étonnés par ses extraordinaires nouveautés techniques et figuratives, par son souffle métaphysique, nous a donné l'impression de rabâcher des choses que nous avions déjà vues des milliers de fois. Le drame de l'ordinateur paranoïaque tient encore bien, même s'il ne nous étonne plus. La séquence des singes du début est toujours un beau moment de cinéma, mais ces navettes spatiales non aérodynamiques ont déjà leur place dans la boîte à jouets de nos enfants, entre-temps devenus adultes, en plastique (les navettes, je crois, pas les enfants); les visions finales sont kitsch (toute une série de généralités pseudo-philosophiques dans lesquelles chacun peut mettre à son gré les allégories qu'il veut); le reste fait «disque», musique et pochettes.

Pourtant Kubrick nous avait semblé être un innovateur génial. Mais c'est justement là qu'est le problème: les médias sont généalogiques et n'ont pas de mémoire, même si ces deux caractéristiques devraient s'exclure réciproquement. Ils sont généalogiques, car, dans leur système, toute nouvelle invention produit des imitations en boule de neige et une sorte de langage commun. Ils n'ont pas de mémoire parce que, une fois la chaîne des imitations rompue, personne ne sait plus qui avait commencé et l'on confond facilement le fondateur avec le dernier de ses petits-enfants. En outre, les médias enseignent : ce qui entraîne que les navettes de *La Guerre des étoiles*, inspirées sans pudeur par celles de Kubrick, soient plus complexes et plus crédibles que leurs aïeules, si bien que ce sont celles-ci qui semblent être les imitatrices.

Il serait intéressant de se demander pourquoi cela n'arrive pas avec les arts traditionnels, pourquoi nous pouvons encore comprendre que le Caravage est meilleur que ses disciples et que Richebourg n'est pas Balzac. On pourrait dire que dans les médias la réalisation technique prévaut sur l'invention et que la technique est imitable et perfectible. Mais ce n'est pas tout. Par exemple, *Hammet* de Wenders est beaucoup plus sophistiqué, techniquement, que le vieux *Faucon maltais* de Huston, mais nous, nous voyons le premier avec intérêt et le second avec une espèce de religiosité. Par conséquent entre en jeu un système ou une perspective d'attente de la part du public. Lorsque Wenders sera aussi vieux que Huston, le reverrons-nous peut-être avec le même émoi ? Je ne me sens pas capable d'affronter ici autant de problèmes de cette envergure. Pourtant, dans *Le Faucon maltais*, nous jouirons toujours d'une certaine naïveté qui chez Wenders est déjà perdue. Le film de Wenders fait déjà partie d'un univers marqué non seulement par le changement des rapports entre médias, mais aussi par un nouveau rapport entre les médias et l'art dit « grand ». *Le Faucon maltais* est naïf parce qu'il déploie ses inventions sans entretenir de rapports directs et conscients avec les arts figuratifs ou la « grande littérature », tandis que le film de Wenders fait partie d'un univers où ces rapports se sont déjà embrouillés, où il est difficile de dire si les Beatles sont étrangers à la grande tradition musicale de l'Occident, où les bandes dessinées pénètrent dans les musées à travers le pop art alors que l'art des musées entre dans la bande dessinée à travers la culture non naïve des différents Crepax, Pratt, Mœbius ou Drouillet. Et les jeunes font deux soirs de suite la queue dans un palais des Congrès, un soir pour les Bee Gees et l'autre pour John Cage ou quelqu'un qui joue du Sartre, et le troisième soir ils vont (ou allaient, car malheureusement ils ne pourront plus le faire) écouter Cathy Berberian qui chantait à la fois Monteverdi, Offenbach, et, justement, les Beatles, mais interprétés à la Purcell (mais Cathy Berberian n'ajoutait rien d'autre à la musique des Beatles que ce qu'elle citait déjà, en partie seulement, sans le savoir et sans le vouloir).

Nos rapports avec les produits de masse et avec le « grand » art ont changé. Les différences se sont réduites ou annulées, mais, avec les différences, on a déformé les rapports temporels, les filiations, les *avant* et les *après*. Le philologue les perçoit toujours, mais pas le consommateur courant. Nous avons obtenu ce que la culture éclairée, héritière des lumières des années soixante, demandait : qu'il n'y ait pas, d'un côté, des produits pour des masses ilotes et, de l'autre, les produits difficiles pour le public cultivé et gourmet. Les distances se sont réduites, la critique est perplexe, comme on peut bien voir dans les articles (à juste titre) embarrassés de l'*Espresso* qui essayait de faire le point avec la dernière chanson des Matia Bazar. La critique traditionaliste se plaint du fait que les nouvelles techniques de recherche analysent avec la même exactitude Manzoni et Mickey sans même les différencier (et elle ment sans pudeur et contre toute évidence), sans se rendre compte (par défaut d'attention) que c'est la vie même des arts d'aujourd'hui qui tente d'effacer cette distinction.

D'abord, quelqu'un de peu cultivé peut lire aujourd'hui Manzoni (ce qu'il comprend est un autre problème) mais ne parvient pas à lire les bandes dessinées de *Salut les bidasses* (qui parfois sont hermétiques, ennuyeuses comme seuls ont pu l'être les mauvais expérimentateurs pour *happy few* dans les décennies précédentes). Cela nous informe que lorsque de tels changements d'horizon se vérifient, il n'est pas encore dit si les choses s'améliorent ou empirent : elles sont simplement changées et les jugements de valeur devront se conformer à des paramètres de jugements différents.

Il est intéressant de constater que d'instinct les lycéens savent mieux ces choses que certains professeurs d'université d'au moins soixante-dix ans (je me réfère à l'âge des artères, non pas nécessairement à celui de l'état civil). Un professeur de C.E.S. (et même du supérieur) est convaincu que l'élève n'étudie pas parce qu'il lit *Salut les bidasses* et peut-être l'élève n'étudie-t-il pas parce que (avec *Salut les bidasses* et Mœbius — et entre les deux il y a la même distance qu'entre la Série Noire et Robbe-Grillet) il lit le *Siddharta* de Hesse, comme s'il s'agissait d'une glose à *Du zen ou de l'entretien des motocyclettes*. Il est clair que l'école doit revoir ses propres manuels (si toutefois elle en a eu) sur le savoir-lire. Et sur ce qu'est la poésie ou la non-poésie.

Mais l'école (et la société, sans se limiter aux jeunes) doit apprendre à fournir de nouvelles instructions pour se forger des réactions devant les médias. Il faut revoir tout ce qu'on a dit dans les années soixante et soixante-dix. A cette époque-là, nous étions tous victimes (peut-être à juste titre) d'un modèle des médias monté sur celui des rapports de pouvoirs : un émetteur centralisé avec des

192

plans politiques et pédagogiques précis contrôlés par le Pouvoir (économique ou politique), les messages transmis le long de canaux technologiques identifiables (ondes, canaux, fils, appareils qu'on reconnaissait facilement comme des écrans cinématographiques ou télévisuels, des radios, des pages de magazines) et les destinataires, victimes de l'endoctrinement idéologique. Il suffisait d'enseigner aux destinataires à lire les messages, à les critiquer, et l'on pouvait parvenir à l'ère de la liberté intellectuelle, de la conscience critique... Cela a été aussi le rêve de soixante-huit.

Nous savons ce que sont aujourd'hui les radios et les télévisions. Des pluralités incontrôlables de messages que chacun utilise pour les mélanger à sa façon par télécommande. La liberté de l'utilisateur n'augmente sans doute pas. Mais la façon de lui apprendre à être libre et contrôlé change certainement. Pour le reste, deux nouveaux phénomènes ont pris lentement de l'importance : la multiplication des médias et les médias au carré.

Qu'est-ce qu'un média aujourd'hui ? Une émission de télévision ? Certainement aussi. Essayons cependant d'imaginer une situation non imaginaire. Une firme produit des tee-shirts avec l'image d'une bergeronnette et en fait la publicité (phénomène traditionnel). Une génération commence à les porter. Chaque utilisateur du tee-shirt en fait la publicité à travers l'image de l'oiseau (comme d'autre part chaque propriétaire d'une Fiat Panda fait de la publicité, à ses propres frais, pour la marque Fiat et le modèle Panda). Une émission de télévision, pour être fidèle à la réalité, montre des jeunes avec le tee-shirt à la bergeronnette. Les jeunes (et les vieux) voient l'émission et achètent de nouveaux tee-shirts avec la bergeronnette parce que ça fait « jeune ».

Où est le média ? Dans l'encart publicitaire, dans le journal ? dans l'émission, dans le tee-shirt ? Nous avons ici non pas un média mais deux, trois et peut-être plus ? Et ils agissent sur des canaux différents. Les médias se sont multipliés, mais certains d'entre eux agissent comme des médias de média, c'est-à-dire comme des médias au carré. Et qui émet alors le message ? Celui qui produit le tee-shirt, celui qui le porte, celui qui en parle sur l'écran ? Qui produit l'idéologie ? Car il s'agit d'idéologie : il suffit d'analyser ce que le phénomène implique, ce que veut signifier le fabricant du tee-shirt, l'utilisateur, et celui qui en parle. Mais, suivant le canal que l'on considère, d'une certaine façon le sens et peut-être le poids idéologique du message changent. Il n'y a plus le Pouvoir, tout seul (qu'il était confortable !). Devons-nous peut-être identifier au Pouvoir le styliste qui a eu l'idée d'inventer un nouveau dessin pour un tee-shirt ou le fabricant (peut-être de province) qui a justement pensé le vendre, sur une grande échelle, pour gagner de l'argent comme il se doit, et pour ne pas licencier ses ouvriers ? Ou bien celui qui accepte légitimement de le porter, et de répandre une image de jeunesse, de désinvolture ou de bonheur ? Ou le réalisateur de télévision qui, pour représenter une génération, habille son personnage d'un tee-shirt ? Ou le chanteur qui pour couvrir ses frais accepte de se faire sponsoriser par le tee-shirt ? Tout le monde y est à la fois impliqué et pas, le Pouvoir est insaisissable et on ne sait plus d'où vient le « projet ». Car il y a projet, certes, mais il n'est plus intentionnel, et donc on ne peut plus en faire une critique en attaquant ses intentions. Tous les professeurs de théorie de la communication (moi y compris) qui se sont formés sur les textes d'il y a vingt ans devraient partir à la retraite.

Où sont les médias ? Dans la fête, dans le cortège, dans les conférences sur Kant organisées par les services culturels des mairies, auxquelles assistent aujourd'hui des milliers de jeunes assis par terre, pour écouter le sévère philosophe qui avait pris à son propre compte l'avertissement d'Héraclite «Pourquoi voulez-vous me mettre à toutes les sauces, ô illettrés? Je n'ai pas écrit pour vous, mais pour ceux qui peuvent me comprendre»? Où sont les médias? Qu'y a-t-il de plus privé qu'un coup de fil? Mais que se passe-t-il quand quelqu'un remet au juge l'enregistrement d'un coup de téléphone privé, fait pour être enregistré, pour être donné au juge, parce qu'un infiltré au palais de justice le donne aux journaux, que les journaux en parlent et que l'enquête est compromise? Qui a produit le message (et son idéologie)? Le crétin qui parlait innocemment au téléphone, celui qui l'a donné, le juge, le journal, le lecteur qui n'a pas compris le jeu et qui de bouche à oreille perfectionne le succès du message?

Il était une fois les mass média, ils étaient méchants comme on le sait et il y avait un coupable. En face il y avait les voix de la vertu qui dénonçaient les crimes. Et l'art (ah, heureusement!) qui offrait des alternatives non prisonnières des médias.

Bien, tout est fini. Il faut recommencer à s'interroger sur ce qui se passe depuis le début.

Espresso, 1983.

TV : LA TRANSPARENCE PERDUE

1. La Néo-TV

Autrefois il y avait la Paléo-Télévision, faite à Rome ou à Milan pour tous les spectateurs ; elle parlait d'inaugurations présidées par des ministres et s'assurait que le public n'apprît que des choses innocentes, quitte à dire des mensonges. Maintenant, avec la multiplication des chaînes, la privatisation et l'avènement de nouvelles diableries électroniques, nous sommes entrés dans l'époque de la Néo-Télévision. Sur la Paléo-TV on aurait pu faire un petit dictionnaire des titres des émissions et des noms de leurs protagonistes. Tâche qui se révélerait impossible avec la Néo-TV, non seulement parce que les personnages et les rubriques sont infinis, non seulement parce que personne n'arrive plus à s'en souvenir et à les reconnaître, mais aussi parce que le même personnage joue des rôles différents suivant qu'il parle sur les écrans d'État ou sur les écrans privés. Des études sur les caractéristiques de la Néo-TV ont déjà été faites (par exemple, la récente recherche sur les programmes de divertissement, réalisée par un groupe de chercheurs de l'université de Bologne pour le compte de la Commission parlementaire de surveillance de la radio et de la télévision). Le discours qui suit ne veut pas être un résumé de cette recherche ni d'autres recherches importantes, mais il tient compte du nouveau panorama que ses travaux ont dévoilé.

La caractéristique principale de la Néo-TV, c'est le fait qu'elle parle de moins en moins du monde extérieur (ce que la Paléo-TV faisait ou feignait de faire). Elle parle d'elle-même et du contact qu'elle est en train d'établir avec son public. Peu importe ce qu'elle dit ou de quoi elle parle (parce que le public armé de télécommandes décide du moment où elle peut parler et du moment où il change de chaîne). Pour survivre à ce pouvoir du public, elle essaie de retenir le spectateur en lui disant : « Je suis là, je suis moi et je suis toi. » Qu'elle parle de fusées ou de Laurel qui fait tomber une armoire, tout ce que la Néo-TV arrive à dire, c'est : « Je t'annonce, oh ! merveille, que tu es en train de me voir ; si tu n'y crois pas, compose ce numéro et appelle-moi, je te répondrai. »

Après tant de doutes, voici enfin quelque chose de sûr : la Néo-TV existe. Elle est vraie car elle est sûrement une invention télévisuelle.

2. Information et fiction

Le sens commun ainsi que beaucoup de théories de la communication font appel à une dichotomie fondamentale, pour définir le réel. A la lumière de cette dichotomie, les programmes télévisuels peuvent être rangés et, dans l'opinion commune se rangent, en deux grandes catégories :

1. *Programmes d'information,* dans lesquels la TV fournit des énoncés concernant des événements qui se produisent indépendamment d'elle. Elle peut le faire oralement, à travers des prises de vues, directes ou différées, ou des reconstitutions filmées ou en studio. Il peut s'agir d'événe-

ments politiques, sportifs, culturels ou de faits divers. Dans chacun de ces cas le public s'attend à ce que la TV fasse son devoir : *a)* en disant la *vérité*, *b)* en la disant selon des critères d'*importance* et de *proportion*, *c)* en séparant l'*information* des *commentaires*. Quant à dire la vérité, sans nous perdre dans des discussions philosophiques, nous dirons que le sens commun reconnaît comme vrai un énoncé, lorsqu'on reconnaît que ce dernier, à la lumière de méthodes de contrôle ou d'énoncés provenant d'autres sources fiables, correspond à un état de fait (si le journal télévisé dit qu'il a neigé à Turin, il dit la vérité si ce fait est confirmé par le service météorologique de l'armée de l'air). On proteste si la TV ne dit pas ce qui correspond aux faits. Ce critère est valable aussi dans les cas où la TV rapporte, sous forme de résumé ou d'interview, les opinions d'autrui (qu'il s'agisse d'un ministre, d'un critique littéraire ou d'un commentateur sportif) : on ne juge pas la TV sur la véracité de ce que l'interviewé dit, mais sur le fait que l'interviewé soit réellement celui qui correspond au nom et à la fonction qu'on lui attribue et que ses déclarations ne soient ni résumées ni mutilées de façon à lui faire dire ce qu'il n'a pas dit (d'autres enregistrements servant de preuves).

Les critères de proportion et d'importance sont plus vagues que les critères de véracité : de toute façon, on dénonce la TV quand on estime qu'elle a privilégié certaines nouvelles au détriment d'autres, en délaissant peut-être des nouvelles considérées comme importantes ou en rapportant seulement certaines opinions à l'exclusion de certaines autres.

En ce qui concerne la différence entre information et commentaire, celle-ci aussi est considérée comme intuitive, même si on sait que certaines modalités de sélection et de montage des nouvelles peuvent en constituer un commentaire implicite. En tout cas on pense que l'on dispose de paramètres (plus ou moins incontestables) pour établir quand la TV renseigne « correctement ».

2. *Programmes d'imagination ou de fiction,* habituellement appelés spectacles, comme les drames, les comédies, l'opéra, les films, les téléfilms. Dans ces cas le spectateur réalise par consentement ce que l'on appelle la suspension de l'incrédulité et accepte « par jeu » de considérer comme vrai et dit sérieusement ce qui est au contraire l'effet d'une construction fantastique. On juge aberrant le comportement de quelqu'un qui prend la fiction pour la réalité (en écrivant même des lettres d'insultes à l'acteur qui jouait le rôle du méchant). On admet même que les programmes de fiction véhiculent une vérité en forme de *parabole* (c'est-à-dire répondant à l'affirmation des principes moraux, religieux ou politiques). On sait que cette vérité allégorique ne peut pas être soumise à la censure, du moins pas de la même façon que la vérité de l'information. Tout au plus, on peut critiquer (en fournissant des bases objectives de documentation) le fait que la TV ait insisté sur la présentation de programmes de fiction qui censuraient unilatéralement une certaine vérité allégorique (en programmant un film sur les inconvénients du divorce à la veille du référendum sur le divorce).

En tout cas, on estime qu'il est possible pour les programmes d'information de parvenir à une évaluation acceptable au niveau intersubjectif entre nouvelle et fait, tandis que, sur les programmes de fiction, on discute subjectivement de leur vérité allégorique et on essaie au maximum d'atteindre une évaluation acceptable intersubjectivement autour de l'équité avec laquelle les vérités allégoriques opposées ont été présentées.

La différence entre ces deux types de programmes se reflète dans les censures exercées à la TV ou par les organes de contrôle du parlement, par la presse, par les partis politiques. La violation des critères de véracité dans les programmes d'information produit des interrogations parlementaires et des articles à la une des journaux. La violation (considérée comme toujours discutable) des critères d'équité dans les programmes de fiction provoque des articles dans les pages culturelles ou dans le commentaire consacré à la TV.

En réalité, on pense que les programmes d'information ont une importance *politique*, alors que les programmes de fiction ont une importance *culturelle* — et, en tant que tels, ne concernent pas le politicien (cette opinion se traduit, bien sûr, par des comportements politiques et culturels). En effet, on justifie un député qui, s'appuyant sur les communiqués de l'A.N.S.A.[1], intervient pour critiquer une édition du journal télévisé qu'il juge factieuse ou incomplète, alors que l'intervention d'un député qui, brandissant les œuvres d'Adorno, critiquerait un spectacle télévisuel comme apologie des mœurs bourgeoises, apparaîtrait comme discutable.

Cette différence se reflète d'ailleurs dans la législation démocratique qui punit les faux en écriture mais ne punit pas les délits d'opinion.

Nous ne nous proposons pas de critiquer cette distinction ou d'invoquer de nouveaux critères (nous redouterions, bien au contraire, une forme de contrôle politique qui s'exercerait sur les idéologies implicites dans les programmes de fiction); toutefois nous voulons souligner une dichotomie enracinée dans la culture, dans les lois, dans les mœurs.

3. *Regarder dans la caméra*

Cette dichotomie a été toutefois neutralisée dès le début

---

1. La principale agence de presse italienne *(N.D.T.)*.

de la télévision par un phénomène qui est susceptible de se produire aussi bien dans un programme d'information que dans des programmes de fiction (en particulier dans les programmes comiques comme les revues).

Ce phénomène concerne l'opposition entre les gens qui *parlent en regardant la caméra* et ceux qui *parlent sans regarder la caméra*.

D'habitude, à la télévision, celui qui parle en regardant la caméra se représente lui-même (le speaker, le comique qui fait un monologue, le présentateur d'une émission de variétés ou de jeux), tandis que celui qui parle sans regarder la caméra représente quelqu'un d'autre (l'acteur qui interprète un personnage fictif). C'est une opposition grossière, car il peut y avoir des solutions de mise en scène qui permettent à l'acteur d'un drame de regarder la caméra et aux participants à un débat politique de parler sans regarder la caméra. L'opposition nous paraît tout de même valable sous cet aspect : on pense (ou l'on feint de penser) que les actions de ceux qui ne regardent pas la caméra se produiraient aussi si la télévision n'était pas là, alors que celui qui regarde la caméra souligne que la télévision est présente et que son discours « se produit » justement parce qu'il y a la télévision.

Dans ce sens les protagonistes d'un fait divers, filmés par la caméra pendant que le fait se produit de son côté, ne regardent pas la caméra ; les participants à un débat ne la regardent pas, car la télévision les représente en tant qu'engagés dans une discussion qui pourrait se faire aussi ailleurs ; l'acteur ne la regarde pas parce qu'il veut créer, justement, une illusion de réalité, comme si ses actions faisaient partie de la vie réelle extérieure à la télévision (ou au théâtre ou au cinéma). Dans ce sens, les différences entre l'information et le spectacle s'atténuent, car non seulement la discussion est produite comme un spectacle (avec l'intention de créer une illusion de réalité), mais le réalisateur qui filme un événement dont il veut montrer la spontanéité se soucie aussi de ce que ses protagonistes ne s'aperçoivent pas ou ne montrent pas qu'ils s'aperçoivent de la présence des caméras, et, de temps en temps, il les invite à ne pas regarder (à ne pas faire de signes) vers ces dernières. C'est un phénomène curieux qui se produit alors : apparemment la télévision veut disparaître en tant que sujet de l'acte d'énonciation, sans pour autant tromper son public qui sait que la télévision est présente et qui est conscient du fait que ce qu'il voit (réel ou fictif) se passe loin de lui et n'est visible justement que grâce au canal télévisuel. Mais la télévision fait sentir sa présence justement, et seulement, en tant que canal.

Dans ces cas on accepte que le public s'identifie, en projetant ses propres pulsions dans l'événement représenté ou en en prenant les protagonistes comme modèles. Ce fait est considéré comme quelque chose de normal du point de vue télévisuel (on demandera bien entendu au psychologue d'évaluer la normalité de l'intensité de la projection ou de l'identification vécue par chaque spectateur).

Le cas de celui qui regarde la caméra est bien différent. En regardant le spectateur droit dans les yeux, celui-ci le prévient que c'est à lui qu'il est en train de parler à travers la télévision. Il le prévient, implicitement, qu'il y a quelque chose de « vrai » dans le rapport qui s'instaure entre eux, indépendamment du fait qu'il donne des informations ou qu'il ne raconte qu'une histoire fictive. On dit au spectateur : « Je ne suis pas un personnage imaginaire, je suis vraiment là et c'est à vous vraiment que je parle. »

Il est curieux que cette attitude, qui souligne de façon si évidente la présence du média télévision, produise chez des spectateurs « naïfs » ou « malades » l'effet opposé. Ils perdent le sens de la médiation télévisuelle et du caractère fondamental de l'émission télévisée, c'est-à-dire le fait qu'elle soit produite à une grande distance et qu'elle s'adresse à une masse indistincte de spectateurs. Les présentateurs des programmes de variétés, mais aussi les commentateurs politiques, ont souvent fait l'expérience de recevoir des lettres ou des coups de téléphone de la part de spectateurs (qualifiés d'anormaux) qui demandent : « Dites-moi si c'était bien moi que vous regardiez hier soir, et demain soir faites-le-moi comprendre par un signe particulier. »

On s'aperçoit que, dans ces cas (même quand ils ne sont pas soulignés par des comportements aberrants), *il n'est plus question de la vérité de l'énoncé,* c'est-à-dire de l'adhésion de l'énoncé aux faits, mais plutôt de *la vérité de l'énonciation*, et cela concerne le quota de réalité de ce qui se passe sur l'écran (non pas de ce qui est dit à travers l'écran). Nous nous trouvons face à un problème radicalement différent qui, comme nous l'avons vu, traverse assez indistinctement aussi bien les émissions d'information que celles de fiction.

A ce niveau-là, à partir du milieu des années cinquante, ce problème a été rendu plus complexe par l'apparition d'une émission de divertissement des plus typiques, c'est-à-dire le jeu télévisé. Le jeu télévisé dit-il la vérité ou bien met-il en scène une fiction ?

On sait qu'il provoque certains faits à travers une mise en scène préétablie ; mais on sait aussi que les personnages qui y apparaissent sont vrais (le public protesterait s'il apprenait que les concurrents sont des acteurs) et que leurs réponses doivent être évaluées en termes de vrai et de faux (ou exact et faux). En ce sens le présentateur du jeu est le garant d'une vérité « objective » (que Napoléon soit mort le 5 mai 1821 est vrai ou faux) et il est soumis au contrôle de la véridicité de ses jugements (grâce à la métagarantie assurée par le notaire). Pourquoi la présence d'un notaire est-elle nécessaire alors qu'on ne ressent pas le besoin d'un garant pour vérifier la véridicité des affirmations du speaker du journal télévisé? Ce n'est pas uniquement parce qu'il s'agit d'un jeu avec de gros enjeux, mais parce qu'il n'est signalé nulle part que le présentateur doit dire toujours la vérité. On accepterait qu'un présentateur de jeu introduise un chanteur célèbre par son propre nom, et qu'il s'agisse en fait d'un imitateur. Le présentateur peut aussi « plaisanter ».

Depuis assez longtemps commence ainsi à s'ébaucher un type d'émission dans lequel le problème de la crédibilité des énoncés devient ambigu alors que la crédibilité de l'acte d'énonciation est tout à fait hors de discussion : le présentateur est là, devant la caméra, et parle au public en représentant sa propre personne et non pas un personnage fictif.

La force de cette vérité que le présentateur annonce, et impose peut-être implicitement, est telle que quelqu'un peut croire, comme on a vu, que le présentateur parle pour lui et à lui seul.

Ce problème existait donc dès le début, mais était exorcisé, peut-être intentionnellement, aussi bien dans les émissions d'information que dans celles de divertissement. Les émissions d'information tendaient à réduire au minimum la présence des personnes qui regardent la caméra. A part la speakerine (qui avait la fonction de relier les programmes entre eux), les nouvelles n'étaient pas lues ni commentées en vidéo, mais seulement en audio, tandis que sur l'écran se succédaient des téléphotos, des reportages filmés, même si on devait pour cela avoir recours au matériel de répertoire qui révélait sa nature. L'information tendait à se comporter comme les programmes de fiction. La seule exception était constituée par des personnages charismatiques comme Ruggiero Orlando, auquel le public reconnaissait une nature hybride, moitié chroniqueur, moitié acteur, et auquel on pouvait même pardonner des commentaires, des gestes théâtraux, des rodomontades.

De leur côté, les émissions de divertissement (dont *Lascia o Raddoppia*[1] était l'exemple principal) tendaient à assumer le plus possible les caractéristiques des émissions d'information : Mike Bongiorno ne proposait pas des « inventions » ou des fictions, il se posait en relais entre le spectateur et quelque chose qui se passait de façon autonome.

Mais la situation est devenue de plus en plus complexe. Déjà une émission comme *Lo specchio segreto*[2] devait son charme à la conviction que les actions des victimes étaient quelque chose de vrai (surpris par la *candid camera* que les victimes ne voyaient pas). Pourtant tout le monde s'amusait, car on savait que c'était grâce aux interventions provocatrices de Loy[3] que pouvait se passer ce qui se passait et que tout se passait *comme si* on était au théâtre. L'ambiguïté était encore plus grande dans des programmes comme *Te la dò io l'America*, dans lesquels on assure que l'Amérique montrée par Grillo est « vraie », tout en acceptant que Grillo s'y insère pour déterminer le cours des événements comme s'il s'agissait de théâtre.

Enfin, pour déconcerter encore un peu plus, on a créé l'émission patchwork dans laquelle un meneur de jeu, pendant des heures, parle, présente des morceaux de musique, introduit un feuilleton suivi d'un documentaire ou d'un débat et même des informations. A ce point-là, même le spectateur le plus sur-développé confond les genres.

Nous avons donc affaire à des programmes dans lesquels information et fiction se mélangent étroitement et où la possibilité que le public distingue les « nouvelles vraies » des « inventions fictives » n'a plus aucune importance.

1. Sorte de *Quitte ou double* dont le présentateur vedette était Mike Bongiorno *(N.D.T.)*.
2. Sorte de *Caméra invisible (N.D.T.)*.
3. Animateur de l'émission *(N.D.T.)*.

Même en admettant que cette distinction soit possible, elle perd toute valeur par rapport aux stratégies que ces programmes mettent en œuvre pour soutenir l'authenticité de l'acte d'énonciation.

Dans ce dessein ces programmes mettent en scène l'acte même de l'énonciation, à travers des *simulacres* de l'énonciation, comme lorsqu'on montre les caméras qui filment les événements. Toute une stratégie complexe de fictions se met au service d'un effet de vérité.

L'analyse de toutes ces stratégies montre la parenté entre les programmes d'information et les programmes de divertissement. Le journal de la deuxième chaîne peut être bien considéré comme un studio ouvert où l'information s'était déjà approprié des artifices de production de la réalité de l'énonciation typiques du divertissement.

On s'achemine donc vers une situation télévisuelle dans laquelle le rapport entre l'énoncé et les faits perd de plus en plus d'importance à l'avantage du rapport entre la vérité de l'acte d'énonciation et l'expérience de réception du message de la part du spectateur.

Dans les programmes de divertissement (et dans les retentissements qu'ils ont et qu'ils auront sur les programmes d'information pure), le fait que la télévision dise la vérité compte toujours moins par rapport au fait *qu'elle soit vraie*, qu'elle soit vraiment en train de parler à un public qui à son tour (comme d'autres simulacres en témoignent) y participe.

4. Je suis en train d'émettre, et c'est vrai

Le rapport de vérité factuelle sur lequel reposait la dichotomie entre programmes d'information et programmes de fiction entre en crise. Cette crise tend toujours plus à entraîner la télévision dans son ensemble en la transformant de *véhicule de faits* (considéré comme neutre) en *appareil pour la production de faits*; de miroir de la réalité, elle en devient le producteur.

De ce point de vue il est intéressant de voir le rôle *public* et évident qu'ont certains aspects de l'appareil de prise de vues — des aspects qui dans la Paléo-TV *devaient* rester cachés au public.

1. *La perche.* Dans la Paléo-TV, il y avait un cri d'alarme qui annonçait des lettres de blâme, des licenciements, et l'effondrement d'honorables carrières : « Perche dans le champ ! » Il ne fallait absolument pas voir l'ombre de la perche, c'est-à-dire du micro (dans le sens que même l'ombre de la perche était redoutée). La télévision s'obstinait pathétiquement à se présenter comme une réalité. Il fallait donc cacher l'artifice. La perche a ensuite fait son entrée dans les jeux, puis dans les informations, enfin dans différents spectacles expérimentaux. La télévision ne cache plus l'artifice ; la présence de la perche assure même qu'on est en prise directe. Donc en pleine nature. Par conséquent, la présence de la perche sert aujourd'hui à cacher l'artifice.

2. *La caméra.* Il ne fallait pas voir non plus la caméra. Aujourd'hui on la voit, elle aussi. En la montrant, la télévision dit : « Je suis là et, si je suis là, cela veut dire que devant vous il y a la réalité, c'est-à-dire la télévision qui filme. La preuve en est que, si vous saluez devant la caméra, on vous voit à la maison. » Le fait inquiétant est que, si à la télévision on voit une caméra, il est certain que ce n'est pas celle qui est en train de filmer (sauf dans le cas de mise en scène complexe avec miroirs). A chaque fois qu'elle apparaît, la caméra dit un mensonge.

3. *Le téléphone du journal télévisé.* La Paléo-TV montrait des personnages de comédie en train de parler au téléphone — et ainsi elle informait sur des faits vrais ou présumés vrais qui arrivaient à l'extérieur de la télévision. La

Néo-TV utilise le téléphone pour dire : « Je suis là, relié, à mon intérieur, à mon propre cerveau, à l'extérieur, à vous qui me voyez en ce moment. » Le journaliste des nouvelles utilise le téléphone pour parler avec la régie : il suffirait d'utiliser un interphone, mais on entendrait la voix de la régie, qui doit au contraire rester mystérieuse : la télévision parle avec sa propre intimité cachée. Mais ce que le chroniqueur entend est vrai et décisif. Il dit : « Attendez, le document filmé arrive », et il justifie de longues secondes d'attente, car le document doit venir du bon endroit et au bon moment.

4. *Le téléphone de Portobello.* Le téléphone de Portobello (ou des émissions semblables) met en contact le grand cœur de la télévision avec le grand cœur du public. C'est le signe triomphant de l'accès direct, nombriliste et magique. Vous êtes nous, vous pouvez faire partie du spectacle. Le monde dont la télévision parle, c'est le rapport entre nous et vous. Le reste n'est que silence.

5. *Le téléphone des enchères*[1]. Les Néo-TV privées ont inventé les enchères. Avec le téléphone des enchères, le public semble déterminer le rythme même du spectacle. En réalité, les coups de téléphone sont filtrés et on peut légitimement soupçonner qu'aux moments creux, on utilise de faux coups de téléphone pour faire monter les enchères. Par le téléphone des enchères le spectateur Mario, en disant « Cent mille », convainc le spectateur Giuseppe de dire « Deux cent mille » et que ça vaut la peine. Si un seul spectateur téléphonait, le produit serait vendu à très bas prix. Ce n'est pas le commissaire-priseur qui pousse les spectateurs à dépenser davantage : chaque spectateur, donc le téléphone, pousse l'autre. Le commissaire-priseur est innocent.

---

1. Émission fondée sur la mise aux enchères d'objets au profit d'œuvres de bienfaisance *(N.D.T.)*.

6. *L'applaudissement.* Dans la Paléo-TV l'applaudissement devait sembler vrai et spontané. Le public dans la salle applaudissait sur commande à l'apparition d'un signal lumineux, mais le public devant son écran ne devait pas le savoir. Naturellement il l'a su, et la Néo-TV ne feint plus : le présentateur dit « Maintenant applaudissons ! ». Le public dans la salle applaudit et celui qui est resté à la maison est tout heureux parce qu'il sait que l'applaudissement n'est plus faux. Peu lui importe qu'il soit spontané ou non : ce qui compte c'est qu'il est vraiment télévisé.

5. *La mise en scène*

Donc la télévision ne montre plus des *événements*, c'est-à-dire des faits indépendants, qui se produiraient même si la télévision n'existait pas ?

De moins en moins. Certes à Vermicino un enfant est *vraiment* tombé dans un puits, et *c'est vrai* qu'il est mort[1]. Mais tout ce qui est arrivé entre le début de l'accident et la mort s'est passé comme on a pu le voir parce que la télévision était là. L'événement, saisi télévisuellement à sa naissance, est devenu une *mise en scène*.

Ce n'est pas la peine de faire appel aux études les plus récentes sur le sujet comme *Production du sens et mise en scène*, de Bettetini[2] : il suffit de faire appel au bon sens. Le spectateur d'intelligence moyenne sait très bien lorsque l'actrice embrasse l'acteur dans la cuisine, sur un yacht ou dans la prairie, même quand il s'agit d'une vraie prairie (c'est souvent la campagne romaine ou alors la côte yougoslave), que c'est une prairie *prélevée*, préparée,

1. Allusion à un fait divers qui a secoué l'Italie. Vermicino est une localité située près de Rome *(N.D.T.)*.
2. Publié chez Bompiani à Milan en 1980 *(N.D.T.)*.

sélectionnée, et donc d'une certaine façon *falsifiée* pour le tournage.

Jusque-là le bon sens. Mais le bon sens (et souvent même l'attention critique) est désarmé devant ce qu'on appelle le direct. Dans ce cas on sait (même si on se méfie et suppose que le direct est en réalité du différé masqué) que les caméras se rendent sur le lieu où se passe quelque chose qui se passerait de toute façon, même si les caméras n'étaient pas présentes.

Dès les débuts de la télévision on a compris que même le direct suppose un choix, une manipulation. Dans mon essai datant de plusieurs années « Le hasard et l'intrigue » (maintenant dans *L'Œuvre ouverte*, Paris, Le Seuil), j'avais essayé de montrer comment un ensemble d'au moins trois caméras qui filment un match de football (événement qui par définition arrive pour des raisons sportives et où l'avant-centre n'accepterait pas de rater un but pour le spectacle et le gardien de but n'accepterait pas de le laisser marquer) opère une sélection des événements, filme certaines actions en en délaissant d'autres, prend le public au détriment du jeu et *vice versa*, cadre le terrain sous un angle donné, en somme *interprète* ou présente un match vu par le réalisateur et non un match en soi.

Mais les analyses ne mettent pas en question le fait indiscutable que l'événement arrive indépendamment de la retransmission. Celle-ci interprète un événement qui se passe de façon autonome, en restitue une partie, une approche, un point de vue, mais il s'agit toujours d'un angle de vue sur la réalité « extra-visuelle ».

Cette réflexion est toutefois contestée par une série de phénomènes dont on s'est rendu compte assez tôt.

1. Le fait de savoir que l'événement va être filmé influence sa préparation. Dans l'exemple du football, on peut voir la transformation du vieux ballon de cuir en ballon à damier spécial écran de télévision ; l'attention des

organisateurs à placer les publicités importantes à des positions stratégiques pour tromper les caméras et l'organisme d'État qui ne voulait pas faire de la publicité ; sans parler de certains changements de maillot indispensables pour des raisons chromatico-perceptives.

2. La présence des caméras influence le déroulement de l'événement. A Vermicino, les secours auraient peut-être donné les mêmes résultats, même si la télévision n'avait pas été là pendant dix-huit heures, mais la participation aurait été incontestablement moins intense, et les embouteillages et la confusion moindres. Je ne veux pas dire que Pertini ne serait pas venu, mais il serait sûrement resté moins longtemps : il ne s'agit pas d'un effet calculé mais il est clair qu'il était là pour des raisons symboliques, pour signifier à des millions d'Italiens la participation de la présidence et le fait que ce choix symbolique était, comme je le pense, « bon » n'efface pas qu'il était inspiré par la présence de la télévision. Nous pouvons même nous demander ce qui serait arrivé si la télévision n'avait pas suivi cet événement. Soit les secouristes auraient été moins généreux (peu importe le résultat, nous pensons aux efforts et nous savons très bien que sans la télévision les petits maigrichons accourus sur les lieux n'auraient pas su qu'il se passait quelque chose), soit une affluence moindre aurait permis des secours plus rationnels et efficaces.

Dans chacun des cas décrits, nous voyons déjà se profiler une ébauche de *mise en scène* : dans le cas de Vermicino c'est instinctif, sans intention (du moins au niveau conscient), mais la mise en scène peut radicalement changer l'événement.

Au cours des dix dernières années cependant, le direct a subi des changements radicaux au niveau de sa mise en scène. On sait bien que les cérémonies pontificales et beaucoup d'événements politiques et spectaculaires n'auraient pas été conçus comme ils l'ont été, sans la présence des caméras. De plus en plus l'événement naturel est appréhendé en vue de sa retransmission. Le mariage du prince héritier du Royaume-Uni prouve cette hypothèse. Non seulement cet événement ne se serait pas déroulé comme il s'est déroulé s'il n'avait pas dû être conçu pour la télévision, mais, probablement, il n'aurait même pas eu lieu.

Pour bien mesurer la nouveauté du *royal wedding* il faut se souvenir d'un épisode analogue survenu il y a près de vingt-cinq ans, pour les noces de Rainier de Monaco et de Grace Kelly. A part la différence de dimensions des deux royaumes, on pourrait avancer les mêmes interprétations : il y avait l'événement politico-diplomatique, le rituel religieux, la liturgie militaire, l'histoire d'amour. Mais le mariage monégasque advenait aux débuts de l'ère télévisuelle et avait été organisé sans tenir compte de la télévision. Même si les organisateurs avaient un œil peut-être sur la retransmission, l'expérience était encore insuffisante. Ainsi l'événement se déroula-t-il vraiment par lui-même, et le réalisateur n'eut qu'à l'*interpréter*. Il le fit et il privilégia les valeurs romantico-sentimentales, contre les valeurs politico-diplomatiques, le privé contre le public. L'événement advenait : les caméras sélectionnaient ce qui comptait pour le thème que la télévision avait choisi.

Au cours de la parade militaire, alors qu'un détachement de *marines* dont la présence était purement décorative exécutait un morceau, les caméras s'arrêtèrent sur le prince Rainier qui avait sali son pantalon en s'appuyant contre la balustrade du balcon et qui se penchait pour l'épousseter, tout en souriant, amusé, à sa fiancée. Un choix, certes, en faveur du roman rose contre l'opérette, mais fait pour ainsi dire *malgré* l'événement, en en exploitant les interstices non programmés. Ainsi, pendant la cérémonie nuptiale, le réalisateur suivait la logique qui l'avait guidé le jour précédent : ayant éliminé la fanfare des *marines*, il fallait aussi éliminer le prélat qui célébrait le rite : les caméras restèrent braquées en permanence sur le visage de la mariée, princesse ex-actrice ou actrice et future princesse. Grace Kelly jouait sa dernière scène d'amour ; le réalisateur racontait, mais en parasite (et justement pour cela de façon créative), en utilisant comme dans les collages des lambeaux de ce qui existait tout seul.

Avec le *royal wedding*, les choses se sont passées de façon très différente. Il était absolument clair que tout ce qui se déroulait, de Buckingham Palace à la cathédrale Saint-Paul, avait été étudié pour la télévision. Le cérémonial avait exclu les couleurs inacceptables, les couturiers et les revues de mode avaient suggéré des choix autour de tons pastel, de façon que tout respirât chromatiquement non seulement un air de printemps, mais un air de printemps télévisé.

Et la robe de la mariée, qui a donné beaucoup de souci au marié, car il ne savait pas comment la soulever pour la faire asseoir, n'était pas conçue pour être vue de devant, ni de côté, ni de derrière, mais d'en haut comme on la vit dans l'un des derniers cadrages dans lequel l'espace architectural de la cathédrale était réduit à un cercle dominé au centre par la structure cruciforme du transept et de la nef, soulignée par la longue traîne de la robe, tandis que les quatre quartiers qui couronnaient cet emblème étaient réalisés, comme dans une mosaïque barbare, par le pointillé coloré des habits des choristes, des prélats et du public, masculin et féminin. Mallarmé a dit un jour que *le monde est fait pour aboutir à un livre*, eh bien, la retransmission du *royal wedding* disait que l'Empire britannique était fait pour aboutir à une admirable émission de télévision.

J'avais eu l'occasion de voir personnellement certaines cérémonies londoniennes, parmi lesquelles l'annuelle *Trooping the Colours* où l'impression la plus désagréable est donnée par les chevaux, dressés pour tout sauf pour s'abstenir de faire leurs besoins légitimes : peut-être à cause de l'émotion, ou des lois naturelles, mais la reine dans ces cérémonies avance toujours dans une mer de fumier, parce que les chevaux de la Garde ne peuvent pas s'empêcher de parsemer le parcours d'excréments. D'ailleurs, s'occuper des chevaux est une activité très aristocratique, et, pour un aristocrate anglais, le fumier de cheval fait partie des matières les plus familières.

On n'a pas pu échapper à cette loi pendant le *royal wedding*. Mais ceux qui ont regardé la télévision ont remarqué que ce fumier chevalin n'était ni sombre, ni brun, ni inégal, mais se présentait toujours et partout dans un ton pastel, entre le beige et le jaune, très lumineux, de façon à ne pas attirer l'attention et à s'harmoniser avec les couleurs tendres des vêtements féminins. On a lu ensuite (mais on pouvait facilement l'imaginer) que les chevaux royaux avaient été nourris pendant une semaine avec des pilules spéciales, pour que leurs excréments aient une couleur télégénique. Rien ne devait être laissé au hasard, tout était dominé par la retransmission.

A tel point que pour cette occasion la liberté du cadrage et de l'« interprétation » laissée aux metteurs en scène a été probablement minime : il fallait filmer ce qui se passait, au moment et à l'endroit prévus. Toute la construction symbolique se trouvait « en amont », dans la mise en scène préalable, tout l'événement, du prince au fumier de cheval, avait été préparé comme un discours de base, sur lequel l'œil des caméras, au parcours obligatoire, devait être braqué en réduisant au minimum les risques d'une interprétation télévisuelle. C'est-à-dire que l'interprétation, la manipulation, la préparation pour la télévision précédaient l'activité des caméras. L'événement naissait comme fondamentalement faux, prêt à être tourné. Tout Londres avait été préparé comme un studio, reconstruit pour la télévision.

6. *Quelques pétards, pour finir*

Pour finir, nous pourrions avancer que, mis en contact avec une télévision qui ne parle que d'elle-même, privé du droit à la transparence, c'est-à-dire du contact avec le monde extérieur, le spectateur se replie sur lui-même. Mais dans ce processus on connaît et on apprécie en tant que téléspectateur et c'est tout. Une vieille définition de la télévision, «une fenêtre ouverte sur un monde clos», retrouve sa pertinence.

Quel monde «découvre» le «télévisionnaire»? Il redécouvre sa propre nature archaïque, prétélévisée — d'un côté — et son propre destin de solitaire de l'électronique. Cet aspect est accentué encore par l'arrivée des télévisions privées; saluées à l'origine comme une garantie d'information plus vaste, et finalement «plurielle».

La Paléo-TV voulait être une fenêtre ouverte sur l'immensité du monde depuis la province la plus reculée. La Néo-TV indépendante (en partant du modèle national de *Jeux sans frontières*) braque les caméras sur la province et montre au public de Piacenza les gens de Piacenza, réunis pour voir la publicité d'un bijoutier de Piacenza, tandis qu'un présentateur de Piacenza fait des plaisanteries grasses sur les seins d'une dame de Piacenza pendant qu'elle est en train de gagner un autocuiseur. C'est comme si on regardait avec une longue-vue en la tournant dans le mauvais sens.

Celui qui vend aux enchères est un vendeur mais également un acteur. Mais un acteur qui interpréterait un vendeur ne serait pas convaincant. Le public connaît les vendeurs, ceux qui arrivent à le convaincre d'acheter une voiture d'occasion, un morceau de tissu, de la graisse de marmotte dans les foires. Cet homme doit soigner son apparence (il doit être corpulent ou ressembler à un minet) et parler comme les spectateurs avec un accent et si possible écorcher la grammaire. Il doit dire « Exact », « Offre intéressante » comme les gens qui vendent vraiment. Il doit dire « Dix-huit carats, madame Ida, je ne sais pas si vous voyez ce que je veux dire ». En fait, il ne doit pas s'expliquer ; mais manifester, devant la marchandise, la même surprise pleine d'admiration que l'acheteur. Dans la vie privée, il est probablement très honnête, mais à l'écran il doit parler avec un ton un peu canaille, autrement le public ne lui fait pas confiance. Les vendeurs se comportent ainsi.

Autrefois, il y avait les gros mots qu'on disait à l'école, au travail, au lit. Puis, en public on devait se contrôler un peu et la Paléo-TV (soumise à la censure et conçue pour un public idéal, tranquille et catholique) édulcorait son langage. Les télévisions privées, au contraire, veulent que le public se reconnaisse et dise « C'est bien nous ». Alors un comique ou un présentateur qui propose une devinette en regardant le postérieur de la spectatrice doivent dire des gros mots, et faire des allusions à double sens. Les adultes s'y retrouvent, et l'écran devient enfin comme la vie. Les jeunes pensent que c'est le comportement à adopter en public — comme ils l'avaient toujours plus ou moins imaginé.

La Néo-TV, et particulièrement les chaînes privées, exploite à fond le masochisme des spectateurs. Le présentateur pose à de tranquilles ménagères des questions qui devraient les faire mourir de honte, et elles entrent dans le jeu en rougissant plus ou moins et se comportent comme des putes. Cette forme de sadisme télévisé a atteint des sommets en Amérique avec un nouveau jeu proposé par Johnny Carson dans son émission très populaire

Tonight Show. Carson raconte la trame d'un gros drame hypothétique du type *Dallas*, dans lequel apparaissent des personnages idiots, misérables, déformés et pervers. Pendant qu'il décrit un personnage, la caméra cadre le visage d'un spectateur qui se regarde dans un écran placé au-dessus de sa tête. Ce spectateur rit, tout heureux, pendant qu'il est décrit comme un sodomite, un violeur de mineures, la spectatrice jouit de se retrouver dans la peau d'une droguée ou d'une débile profonde. Les hommes et les femmes (que la caméra choisit d'ailleurs perversement, à cause d'un défaut particulier) rient, heureux de se voir ridiculisés devant des millions de spectateurs : ils pensent que de toute façon, c'est pour jouer. Mais ils sont vraiment ridiculisés.

Les quadragénaires, les quinquagénaires savent combien c'est difficile de récupérer dans une cinémathèque perdue un vieux film de Duvivier. Maintenant la magie de la cinémathèque est finie, la Néo-TV nous offre le même soir un Totò, un Ford des débuts et peut-être un Méliès. Nous nous faisons une culture. Mais il arrive aussi que, pour un Ford, on soit obligé d'avaler dix croûtes indigestes, et de mauvais films de série D. Les vieux loups de cinémathèque savent encore faire la différence, mais alors ils ne regardent que les films qu'ils ont déjà vus. Ainsi ils n'apprennent plus rien. Les jeunes identifient chaque vieux film comme un film de cinémathèque et leur culture rétrograde. Heureusement, les journaux donnent quelques indications. Mais comment peut-on lire les journaux, si on doit regarder la télévision ?

La télévision américaine, pour qui le temps c'est de l'argent, insuffle à tous ses programmes un rythme calqué sur celui du jazz. La Néo-TV italienne mélange du matériel américain avec du matériel bien de chez nous (ou des pays du tiers monde comme les feuilletons brésiliens) qui a un rythme archaïque. Aussi, le temps de la Néo-TV est un temps élastique, avec des sprints, des accélérations et des ralentissements. Heureusement le spectateur peut imprimer son propre rythme en sélectionnant de façon hystérique avec la télécommande. Vous avez probablement déjà essayé de regarder en même temps le journal en passant de la première chaîne à la seconde si bien que vous recevez deux fois la même information, mais jamais celle que vous attendez. Ou bien d'introduire une scène de tarte à la crème au moment de la mort d'une vieille mère. Ou encore de casser le gymkhana de Starsky et Hutch avec un lent dialogue entre Marco Polo et un bonze. Ainsi, chacun crée son propre rythme et regarde la télévision comme lorsqu'on écoute une musique en se comprimant les oreilles, et qu'on décide de l'inflexion à donner à la *Cinquième* de Beethoven ou à la *Bella Gigugin*[1]. Notre soirée télévisée ne raconte plus des histoires complètes : elle n'est qu'une « bande-annonce ». Le rêve des avant-gardes historiques.

Avec la Paléo-TV, il y avait peu de chose à voir et nous étions tous au lit avant minuit. La Néo-TV offre des dizaines de programmes jusqu'à une heure avancée de la nuit. L'appétit vient en mangeant, le magnétoscope permet de voir toujours plus de programmes : les films achetés ou loués, et les émissions qui passent quand nous ne sommes pas à la maison. Quel bonheur, maintenant on peut rester quarante-huit heures devant l'écran de télé et on n'aura même plus à entrer en contact avec cette fiction lointaine qu'est le monde extérieur ! En outre, on peut faire passer un événement en avant, et en arrière, au ralenti ou plus vite ; imaginez un peu : voir un Antonioni au rythme de Mazinga ! Maintenant l'irréalité est à la portée de tous.

Le vidéotel est l'une des nouvelles possibilités, mais

1. Chanson populaire italienne *(N.D.T.)*.

bientôt, il y en aura d'autres qui deviendront infinies. Sur l'écran on pourra lire les horaires des trains, les cours de la Bourse, les articles d'une encyclopédie. Mais quand on pourra tout lire, vraiment tout, sur l'écran, même les interventions des conseillers municipaux, qui aura encore besoin des horaires de train ou des spectacles ou des informations météorologiques ? L'écran donnera des informations sur un monde extérieur où personne n'ira plus. Le projet d'une nouvelle mégalopolis Mito (Mythe), c'est-à-dire Milano-Torino, est fondé en grande partie sur les contacts à travers l'écran télévisé : et à ce point on ne voit pas pourquoi on développerait des autoroutes ou des lignes de chemin de fer puisqu'on n'aura plus besoin d'aller de Milan à Turin et *vice versa*. Le corps devient inutile, on n'a besoin que des yeux.

On peut acheter des jeux électroniques, les faire apparaître sur l'écran de télévision et toute la famille jouera à désintégrer la flotte spatiale de Dart Vader. Mais quand, puisqu'il faut déjà voir tant de choses, y compris les choses enregistrées ? En tout cas la bataille galactique, non plus jouée au bar entre un *cappuccino* et un coup de téléphone, mais toute la journée jusqu'au spasme (car au bar on arrête parce que quelqu'un nous souffle dans le cou, mais à la maison on peut jouer à l'infini), aura les effets suivants. Elle apprendra aux jeunes à avoir des réflexes optimaux qui leur permettront de piloter un chasseur supersonique. Elle nous habituera, petits et grands, à l'idée que désintégrer dix astronefs n'est pas une chose si extraordinaire que cela et la guerre des missiles deviendra à notre portée. Quand nous ferons vraiment la guerre, nous serons désintégrés en un instant par les Russes, non conditionnés par Battlestar Galactica. Car je ne sais pas si vous avez essayé, mais après avoir joué pendant deux heures, la nuit, dans votre demi-sommeil inquiet, vous voyez de petites lumières clignotantes et le sillage des projectiles. La rétine et le cerveau sont anéantis, comme lorsque vous êtes éblouis par un flash. Pendant longtemps vous voyez devant vous une tache obscure. C'est le début de la fin.

1983.

LES MODES DE LA MODE CULTURELLE

Le jeu national des Italiens cultivés comporte trois coups joués par M. Blanc contre M. Noir (pour plus ample information sur la dynamique des jeux, je renvoie au livre d'Éric Berne, *A quel jeu jouons-nous?*). Je me dépêche de citer une source d'inspiration, car sinon, comme vous pourrez vous en rendre compte, je serai soumis au second coup du lecteur Blanc comme auteur Noir.

Premier coup:

Noir. — Des gens comme ça, il faudrait les tuer!

Blanc. — L'éternel provincialisme italien. En Angleterre il y a au moins dix ans que l'on a démontré l'inutilité de l'homicide. Si tu lisais...

Deuxième coup:

Noir. — J'ai réfléchi là-dessus. Je crois qu'il ne faut tuer aucun être humain.

Blanc. — Cela ne me paraît pas être une idée originale. Gandhi l'a déjà dit.

Troisième coup :

Noir — Bien, je trouve que Gandhi avait raison.

Blanc — Je le savais. Maintenant nous sommes en plein dans la mode du pacifisme.

La formule peut varier à l'infini : 1) Les enfants ne devraient pas lire des bandes dessinées. — Tu te trompes, si tu te tenais au courant des recherches sociologiques américaines... 2) Bien, je les ai lues, moi aussi, et je les trouve pas mal. — Ça ne me paraît pas être une grande découverte : il y a quarante ans Gilbert Seldes dans *Seven Lively Arts...* 3) Bien, je suis d'accord avec Seldes... — Je le savais : maintenant nous sommes en plein dans la mode de la bande dessinée.

Ou bien 1) Dans *les Fiancés*, il y a peu d'éclairs lyriques contenus par une structure non poétique. — Tu te trompes : si tu lisais les études américaines sur les structures narratives... 2) J'ai réfléchi : l'intrigue aussi a une valeur poétique. — Quelle découverte ! Aristote le savait déjà. 3) Bien, tu sais qu'il avait raison ? — Je le savais : maintenant tout le monde joue à être aristotélicien.

Le jeu que j'ai proposé n'est pas fictif. S'il y a quelque chose qui frappe l'orateur étranger dans un de nos cercles culturels, c'est que ce qu'il est en train de dire avait déjà été dit par quelqu'un d'autre. D'habitude l'étranger ne parvient pas à comprendre pourquoi il devrait s'en plaindre. Il ignore totalement que dès qu'il sera parti, celui qui sera d'accord avec ses opinions sera taxé de conformisme. Après trois tentatives, son fan italien ne pourra plus le citer.

Il n'y a aucune issue à ce jeu, parce qu'il se fonde sur

trois principes logico-anthropologiques indiscutables qui sont : 1) pour chaque affirmation faite dans un lieu on peut trouver son contraire émis avant dans un autre lieu ; 2) pour chaque affirmation faite à une époque donnée, il existe un fragment des présocratiques qui le précède ; 3) chaque affirmation de consentement à une thèse, si elle est exprimée par différentes personnes, rend les opinions de ces personnes définissables comme « alliées » ou « conformes ».

Le jeu national que nous venons de définir rend les Italiens particulièrement sensibles à ce danger communément défini comme « mode culturelle ». Anxieux de se mettre à jour et sévères avec ceux qui ne le sont pas autant qu'eux, les Italiens ont tendance à considérer comme parasitaire chaque idée jaillie d'opérations de mise à jour de la part d'autrui et à condamner la mise à jour — souhaitée — comme étant une mode. Car l'angoisse de la mise à jour les expose au risque de la mode, la sévérité envers la mise à jour des autres agit comme correctif et agit de telle sorte que les mises à jour deviennent rapides et transitoires, c'est-à-dire justement des « modes ». Par conséquent, on crée difficilement des courants et des mouvements culturels, parce que les Blancs veillent sur les Noirs et stimulent l'alternance de leurs choix, chaque Blanc devenant à son tour le Noir de quelqu'un d'autre qui fut lui aussi Noir. L'angoisse de la mise à jour, avec la crainte de la mode, neutralise ainsi la mise à jour et encourage la mode.

Cette situation aurait sa propre richesse funambulesque et une grâce digne d'un ballet permanent de l'intelligence critique, si le développement des médias n'avait pas introduit un nouvel élément dans le jeu : la présence des Italiens qui suivent le football.

Stimulés par la mise en circulation rapide des magazines et des quotidiens de divulgation, les Italiens intéressés par le football arrivent à connaître le jeu pratiqué par l'*upper class* : ils n'en saisissent que certaines répliques, si bien que le cycle ignorance-information-consensus-mode-reniement ne s'accomplit en eux qu'à moitié. D'une certaine manière, ils n'entrent dans le jeu qu'au coup numéro trois, quand le joueur noir est en accord avec une thèse dominante, exprimée par d'autres, et se fixent sur la découverte, en perdant de vue le fait que le même joueur, battu par le Blanc, abandonne brusquement la thèse et joue une autre partie. Par conséquent, dans les classes sujettes, la mode dure plus longtemps (comme usage linguistique, recours à des arguments topiques, tics verbaux) que dans les classes dominantes (si l'on s'en tient à la ligne de partage entre classes dominantes et prolétariat, qui ne coïncide pas dans ce cas avec la réalité économique).

Voilà pourquoi suivre tout au long d'une décennie la naissance, la permanence, le pourrissement d'une série de modes culturelles peut offrir quelque intérêt. Leur permanence est attestée par des tics, des citations, des observations journalistiques de différents types ; leur fin témoigne de la volubilité des joueurs cultivés, de notre douloureuse incapacité à faire germer des suggestions et des idées, des voies de recherche, des problèmes.

Il sera ensuite particulièrement intéressant de suivre cette aventure, comme on est en train de le faire, pendant une décennie qui a été celle (pour utiliser la formule désormais célèbre d'Arbasino) de l'« excursion en Suisse ». Une culture italienne provinciale qui, pendant vingt ans, s'était consolée de ses propres timidités en accusant la dictature d'avoir empêché la connaissance de ce qui se passait ailleurs (disons tout de suite que ce n'était pas la peine d'aller jusqu'en Suisse pour être au courant des publications ; Gramsci, du fond de sa prison, réussissait à lire pas mal), pendant les premières années de la Libération continue à cultiver avec culpabilité ses propres zones d'ombres : mais alors que s'annoncent les années soixante, elle plonge soudain dans la sauce de la mise à jour et en gave ses propres enfants, avec les pages culturelles, les éditions *hard cover*, dans les kiosques regorgeant de *paperbacks*. Les découvertes deviennent excitation, l'excitation devient habitude linguistique, l'habitude linguistique devient tic, les tics, énormités.

Le sombre épisode du mot « aliénation » sert à prouver ce que l'on voulait : un terme vulnérable, une réalité terrible, une donnée culturelle, que les chercheurs utilisent de leur côté sans traumatismes, subitement devient monnaie courante. L'usage, qui développe l'organe, affaiblit cependant les mots. Ce mot-là a été véritablement massacré, et ce fut une chance que quelqu'un en dénonçât l'excès. Mais la crainte de l'excès a fermé la bouche même à ceux qui pouvaient en parler calmement et consciencieusement. Je connais un étudiant de philosophie qui travaillait depuis quelques années à une thèse sur le concept d'aliénation chez Marx et qui, de 1961 à 1962, a été obligé de changer le titre de sa recherche pour être pris au sérieux. Mais dans d'autres cas, certains n'ont pas changé seulement de titre, mais aussi de sujet. C'est cela qui est vraiment triste.

Je ne sais pas si nous arriverons à nous améliorer. Mais voici ce qui m'arrive pendant que je revois les épreuves de cet article.

Conversation détendue avec un ami que je n'ai pas vu depuis longtemps et qui est maintenant professeur dans une petite université de province, absorbé par ses problèmes de philologie classique mais attentif aux événements culturels « à la mode » — avec détachement naturellement, avec une nuance d'ironie mais toujours avec une certaine tension intellectuelle. Je lui raconte qu'en Amérique j'ai rencontré Jakobson. Il sourit : « Trop tard. Justement maintenant qu'on est en train de le démolir... — Qui est en train de le démolir ? — Mais tout le monde. Il est périmé, n'est-ce pas ? »

Bien. — Jakobson naît au siècle dernier. Il participe au cercle de Moscou, passe par la révolution, arrive à Prague, vit les années trente, survit au nazisme, commence l'aventure américaine, survit à la guerre, s'affronte à la nouvelle génération structuraliste puis est proclamé maître, survit aux plus jeunes de la nouvelle génération, conquiert des marchés culturels qu'il ignorait, survit à ses soixante-dix ans passés, survit aux nouvelles écoles de sémiotique slaves, françaises et américaines dont il reste un leader, sort de chaque expérience avec les honneurs unanimes de la culture internationale, fera des erreurs — certes —, mais survit à ses erreurs...

Hélas, cité en Italie en 1964, lu en 1965, traduit en 1966, sur le déclin en 1967, il ne survit pas à l'érosion de l'intelligence italienne. *Quod non fecerunt barbari...*

Trois années de notoriété en Italie le détruisent. Pour croire encore à la validité de ses pages, il faut être très jeune, très naïf, très à l'écart ou très émigré. Maintenant il s'agira de faire vieillir le plus rapidement possible Chomsky, si possible avant même qu'il soit traduit (si on joue bien à temps, on ne ratera pas son coup). Ce sont des entreprises qui coûtent un certain effort, sans commune mesure avec la satisfaction éprouvée.

Ce n'est pas la peine d'être une vestale du savoir pour reconnaître que la naissance et la diffusion d'une mode culturelle sèment des incompréhensions, des confusions, des usages illégitimes. Déplorons les modes culturelles. Quiconque a sérieusement traité un sujet devenu ensuite à la mode connaît le malaise qui vient du fait que chaque mot qu'il utilise est extrait de son contexte et brandi comme un drapeau, une étiquette ou un panneau de signalisation.

Il est absolument et tristement vrai qu'aujourd'hui même un expert en construction ne peut pas parler de structure sans passer pour un vieux structuraliste à la page. Toutefois, dans le fait de s'indigner contre les modes, il y a quelque chose de hautain et de prétentieux (coup numéro trois du jeu proposé) qui est aussi dangereux que la mode.

Les « modes » ne naissent pas quand on a une culture rigoureusement de classe, ou rigoureusement spécialisée. Une culture de classe permet que les thèmes et les problèmes circulent à un niveau inaccessible à la plupart : les goûts du duc de Berry ne sont pas une mode, ne serait-ce que parce qu'ils débouchent sur un exemplaire unique manuscrit ; personne ne pensera à imprimer les images des mois sur des foulards pour consommatrices en mini-jupes.

Une culture spécialisée se défend par son impénétrabilité. Le mot « relativité » peut avoir créé une certaine vogue, mais les équations de Maxwell, non.

Le problème de la mode naît quand, pour différentes raisons, la donnée culturelle voyage du sommet à la base, à travers des techniques scolaires plus diffuses (englobant toutes techniques divulgatrices, de l'affiche à la télévision, en passant par l'hebdomadaire). La divulgation recrute de nouveaux utilisateurs de la culture pour les amener vers la spécialisation, mais paie ce recrutement par le gaspillage, la consomption. Les termes et les concepts qu'elle met en circulation passent par trop de mains pour pouvoir redevenir — au sommet de la pyramide d'où elles sont parties — intègres comme au départ.

L'excès de spécialisation impose une tentative d'interdisciplinarité. Interdisciplinarité signifie contact et compréhension entre les hommes qui travaillent dans différents secteurs de spécialisation. Le contact s'établit de deux façons : tout d'abord, le technicien d'un secteur doit clarifier pour le technicien d'un autre secteur le sens de ses propres discours et les frontières de son propre univers de discours ; ensuite, tous deux doivent essayer de traduire les éléments valables dans leur propre univers de discours en termes valables pour celui d'autrui. Dans ce travail de transvasement (auquel toute la culture participe), on renverse beaucoup de liquide par terre. Les tentatives de traductions engendrent des métaphores rapides, des contresens, des courses forcées pour une mise à jour apparente. Comme pour la divulgation du sommet de la pyramide à la base, le transvasement d'un secteur à un autre secteur de niveau équivalent engendre de l'inflation.

Mais si cela est vrai, les modes culturelles sont la conséquence inévitable d'une dynamisation de la culture. Dans la mesure où elle est vivante et tournée vers la révision de la communication continue entre ses différents niveaux, une culture produit une mode pour chacun de ses aspects. La mode ne se forme pas comme un dépôt, un déchet, une frange extérieure du processus culturel authentique ; elle en constitue, en même temps, le fumier et la bonne terre. Car la restitution et le transvasement du savoir n'adviennent pas selon des modalités de pureté absolue ; celui qui appréhende ou traduit en termes propres l'appréhension d'autrui passe d'abord à travers le territoire de la mode culturelle, en flairant un problème dans une forme aberrante avant de le saisir de façon exacte : la mode culturelle est si essentielle au processus d'une culture que, souvent, une culture recrute ses leaders futurs uniquement à travers les appâts de la mode.

Donc, face aux modes qu'elle engendre, une culture ne doit pas tant poser le problème de les réprimer, que celui de les contrôler. Le travail d'une culture consiste à produire un savoir spécialisé en même temps qu'un savoir spontané et diffus ; en critiquant les excès du savoir spontané, non seulement en le réprimant, mais en faisant jaillir connexions, occasions, autre savoir spécialisé, dans un mouvement plus ou moins ordonné dans lequel le contresens devient souvent *serendipity*[1]. De toute façon, une culture qui n'engendre pas de modes est une culture statique. Il n'y a pas eu et il n'y a pas de modes dans la culture hopi, parce qu'il n'y a pas de processus. La mode culturelle est l'acné juvénile du processus culturel. Quand elle est réprimée trop violemment, elle accélère simplement l'avènement d'une nouvelle mode. Et alors la mode culturelle comme modèle permanent devient l'aspect le plus visible de cette culture qui se fait culture des modes se succédant. C'est notre problème aujourd'hui. Ce qui est préoccupant n'est pas qu'il y ait des modes culturelles, mais qu'elles soient trop vite dépassées.

La culture française, qui est plus mûre que la nôtre, supporte très bien la mode structuraliste depuis dix ans et n'en a pas honte, tout en étant consciente de ses excès. Le problème, dans la culture italienne, ce n'est pas qu'il y ait des milliers d'imbéciles qui parlent à tort et à travers de « structure » mais la conscience qu'on va faire très vite un massacre de ces imbéciles, avec trop de rigueur. Sous-estimer le rôle de bactéries (au sens botanique du terme) des imbéciles est signe d'une immaturité culturelle.

Par ailleurs, si une culture n'engendre pas de modes, elle devient statique. Une culture qui réprime les modes est une culture réactionnaire : le premier coup du conservateur consistant à taxer la nouveauté de mode — c'est ce qu'Aristophane fait avec le socratisme et Cicéron avec les *Cantores Euphorionis*.

1. Ce mot signifie « chercher une chose et en trouver une autre par hasard » ; exemple : Christophe Colomb était parti à la recherche des Indes mais c'est l'Amérique qu'il a trouvée. Voir l'explication d'Eco, *in* « Entretien avec Mario Fusco », *Le Magazine littéraire,* septembre 1982 *(N.D.T.)*.

Quand elle dure, une mode restitue sous une autre forme la rigueur qu'elle a ôtée. Le danger, c'est quand elle est trop brève.

Almanacco, Bompiani, 1967.

CULTURE COMME SPECTACLE

En 1979 et 1980 on théorisait certaines nouveautés déjà mûres, mais entre-temps on commençait à se poser avec perplexité des questions à propos d'autres nouveautés, pour ainsi dire plus neuves. Les nouveautés mûres concernaient une évolution sensible du concept de spectacle : un phénomène des années soixante-dix. Lentement les foules, pas seulement de jeunes, étaient sorties des théâtres fermés : d'abord avec le théâtre au coin de la rue, idée brechtienne, et son jeune frère, le *street-theater*, et les happenings ; ensuite, les fêtes, le théâtre-fête et la fête-théâtre... Sur tous ces sujets il existe déjà une vaste littérature théorique ; et la littérature théorique, comme on le sait, rend respectables, quand elle ne les tue pas, les faits inattendus, qui ainsi cessent de l'être. Lorsque les fêtes sont devenues le fait des municipalités, touchant des villes entières dans leurs couches sociales les moins marginales, et échappant à ceux qui les organisaient « en marge », elles sont sûrement devenues un « genre », comme le roman policier, la tragédie classique, la symphonie, même si nous ne sommes pas snobs au point de dire qu'elles ont perdu toute saveur. Et, face à ces nouvelles esthétiques, sociologies et sémiotiques de la fête, il n'y a plus rien à dire.

La nouveauté dérangeante, par contre, est née avec l'apparition d'une chose à laquelle on a donné l'étiquette plus ou moins malicieuse de « culture comme spectacle ».

C'est une expression ambiguë : comme si le théâtre, la fête ou la fanfare n'étaient pas du ressort de la culture. En parlant de culture comme spectacle on entendait toutefois dire quelque chose de précis. En fait, même après des décennies d'anthropologie culturelle (qui nous a appris que même les positions de la défécation font partie de la culture matérielle d'une communauté), on est enclin à parler de culture dans le seul cas de « haute » culture (littérature savante, philosophie, musique classique, art de galerie et théâtre de scène). On parle donc de culture comme spectacle dans le cadre d'une idéologie (si peu précise soit-elle) de la Culture avec un C majuscule. En d'autres termes, on part du présupposé que le spectacle est amusant, ou légèrement culpabilisant, tandis qu'une conférence, une symphonie de Beethoven, une discussion philosophique sont des expériences ennuyeuses (donc « sérieuses »). Les parents sévères interdisent à l'enfant qui a eu une mauvaise note à l'école d'aller à un « spectacle », non pas d'aller à une manifestation culturelle (qui, au contraire, est supposée lui faire du bien).

Une autre caractéristique de la manifestation culturelle « sérieuse » est le fait que le public ne doive pas y participer : il écoute ou regarde ; dans ce sens, même un spectacle (c'est-à-dire ce qui autrefois était un spectacle au mauvais sens du terme) peut devenir « sérieux » quand le public cesse d'y participer activement mais y assiste passivement. Il est donc possible que le public de la comédie grecque y assiste en crachant des noyaux de fruits et en se moquant des acteurs, mais aujourd'hui, dans un amphithéâtre dûment archéologisé, la même comédie est plutôt culture que spectacle et les gens se taisent (espérons-le, en s'ennuyant).

Or, au cours de l'année dernière, des faits inquiétants se sont produits. Des centres culturels qui depuis des années organisent des débats, des conférences, des colloques ont dû faire face à une troisième phase. La première était la phase normale jusqu'en 1968 : quelqu'un parlait, le public, en quantité raisonnable, écoutait, avec quelques questions bien élevées à la fin, et tout le monde rentrait à la maison au bout de deux heures. La deuxième est la phase de soixante-huit : quelqu'un essayait de parler, un public turbulent lui contestait le droit de prendre la parole de façon autoritaire, quelqu'un d'autre, parmi le public, parlait à sa place (de façon tout aussi autoritaire, mais on ne s'en est aperçu que lentement), à la fin on votait n'importe quelle motion et tout le monde rentrait. La troisième phase, par contre, fonctionne ainsi : quelqu'un parle, le public s'amasse en quantité invraisemblable, assis par terre, se pressant dans les espaces avoisinants, parfois sur les escaliers d'entrée, il supporte que l'orateur parle pendant une, deux, trois heures, participe à la discussion pendant deux autres heures, et ne veut jamais rentrer à la maison.

La troisième phase peut être liquidée par un coup exemplaire de dialectique de *nouveau philosophe* : nous sommes au moment du reflux ; ennuyée par la politique, la nouvelle génération (mais aussi la vieille) veut maintenant écouter des « paroles vraies » ; c'est justement la Haute Culture qui reprend le dessus. Mais il suffit d'être un peu plus conservateur qu'un nouveau philosophe (il suffit même d'être un paléomarxiste, un libéral à la Croce ou un disciple de la première école de Francfort) pour ressentir un certain malaise. Car ces nouvelles masses (et je crois bien que l'on peut parler de « masses » même si leur aspect n'est pas celui des masses sportives ou des masses rock) vont aux manifestations culturelles, écoutent très attentivement, font des interventions qui vont de la participation lucide et savante au cri de l'âme, mais se comportent comme si elles étaient à une fête collective : les participants ne crachent pas des noyaux, ils ne se déshabillent pas non plus, mais il est évident qu'ils viennent aussi parce que l'événement est collectif, c'est-à-dire (pour utiliser un terme un peu démodé, mais qui paraît juste pour ces expériences) pour *être ensemble*.

Parmi tous les exemples que je pourrais prendre (qui vont des concerts symphoniques aux débats de sémiologie — et dans les deux cas je n'y vois plus les mêmes têtes qu'autrefois), celui qui m'a le plus frappé (parce que j'étais partie prenante) est la série des conférences ou rencontres avec les philosophes, organisées par la bibliothèque municipale de Cattolica. On en a beaucoup parlé. Il est étonnant qu'une petite ville de quelques milliers d'habitants, en basse saison, organise des rencontres avec la Philosophie (vieux fantôme sur le point d'être éliminé même des lycées). On a été encore plus étonné quand on s'est rendu compte qu'à certaines de ces rencontres participaient quelquefois un millier de personnes. Que les séances duraient quatre heures, que les questions allaient de l'intervention de celui qui savait déjà tout et s'engageait dans une polémique savante avec l'orateur à l'intervention sauvage de celui qui demandait au philosophe son opinion sur la drogue, sur l'amour, sur la mort, sur le bonheur — au point que certains orateurs ont dû se défendre et rappeler qu'un philosophe n'est pas un oracle et ne doit pas être investi de charisme (qui l'aurait prévu il y a dix ans ?). On s'étonne encore davantage si l'on fait des calculs quantitatifs et géographiques. Je parle de ma propre expérience. Il était clair que Cattolica ne suffisait pas à fournir autant de « clients ». En réalité, beaucoup d'entre eux venaient d'ailleurs, de la Romagne, des

Marches, même de plus loin. J'ai constaté que beaucoup venaient de Bologne, la ville où je fais des cours trois jours par semaine. Pourquoi une personne doit-elle aller de Bologne à Cattolica pour entendre ce que je dis en moins de quarante-cinq minutes, alors qu'elle peut venir quand elle le veut pendant l'année scolaire à l'université où l'entrée est gratuite (et pour aller de Bologne à Cattolica, entre l'essence, l'autoroute, le dîner au restaurant, cette aventure finit par coûter plus cher qu'un spectacle théâtral)? La raison est simple : ils ne venaient pas pour moi. Ils venaient vivre *l'événement* : ils venaient écouter aussi les autres et participer à une manifestation collective.

S'agit-il de spectacle? Je dirais oui sans pudeur, hésitation ni amertume. Il y a eu de nombreuses époques historiques pendant lesquelles les discussions philosophiques ou les plaidoiries étaient aussi des spectacles : à Paris, au Moyen Âge, on allait suivre les discussions des *quaestiones quodlibetales*, non seulement pour écouter ce que le philosophe avait à dire, mais pour assister à un tournoi, à un débat, à un événement sportif. Et ne me dites pas qu'on se pressait dans les amphithéâtres athéniens pour assister à une trilogie tragique, avec un drame satirique en prime, seulement pour rester assis sagement jusqu'au bout. On allait vivre un événement dans lequel comptaient aussi la présence des autres, les étalages de nourriture et de boissons et le site dans sa complexité de festival « culturel ». De la même façon on est allé voir à New York *Einstein on the Beach*, dont l'action théâtrale durait plus de cinq heures et était conçue de telle façon que le public puisse se lever, sortir, aller boire quelque chose et en discuter avec les autres, pour ensuite rentrer et ressortir. Entrer et sortir ne sont pas deux composantes strictement nécessaires. J'imagine que dans les arènes on va écouter Beethoven et qu'on suit les symphonies du début jusqu'à la fin. C'est le rite collectif qui compte. Comme si tout ce qui relève de la culture dite «élevée» devait être accepté et inséré dans une nouvelle dynamique qui permette aussi des rencontres, des expériences collectives. Le conservateur objectera que la Culture avec un C majuscule, ainsi assimilée, ne donne rien parce que la concentration nécessaire manque. On lui répondra (si on est bien élevé — mais il existe des alternatives plus brutales) qu'on ne sait pas ce qu'«a absorbé» le client normal de la conférence ou du concert, qui somnolait puis sursautait à l'applaudissement final. Le conservateur n'aurait rien à dire contre celui qui apporterait Platon à la plage, même s'il le lit dans le brouhaha, et il encouragerait la bonne volonté de ce baigneur cultivé; mais il n'aime pas que ce même lecteur aille écouter un débat sur Platon avec des amis, au lieu d'aller en discothèque. Il est peut-être difficile de lui faire comprendre que le spectaculaire n'implique pas nécessairement la perte d'intensité, le manque d'attention, «des intentions légères». Il s'agit seulement d'une manière autre de vivre le débat culturel.

Pendant ces derniers mois, en Italie, on en a vécu un peu partout les signes avant-coureurs. C'est peut-être un phénomène transitoire. S'il dure, il faudra examiner, avec la même froideur que nous avons adoptée jusqu'à maintenant, ce qui pourrait se passer si l'on atteignait des niveaux de spectaculaire culturel institutionnalisés comme on en trouve aux États-Unis.

Là-bas on n'organise pas seulement des congrès pour spécialistes : on organise souvent des colloques, des symposiums, des journées culturelles sur un sujet quelconque, de la religion à la littérature en passant par la macrobiotique, en les annonçant dans les journaux et en faisant payer l'entrée souvent très cher. L'organisation dépense ce qu'il faut pour s'assurer la collaboration de personnages à la mode, puis l'événement se déroule comme un spectacle théâtral. Cela peut nous faire horreur. Parfois cela *doit* faire horreur. Je me souviens de *The Event*, organisé en 1978 par Jerry Rubin, jadis héros de la contestation soixante-huitarde et leader des hippies.

The Event durait de neuf heures à une heure du matin et promettait une « extravagance de l'autoconscience », des expositions, des débats, des conférences sur le zen, la macrobiotique, la méditation transcendantale, les techniques sexuelles, le jogging, la découverte du génie qui se cache en nous, l'art, la politique, plusieurs types de religions, la philosophie populaire. Parmi les « stars » il y avait le célèbre comique noir Dick Gregory, les sexologues Master et Johnson, l'architecte prophète Buckminster Fuller, des prédicateurs religieux, des gens de spectacle. Entrées très chères, publicité dans de grands quotidiens, promesses de bonheur et de découvertes essentielles pour l'évolution intérieure, buffets végétariens, livres de doctrines orientales, prothèses pour les organes sexuels. Les personnes horrifiées l'ont été parce que tout cela était conçu comme un music-hall avec le public bouche bée. Il n'y avait pas de participation et, de toute façon, les participants ne se connaissaient pas. Le spectacle culturel était conçu comme un bar pour hommes et femmes seuls, et d'ailleurs il n'est pas rare de trouver en Amérique la publicité d'une série de concerts très sérieux dans laquelle on annonce que l'entracte du concert est un moment idéal pour rencontrer l'âme sœur.

Si le spectacle culturel doit prendre ce chemin, il n'y a pas lieu de s'en réjouir. Non pas parce qu'il s'agit d'un spectacle « culturel », mais parce qu'il s'agit d'un « spectacle » au pire sens du terme : une fausse vie représentée sur l'estrade pour que le public, silencieux, ait l'illusion de vivre, par personne interposée.

Mais ce sont les dégénérescences d'une société dite

justement « du spectacle ». Il n'est pas dit que la culture comme spectacle dont nous parlions soit le produit d'une société du spectacle ; elle peut au contraire en être l'alternative. Une façon d'échapper aux spectacles organisés pour s'en créer d'autres. Et dans cette perspective, gardons les nerfs solides. On verra bien.

La Società, cahier n° 2, 1980.

LE BAVARDAGE SPORTIF

Il y a une chose qu'aucun mouvement étudiant, aucune révolte urbaine, aucune contestation globale ou autre ne pourront jamais faire, même s'ils la considéraient comme essentielle : envahir un terrain de sport le dimanche.

La proposition même d'un tel acte apparaît ironique et absurde. Essayez de la faire : on vous rira au nez. Faites-la sérieusement : on vous prendra pour un provocateur.

Une masse d'étudiants peut s'amuser à jeter des cocktails Molotov sur la jeep de n'importe quelle police : il n'y aura jamais plus d'une quarantaine de morts, étant donné les lois, les exigences de l'unité nationale, le prestige de l'État. Au contraire l'attaque d'un terrain de sport provoquerait sans aucun doute le massacre des attaquants : un massacre aveugle et total, perpétré par des citoyens surpris par l'outrage et qui, n'ayant rien de plus important à sauvegarder que ce suprême droit violé, seraient disposés au lynchage total.

Si vous occupez une cathédrale, vous aurez un évêque qui proteste, quelques catholiques troublés, une frange de dissidents favorables, la gauche qui sera indulgente, les laïques traditionnels qui seront (en fin de compte) contents. Vous pouvez aussi occuper le siège central d'un parti : les autres partis, solidaires ou pas, penseront que c'est bien fait pour lui. Si quelqu'un occupait un stade, à part les réactions immédiates que cela provoquerait, personne ne serait solidaire : l'Église, la gauche, l'État, la magistrature, les Chinois, la Ligue pour le divorce, les anarchistes, les syndicalistes cloueraient tous le criminel au pilori. Il y a donc une zone profonde de la sensibilité collective que personne ne consentirait à toucher, soit par conviction, soit par calcul démagogique. Il y a donc une structure profonde du social, dont le ciment fondamental ne peut être désagrégé sans mettre en crise tout principe de vie associative et, par conséquent, la présence même de l'homme sur la terre, ou du moins le type de présence qui l'a caractérisé pendant des dizaines de milliers d'années. Le sport c'est l'homme, le sport c'est la société.

Mais, s'il est vrai qu'une révision globale de nos rapports humains est en jeu, il faut qu'elle touche le sport. Ce n'est qu'en atteignant cette dernière racine qu'elle découvrira les inconsistances de l'homme en tant qu'animal social : c'est là qu'on pourra faire apparaître ce qu'il y a de non humain dans les rapports sociaux. C'est là qu'on démasquera la nature mystificatrice de l'humanisme classique, fondé sur l'anthropologie grecque, non pas fondée elle-même sur la contemplation, non pas sur la notion de Cité, non plus dans la primauté de faire, mais sur le sport, en tant que gaspillage calculé, écran des problèmes, « bavardage » élevé au rang de tumeur. En somme — et nous nous expliquerons plus loin —, le sport est l'aberration extrême du discours phatique et donc — à la limite — il est la négation de tout discours et, par conséquent, il est le principe de la déshumanisation de l'homme, ou l'invention « humaniste » d'une idée de l'homme, mystificatrice dès le départ.

L'activité sportive est dominée par l'idée de « gaspillage ». Dans son essence tout geste sportif est un gaspillage d'énergies : si je lance une pierre par pur plaisir de la lancer — et non pas dans un but utilitaire quelconque

— je gaspille des calories accumulées par l'ingestion de la nourriture.

Or, ce gaspillage — que cela soit bien clair — est profondément sain. C'est le gaspillage propre au jeu. Et l'homme, comme n'importe quel animal, a un besoin physique et psychique de jouer. Il y a donc un gaspillage ludique auquel nous ne pouvons pas renoncer : l'exercer veut dire être libre et se libérer de la tyrannie du travail indispensable.

Si, quand je lance une pierre, quelqu'un à côté de moi fait de même pour en lancer une plus loin, le jeu prend la forme de la « compétition » : celle-ci aussi est un gaspillage d'énergie et d'intelligence (c'est l'intelligence qui fournit les règles du jeu), mais ce gaspillage ludique se transforme en bénéfice. Les courses améliorent les races, les compétitions développent et contrôlent la compétitivité, elles réduisent l'agressivité d'origine en système et la force brute en intelligence.

Mais déjà dans ces définitions se cache le ver qui ronge le geste à sa racine : la compétition discipline et neutralise les forces de la praxis. Elle atténue les excès de l'action, mais en réalité c'est un mécanisme pour neutraliser l'action.

C'est à partir de ce noyau de santé équivoque (de santé qui reste saine tant qu'on ne dépasse pas un certain seuil — d'ailleurs on peut mourir d'un excès de cet exercice libératoire et indispensable qu'est le rire, comme on peut éclater d'un excès de santé) que les premières dégénérescences de la compétition naissent : par exemple l'élevage d'êtres humains voués à la compétition.

L'athlète est déjà en lui-même un être qui possède un organe hypertrophié qui transforme son corps en siège et source exclusifs d'un jeu continuel ; l'athlète est un monstre, il est l'Homme qui Rit, la geisha au pied comprimé et atrophié, vouée à devenir l'instrument d'autrui. Mais l'athlète-monstre voit lorsque le sport devient sport au carré : lorsque, de jeu joué à la première personne, il se transforme en une sorte de discours sur le jeu, un jeu comme spectacle pour autrui, donc jeu joué par d'autres et vu par moi. Le sport au carré est le spectacle sportif.

Si le sport (pratiqué) c'est la santé, au même titre que manger, le sport *vu* est la mystification de la santé. En regardant les autres jouer, je ne fais rien de sain, et je n'éprouve qu'un vague plaisir en constatant la santé d'autrui (ce qui serait déjà un sordide exercice de voyeurisme, comme celui de regarder les autres faire l'amour), car en réalité je retire le vrai plaisir des accidents qui arriveront à celui qui fait le salubre exercice, de la maladie qui mine cette santé en action (comme quelqu'un qui regarderait non pas deux êtres humains, mais deux abeilles faire l'amour, en attendant d'assister à la mort du mâle).

Certes, celui qui regarde le sport pratiqué par autrui s'excite en regardant : il crie et se démène, et par conséquent fait de l'exercice physique et psychique, réduit son agressivité et discipline sa compétitivité. Mais cette réduction n'est pas compensée, comme dans la pratique du sport, par un gain d'énergies et par l'acquisition du contrôle et de la maîtrise de soi : face aux athlètes qui se battent pour jouer, les voyeurs se battent sérieusement. C'est si vrai qu'à la fin d'une compétition ils se battent ou meurent d'un infarctus dans les tribunes.

Si la discipline de la compétitivité dans le sport vraiment pratiqué a les deux aspects d'accroissement et de perte de l'humanité, le voyeurisme sportif ne présente plus que le côté négatif. Le sport devient alors *instrumentum regni*, ce que d'ailleurs il n'a pas cessé d'être au cours des siècles. C'est évident : les *circenses* canalisent les énergies incontrôlables de la foule.

Mais ce sport au carré (sur lequel on exerce des spéculations, des marchandages, des ventes et de la consommation forcée) engendre un sport élevé au cube, qui est le discours sur le sport en tant que sport vu. Ce discours est d'abord celui *de* la presse sportive, mais il engendre à son tour le discours *sur* la presse sportive, donc le sport élevé à la puissance *n*. Le discours sur la presse sportive est le discours sur un discours qui porte sur une vision du sport d'autrui considéré comme un discours.

Le sport actuel est essentiellement le discours sur la presse sportive. Derrière trois diaphragmes il y a le sport pratiqué qui à la limite pourrait même ne pas exister. Si, par une diabolique machination du gouvernement mexicain et du sénateur Brundage, en accord avec les chaînes de télévision du monde entier, les Jeux Olympiques n'avaient pas lieu mais étaient racontés, jour après jour et heure après heure, avec des images fictives, rien ne changerait dans le système sportif international, et les commentateurs sportifs ne se sentiraient pas frustrés. Donc le sport en tant que pratique n'existe plus, ou alors il n'existe que pour des raisons économiques, car il est plus facile de faire courir un athlète que de réaliser un film avec des acteurs qui feignent de courir : la seule chose qui existe est le bavardage sur le bavardage sportif. Le bavardage sur le bavardage de la presse sportive constitue un jeu avec toutes ses règles : il suffit, pour s'en rendre compte, d'écouter ces émissions de radio du dimanche matin dans lesquelles on fait comme si des citoyens rassemblés dans un salon de coiffure parlaient de sport (élevant ainsi le sport à la puissance n''). Ou bien on peut aller surprendre ces discussions là où elles se font.

On verra, comme tout le monde d'ailleurs le sait déjà, que les évaluations, les estimations, les arguments, les réponses polémiques, les dénigrements et les triomphes suivent un rituel verbal très complexe mais aux règles simples et précises. Dans ce rituel les énergies intellectuelles s'exercent et se neutralisent ; les énergies physiques ne sont plus en jeu ; donc la compétition se déplace d'un niveau purement « politique ». En effet le bavardage sur le bavardage a toutes les apparences du discours politique. On y dit ce que les gouvernements auraient dû faire, ce qu'ils ont fait, ce qu'on voudrait qu'ils fassent, ce qui est arrivé et ce qui arrivera : sauf que l'objet n'est pas la cité (et les couloirs les lieux du Pouvoir) mais le stade, avec ses coulisses. Un tel bavardage est donc, en apparence, la parodie du discours politique ; mais, puisque dans cette parodie toutes les forces dont le citoyen disposait pour le discours politique se détrempent et se disciplinent, ce bavardage devient l'*ersatz* du discours politique et à tel point qu'il devient lui-même le discours politique. Après, il n'y a plus d'espace. Celui qui parle de sport, s'il ne se livrait pas à cet exercice, s'apercevrait qu'il a des capacités de jugement, de l'agressivité verbale, de la compétitivité politique qu'il faudrait employer d'une façon ou d'une autre. Mais le bavardage sportif le convainc que ces énergies ont été utilisées et ont une finalité précise. Ayant calmé le doute, le sport remplit son rôle de fausse conscience.

Puisque le bavardage sur le sport donne l'illusion de s'intéresser au sport, la notion de *faire du sport* se confond avec celle de *parler de sport* : celui qui bavarde se croit sportif et ne s'aperçoit même plus qu'il ne pratique pas de sport. Ainsi il ne s'aperçoit même pas qu'il ne pourrait pas pratiquer, parce que son travail, quand il ne bavarde pas, l'épuise et lui soustrait les énergies physiques et le temps qui seraient nécessaires pour pratiquer un sport.

Ce bavardage est du même ordre que celui dont Heidegger définissait la fonction dans *Sein und Zeit* : « Le bavardage est la possibilité de tout comprendre sans aucune appréhension préliminaire de la chose. Le bavardage est une garantie préalable face au danger d'échouer dans une telle appréhension. Le bavardage, qui est à la portée de tout le monde, non seulement nous soulage de la tâche d'une compréhension authentique, mais il produit une compréhensibilité indifférente pour qui plus rien d'incertain n'existe... Le bavardage ne présuppose pas la volonté de tromper. Le bavardage ne veut pas faire passer consciemment quelque chose pour quelque chose d'autre... Le bavardage, donc, en vertu de son indifférence vis-à-vis de la nécessité de recourir au fondement de ce qui est dit, est toujours, depuis ses origines, un enfermement. »

Certes, Heidegger ne conférait pas au bavardage un aspect totalement négatif : le bavardage est la manière quotidienne dans laquelle nous sommes parlés par le langage préexistant au lieu de le plier à la compréhension et à la découverte. Il est une attitude normale. Pour lui, cependant, « ce qui compte c'est que l'on discoure ». Ici, nous arrivons à cette fonction du langage que Jakobson appelle « phatique » ou de contact. Au téléphone (en répondant « Oui, non, sûr, bien... ») et dans la rue (en demandant « Comment ça va » à quelqu'un dont la santé ne nous intéresse pas, et il le sait, preuve en est qu'il nous répond « Ça va, merci »), nous faisons des discours phatiques indispensables pour maintenir une interconnexion constante entre les différents sujets parlants. Mais les discours phatiques sont indispensables, justement parce qu'ils permettent des possibilités de communications plus substantielles. Si cette fonction est hypertrophiée, nous avons un contact continuel sans aucun message. Comme avec une radio allumée et mal syntonisée, avec un bruit de fond et des brouillages qui, tout en nous prévenant que nous sommes en communication avec quelque chose, ne nous permettent de rien savoir.

Le bavardage est ainsi le discours phatique qui devient une fin en soi mais le bavardage sportif est quelque chose de plus, il est un discours phatique continu qui se présente sous les fausses apparences du discours sur la cité et sur ses finalités.

Naissant comme élévation à la puissance ou du gaspillage initial (et raisonné) qu'était le jeu sportif, le bavardage sportif est la glorification du gaspillage, et le sommet de la consommation. Sur lui et en lui, l'homme de la société de consommation arrive à se consommer lui-même (ainsi que toute possibilité de thématiser et de juger la consommation forcée à laquelle il est invité et soumis).

Lieu de l'ignorance totale, il conditionne le citoyen tellement en profondeur que, dans les cas limites (qui sont nombreux), ce dernier refuse de mettre en discussion cette disponibilité quotidienne à la discussion vide. Aucun appel politique ne pourrait donc avoir d'emprise sur une pratique qui est la falsification totale de toute disponibilité politique. Pour cette raison, aucun révolutionnaire n'aurait le courage de révolutionner la disponibilité au bavardage sportif ; le citoyen s'emparerait du discours contestataire en en transformant les éléments en éléments de bavardage sportif, ou bien en refusant en bloc, avec une méfiance désespérée, l'intrusion de la raison dans son raisonnable exercice de très rationnelles règles verbales.

C'est pourquoi les étudiants mexicains sont morts pour rien. C'est pourquoi il est apparu raisonnable qu'un athlète italien dise noblement : « S'ils en tuent d'autres, je ne sauterai pas. » Mais personne n'a fixé le nombre de morts qui auraient été nécessaires pour qu'il ne saute pas. S'il n'avait pas sauté, d'ailleurs, il aurait suffi aux autres de parler de ce qui serait arrivé s'il avait sauté.

Quindici, 1969.

LE MUNDIAL ET SES FASTES

En me voyant parler du noble jeu du football avec détachement, agacement et (j'ose le dire) antipathie, beaucoup de lecteurs soupçonneux et pervers supposeront vulgairement que je n'aime pas le football parce que le football ne m'a jamais aimé. Ils penseront que, depuis tout petit, j'ai appartenu à cette catégorie d'enfants et d'adolescents qui, dès qu'ils touchent le ballon — en admettant qu'ils y arrivent —, le lancent tout de suite dans leur propre but et dans le meilleur des cas le passent à l'adversaire, quand ils ne l'envoient pas avec une obstination tenace à l'extérieur du terrain, au-delà des haies et des clôtures, en l'égarant dans les caves, les ruisseaux ou dans les bacs du marchand de glaces — si bien qu'ils sont bannis par leurs camarades et exclus des tournois.

Jamais soupçon n'aura été plus éclatant de vérité. Je dirai même plus : dans ma tentative de ressembler aux autres (comme un jeune homosexuel terrorisé qui se répète obstinément que les filles « doivent » lui plaire), je priai plusieurs fois mon père, supporter équilibré mais constant, de m'emmener au match. Un jour, pendant que j'observais avec détachement les mouvements insensés qui avaient lieu sur le terrain, j'eus l'impression que le haut soleil de midi enveloppait d'une lumière glacée les hommes et les choses, et que devant mes yeux se déroulait un spectacle cosmique sans signification. C'était le sentiment que plus tard je devais retrouver en lisant Ottiero Ottieri sous l'appellation d'« irréalité quotidienne », mais alors j'avais treize ans et je le traduisis à ma manière : pour la première fois je doutai de l'existence de Dieu et je pensai que le monde était une fiction sans but.

Effrayé, à la sortie du stade, j'allai me confesser auprès d'un sage capucin, qui s'étonna de mon étrange idée, parce que des gens dignes de foi comme Dante, Newton, Manzoni, Gioberti et Tartempion avaient cru en Dieu sans problème. Confus devant ce consensus universel, je remis d'une dizaine d'années ma crise religieuse. Je dis tout cela pour expliquer que, depuis toujours, le football est pour moi lié à l'absence de finalité et à la vanité de tout, et au fait que l'Être n'est ou ne peut être qu'un trou. Et c'est peut-être pour cela que, seul parmi les vivants, j'ai toujours associé le football aux philosophies négatives.

Cela étant dit, on peut se demander pourquoi dans ces conditions je me mets à parler du championnat ; c'est simple : la direction de l'*Espresso*, en proie à un raptus métaphysique, a insisté pour qu'on parle de cet événement d'une façon complètement distanciée. C'est pourquoi elle s'est adressée à moi. Jamais choix ne fut meilleur ni plus avisé.

Maintenant je dois dire qu'en réalité je n'ai rien contre la passion pour le football. Au contraire, je l'approuve et je l'estime providentielle. Ces foules de fanatiques terrassés par l'infarctus sur les gradins, ces arbitres qui paient un dimanche de célébrité en exposant leur personne à de graves injures, ces spectateurs qui descendent ensanglantés de leur car, blessés par les vitres cassées à coups de pierre, ces jeunes gens en fête qui envahissent les rues, sortant leur drapeau de la fenêtre de leur « Fiat 500 » surchargée, et vont s'écraser contre un TIR, ces athlètes détruits psychi-

248

quement par de douloureuses abstinences sexuelles, ces familles ruinées économiquement par l'achat de places au noir, ces enthousiastes aveuglés par l'éclatement du pétard et destinés à festoyer me remplissent le cœur de joie. Je suis favorable à la passion pour le football comme je suis pour les compétitions à moto au bord des précipices, le parachutisme forcené, l'alpinisme mystique, la traversée des océans sur des canots pneumatiques, la roulette russe, l'utilisation de la drogue. Les courses améliorent les races et tous ces jeux conduisent heureusement à la mort des meilleurs et permettent ainsi à l'humanité de continuer tranquillement son chemin avec des protagonistes nouveaux et moyennement développés. D'une certaine façon, je serais assez d'accord avec les futuristes sur le fait que la guerre est la seule hygiène du monde, à une nuance près : elle le serait, si seuls les volontaires pouvaient y participer. Malheureusement, elle entraîne aussi les réfractaires et dans ce sens elle est moralement inférieure aux spectacles sportifs.

Qu'il soit clair que je parle de spectacles sportifs et non pas de sport. Si par « sport » on entend une occasion dans laquelle une personne, sans but lucratif, et en engageant directement son corps, fait des exercices physiques dans lesquels elle fait travailler ses muscles, circuler son sang et fonctionner ses poumons à plein rythme, le sport est une très belle chose, au moins autant que le sexe, la réflexion philosophique ou le jeu de hasard sans mises d'argent.

Mais le football n'a rien à voir avec cette conception du sport : ni pour les joueurs, qui sont des professionnels soumis à des tensions proches de celles d'un ouvrier à la chaîne (sauf de négligeables différences de salaires); ni pour les spectateurs, c'est-à-dire la majorité — se comportant comme des maniaques sexuels qui vont voir régulièrement (non pas une seule fois dans leur vie à Amsterdam, mais tous les dimanches) des couples qui font l'amour ou font semblant de le faire, ou comme les enfants très pauvres de mon enfance à qui on promettait de les emmener voir les riches manger des glaces.

Sachant cela, on comprend pourquoi, pendant ces semaines, j'étais très détendu. Angoissé comme tout un chacun par les récents événements tragiques, au bout d'un trimestre où il fallait lire beaucoup de quotidiens et rester devant la télévision en attendant le dernier communiqué des Brigades rouges, ou la promesse d'une nouvelle escalade de la terreur, je peux maintenant éviter de lire les journaux et de regarder la télévision, et me limiter à chercher à la huitième page des nouvelles du procès de Turin, de la Lockheed et du référendum : pour le reste on ne parle que de cette chose dont je ne veux rien savoir. Les terroristes, qui ont un sens des médias très développé, le savent très bien et ne tentent donc rien d'intéressant, parce qu'ils finiraient entre les faits divers et la rubrique culinaire.

Ce n'est même pas la peine de se demander pourquoi les championnats ont polarisé de façon si morbide l'attention du public et la dévotion des médias : de l'épisode bien connu de la comédie de Térence désertée parce qu'il y avait un spectacle d'ours aux réflexions lucides des empereurs romains sur l'utilité des *circenses*, jusqu'à l'usage judicieux que les dictateurs (y compris la dictature d'Argentine) ont toujours fait des grands événements sportifs, il est tellement clair et évident que la majorité préfère le football et le cyclisme à l'avortement et Bartali à Togliatti[1] qu'on peut se passer de gloser là-dessus. Mais vu que je suis obligé de gloser à cause de sollicitations extérieures, disons simplement que jamais comme maintenant l'opinion publique, et

1. Cela renvoie à l'attentat contre Togliatti. Pour éviter une insurrection, la radio donna un énorme retentissement à la victoire de Bartali dans le Tour de France, détournant ainsi l'attention populaire.

tout particulièrement en Italie, n'a eu plus besoin d'un magnifique championnat international.

En effet, comme je l'avais déjà observé dans d'autres circonstances, la discussion sur le spectacle (la discussion sur les journalistes qui parlent du spectacle) est l'ersatz le plus facile de la discussion politique. Au lieu de juger l'action du ministre des Finances (ce qui demande des connaissances en économie), on discute de l'action de l'entraîneur, au lieu de critiquer l'action du parlementaire, on critique celle de l'athlète ; au lieu de se demander (question difficile et obscure) si le ministre Un tel a signé de sombres pactes avec tel pouvoir occulte, on se demande si le match final décisif sera un effet du hasard, de la condition physique, ou d'alchimies diplomatiques.

Le discours sur le football demande une compétence certainement pas vague, mais assez limitée, bien centrée ; il permet de prendre position, d'exprimer des opinions, de souhaiter des solutions sans risquer l'arrestation, le *Radikalerlass*, ou le soupçon. Il n'impose pas de s'exposer personnellement, parce qu'on parle de quelque chose qui se joue à l'extérieur de la zone du pouvoir du sujet parlant. Il permet en somme de parer à la gestion de la chose publique sans toutes les angoisses, les interrogations et les devoirs de la discussion politique. Il équivaut pour le mâle adulte à ce que représente pour une petite fille de jouer à la dame : un jeu pédagogique qui enseigne à rester à sa place.

Cela est encore plus vrai aujourd'hui, en un moment où s'occuper de la chose publique (la vraie) est si traumatisant. Face à un choix de ce genre nous sommes tous argentins, et que ces quatre Argentins emmerdeurs qui passent leur temps à nous rappeler que, de temps en temps, là-bas quelqu'un disparaît arrêtent de nous gâcher le plaisir de cette représentation sacrée. Nous les avons écoutés avant, et même avec politesse, que veulent-ils de plus ? En somme ces championnats sont une manne. Enfin quelque chose qui n'a rien à voir avec les Brigades rouges.

Le lecteur pas complètement dans la lune sait que deux thèses circulent à leur propos. La première thèse stipule qu'ils sont un groupe obscurément manœuvré par le Pouvoir, peut-être même par une puissance étrangère. La seconde thèse stipule qu'ils sont des « camarades qui se trompent », qui se conduisent de façon exécrable mais pour des fins tout compte fait nobles (un monde meilleur). Or, si la première thèse est vraie, les Brigades rouges et les organisateurs des championnats de football font partie de la même articulation du pouvoir : les uns déstabilisent au bon moment, les autres restabilisent quand il le faut. On demande au public de suivre « Italie-Argentine » comme si c'était « Curcio-Andreotti » et de faire, si possible, un pronostic sur les prochains attentats. Si au contraire la seconde thèse est vraie, les B.R. sont vraiment des camarades qui se trompent beaucoup : car ils s'acharnent avec beaucoup de bonne volonté à assassiner des hommes politiques et à faire sauter des chaînes de montage, mais le pouvoir n'est pas là, hélas : il est dans la capacité qu'a la société de redistribuer, tout de suite après, la tension sur d'autres pôles bien plus proches de l'âme de la foule.

Une lutte armée est-elle possible un dimanche de championnat ? Il faudrait peut-être faire un peu moins de discussions politiques et un peu plus de sociologie des *circenses* ; parce qu'il y a des *circenses* qui ne semblent pas en être à première vue : par exemple, certains affrontements entre la police et des « extrémistes opposés » qui ont lieu à certaines époques seulement, le samedi, de cinq à sept heures de l'après-midi. Videla aurait-il des sous-marins dans la société italienne ?

Espresso, 1978.

LA FALSIFICATION ET LE CONSENSUS

L'ÉTUDIANT que j'ai rencontré au mois d'octobre dernier dans la bibliothèque de l'université Yale était californien. Nous essayions tous les deux de prendre le même exemplaire d'un journal italien ; cela m'a permis de découvrir qu'il avait vécu dans notre pays. Nous sommes descendus fumer une cigarette au bar du sous-sol et, en me parlant de choses et d'autres, il fit allusion à un livre italien qui l'avait beaucoup impressionné, mais dont il n'avait retenu ni le titre ni l'auteur. « Attendez, me dit-il, je vais le demander à une amie à Rome. Avez-vous dix *cents* ? » Il met les dix *cents* dans l'appareil, parle avec la standardiste, attend trente secondes et entre en contact avec Rome. Il parle avec son amie pendant un quart d'heure, puis il revient et me rend les dix *cents* que le téléphone lui a rendus. Je pense qu'il a téléphoné en P.C.V. ; au contraire il me dit qu'il a utilisé le numéro de code d'une firme multinationale.

Le système téléphonique américain (dont les Américains n'arrêtent pas de se plaindre, sans connaître les autres) permet de téléphoner à Hongkong, Sydney ou Manille en donnant le numéro d'une carte individuelle de crédit.

Beaucoup de cadres de grandes entreprises utilisent la carte collective. Son numéro est strictement confidentiel, mais une infinité d'étudiants, surtout ceux des départements de technologie, le connaissent. Je lui demande si la multinationale ne finit pas par s'apercevoir que tout le monde utilise son numéro, en contrôlant les factures. Bien sûr qu'elle s'en aperçoit, mais elle a un forfait annuel avec les téléphones et elle perdrait trop de temps si elle faisait des contrôles minutieux. Elle prévoit quelques dizaines de milliers de dollars pour les coups de téléphone passés abusivement en son nom. Et s'ils faisaient un contrôle? Il suffit d'appeler d'un téléphone public. Et s'ils faisaient leur contrôle auprès du destinataire? Celui-ci est d'accord, il dit que tel soir il a effectivement reçu un coup de téléphone de loin, mais qu'il s'agissait sans doute d'une plaisanterie (c'est souvent vrai: beaucoup de gens font des numéros au hasard, histoire de rigoler). Ce qui compte, m'explique-t-il, n'est pas le bénéfice immédiat mais le fait d'escroquer les multinationales, qui soutiennent Pinochet et qui sont composées de fascistes.

Les milliers d'étudiants qui s'adonnent à de tels jeux ne constituent pas le seul exemple de contestation électronique. Joseph La Palombara m'a raconté qu'il y a deux ans un groupe contestataire californien avait invité chacun à payer régulièrement sa note de téléphone, en ajoutant seulement, dans leurs chèques, un centime de plus. Personne ne peut vous incriminer parce que vous payez, et parce que vous payez quelque chose de plus. Mais, si vous êtes nombreux à le faire, tout le système de gestion des paiements de la compagnie téléphonique s'enraiera. Ses ordinateurs, à chaque paiement irrégulier, s'arrêtent, enregistrent la différence, enclenchent un ordre de virement et établissent un chèque de un centime pour chaque créditeur. Si cette opération se fait à grande échelle, tout se bloque. En fait, la compagnie des téléphones eut des ennuis pendant quelques mois et dut avoir recours à des appels télévisés pour convaincre ses usagers d'arrêter cette plaisanterie. Les grands systèmes sont très vulnérables et il suffit d.un grain de sable pour qu'ils entrent en « paranoïa ». A y regarder de près, les actes de détournement d'avion se fondent sur le même principe : on ne pourrait pas détourner un tramway, mais un *jet* est comme un enfant sans défense. Pour corrompre un comptable il faut du temps, de l'argent, voire de très belles femmes : un ordinateur devient fou pour beaucoup moins. Il suffit de savoir insérer dans son circuit, même par téléphone, une information « folle ».

A l'époque de l'information électronique, voici venir le mot d'ordre pour une forme de guérilla non violente ou du moins non sanglante : la guérilla de la falsification.

Récemment la presse a parlé de la facilité avec laquelle on peut falsifier des billets de train : il suffit de disposer d'une photocopieuse couleur. Ou bien de la possibilité de dérégler tous les feux rouges d'une ville. Quelqu'un produit par dizaines des photocopies d'une lettre, en y apposant une signature photocopiée à partir d'une autre lettre.

L'idée théorique qui règle ces formes de falsification naît des nouvelles critiques de l'idée de pouvoir. Le pouvoir n'est jamais engendré par une décision arbitraire prise au sommet, mais il vit grâce à mille formes de consensus minuscules ou « moléculaires ». Il faut des milliers de pères, mères et enfants se reconnaissant dans la structure de la famille pour qu'un pouvoir puisse se fonder sur l'éthique de l'institution familiale ; il faut que des milliers de personnes aient un rôle de médecin, d'infirmier, de gardien, pour qu'un pouvoir puisse se fonder sur l'idée de ségrégation des différences.

Il n'y a plus que les Brigades rouges, derniers romantiques incorrigibles d'ascendance catholico-papiste, pour croire encore que l'État a un cœur et que ce cœur est vulnérable : ils vont vers l'échec, car un, dix, cent Aldo

Moro enlevés n'affaiblissent pas le système ; ils rétablissent, au contraire, le consensus autour du fantasme symbolique du cœur de l'État blessé et outragé.

Les nouvelles formes de guérilla contestataire tendent par contre à frapper le système en mettant en crise le réseau subtil de consensus qui se base sur quelques règles de vie associative. Si ce réseau s'effrite, tout s'effondre : voilà leur hypothèse stratégique.

Il y a une dizaine d'années, deux épisodes de falsification firent parler d'eux. Quelqu'un envoya à *Avanti !* un faux poème de Pasolini. Quelqu'un d'autre envoya au *Corriere della sera* un faux article de Cassola. Ils furent publiés et firent scandale. Ce scandale fut limité car ces deux épisodes étaient exceptionnels. Si toutefois, un jour, ils devenaient réguliers, aucun journal ne pourrait plus publier d'articles qui ne soient pas remis personnellement au directeur par leurs auteurs. Tout le système des téléimprimeurs serait en crise.

Cela s'est déjà produit, au cours des deux dernières années : affiches politiques publiées et affichées par le groupe A avec la signature du groupe B ; fausses lettres de Berlinguer publiées par un faux éditeur Einaudi ; faux texte de Sartre. On peut encore s'en apercevoir, car ces falsifications sont grossières et, tout compte fait, maladroites, ou bien trop paradoxales ; mais si elles étaient mieux faites et surtout à un rythme plus serré ? Il ne resterait plus qu'à réagir aux falsifications par d'autres falsifications, en diffusant des informations fausses sur tout, même sur les falsifications (qui sait d'ailleurs si l'article que vous êtes en train de lire n'est pas déjà l'exemple de cette nouvelle tendance ?). C'est toutefois ce soupçon qui montre, justement, le potentiel suicidaire contenu dans les techniques de la falsification.

Tout pouvoir structuré de façon pyramidale tient grâce à un réseau de consensus moléculaires. Il faut cependant distinguer les consensus qui permettent le déploiement de formes de contrôle macroscopiques de ceux qui ne font que satisfaire à un rythme pour ainsi dire biologique, et qui sont bien en deçà de la constitution des rapports de pouvoir proprement dits.

Prenons deux exemples : un État moderne arrive à faire payer les impôts aux citoyens grâce au consensus, et non pas grâce à la force. Le consensus naît du fait que les membres du groupe ont accepté l'idée que certaines dépenses collectives (par exemple : qui paie les sandwichs pour l'excursion du dimanche ?) doivent être redistribuées sur la collectivité (réponse : pour les sandwichs, chacun paie sa part ; ou bien, si vous préférez [et consentez] : c'est celui qui tirera le plus de bénéfices de l'excursion, ou bien celui qui a le plus d'argent qui doit payer les sandwichs). Si l'on détruit la base de microconsensus, l'idéologie sur laquelle se fonde le système d'imposition ne tarde pas à entrer en crise.

Passons maintenant au second exemple : un groupe de gens unis par des rapports quelconques. Parmi ces gens est établie la convention que toute information donnée par un membre du groupe sera vraie. Si quelqu'un ment une fois, il est réprouvé par les autres (il les a trompés). S'il ment habituellement, il est jugé peu digne de foi, le groupe n'a plus confiance en lui. Mais supposons que l'usage de ne pas respecter la condition minimale de la vérité se diffuse et que chacun mente aux autres. Le groupe se défait et une guerre de tous contre tous commence.

Ce que l'on a ainsi détruit n'est pas l'ensemble des rapports de pouvoir mais les conditions de survie du groupe. Chacun devient à son tour l'agent et la victime de la supercherie, à moins que le pouvoir ne soit reconstitué d'une façon ou d'une autre au profit de quelqu'un, c'est-à-dire de la, ou des personnes qui se relieront entre elles afin d'élaborer des techniques plus efficaces pour mentir mieux et plus vite que les autres. Ils deviendront alors rapidement les maîtres. Dans un univers de falsificateurs, on ne détruit pas le pouvoir ; tout au plus on substitue un détenteur de pouvoir à un autre.

En un mot, un groupe politique, capable de publier des faux communiqués de presse signés Fiat, obtient un avantage sur Fiat et il met en crise son pouvoir. Son avantage, toutefois, ne durera que jusqu'au moment où Fiat embauchera un falsificateur plus habile qui diffusera des faux communiqués de presse attribués au groupe falsificateur. Peu importe qui gagnera dans cette lutte : le vainqueur sera le nouveau Maître.

La réalité est pourtant moins romanesque. Certaines formes de consensus sont si essentielles pour la vie sociale que, malgré toute tentative de les mettre en crise, elles se reconstituent. Tout au plus elles se reconstituent d'une manière plus dogmatique, voire fanatique. Si dans un groupe se diffusait la technique de la falsification en vue de la désagrégation, l'éthique de la vérité se rétablirait sous une forme très puritaine dans le même groupe : la majorité (pour défendre les bases biologiques du consensus) deviendrait fanatique de la « vérité » et couperait la langue même à celui qui ne mentirait que dans l'intention de faire une figure rhétorique. L'utopie de la subversion engendre la réalité de la réaction.

Enfin on peut se demander si, ayant accepté l'idée qu'il n'existe pas de Pouvoir central mais que le pouvoir se distribue le long des fils d'une toile d'araignée fine et diffuse, l'idée de vouloir désagréger ce réseau de micro-pouvoirs a encore un sens. (Mais attention : on parle de le désagréger en le rendant fortuitement impraticable, non pas de le mettre en crise à travers une critique de ses fondements.) Si cette toile d'araignée existe, elle est capable de soigner ses blessures locales, justement parce

qu'elle n'a pas de cœur, justement parce qu'elle est —
pour ainsi dire — un corps sans organes. Donnons un
exemple :

Le triomphe des photocopieuses est en train de mettre
en crise l'édition. Chacun de nous, s'il peut obtenir pour
moins de frais une photocopie, évite d'acheter les livres
très chers. Cette pratique s'est institutionnalisée. Supposons qu'un livre de deux cents pages coûte cent francs. Si
je le photocopie chez le papetier à un franc la page, j'en
dépense deux cents et ça n'a plus aucun intérêt. Si j'utilise
une photocopieuse capable de réduire deux pages sur une
seule feuille, je dépense la même somme que si j'achetais
le livre. Si je m'organise avec d'autres et en fais cent
exemplaires, le coût diminue encore de moitié. A ce
moment-là l'opération devient intéressante. Si de surcroît
il s'agit d'un livre scientifique qui, étant toujours de deux
cents pages, coûte deux cents francs, le coût de la
photocopie se réduit au quart. Il existe désormais des
milliers d'étudiants qui, de cette façon, ne paient les livres
coûteux que le quart de leur prix. C'est une forme quasi
légale d'expropriation.

Mais les grandes maisons d'édition hollandaises et
allemandes qui publient des œuvres scientifiques en
anglais se sont déjà adaptées à cela : un livre de deux cents
pages coûte cinq cents francs. Elles savent très bien
qu'elles ne le vendront qu'à des bibliothèques et à des
groupes de recherche et que le reste sera du Xerox. Elles
n'en vendront que trois mille exemplaires. Mais trois mille
exemplaires à cinq cents francs rapportent la même
somme que cinquante mille exemplaires à trente francs
(sauf que les frais de production et de distribution
diminuent). En outre, pour se garantir, elles ne paient pas
les auteurs, sous le prétexte qu'il s'agit d'œuvres scientifiques destinées à des organismes d'utilité publique.

Cet exemple vaut ce qu'il vaut et il ne tient debout que

pour des œuvres scientifiques indispensables. Mais il permet de montrer que la capacité dont les grands systèmes font preuve à cicatriser leurs blessures est remarquable. Et que, contrairement à ce que l'on pourrait croire, les grands systèmes et les groupes subversifs sont souvent des frères jumeaux : l'un produit l'autre.

Si l'attaque contre le « cœur » présumé du système (dans l'illusion qu'il existe un Pouvoir central) est destinée à l'échec, l'attaque périphérique contre des systèmes qui n'ont pas de centre ni de périphérie ne produit aucune révolution. Elle garantit, tout au plus, la survie mutuelle des deux parties en cause. Les grandes maisons d'édition sont prêtes à accepter la diffusion de la photocopie, comme les multinationales peuvent supporter des coups de téléphone passés à leurs frais ou comme toute bonne entreprise de transports accepte de bon cœur une quantité raisonnable de titres falsifiés — pourvu que les falsificateurs se contentent de leur avantage immédiat. C'est une forme plus subtile de compromis historique, sauf qu'il est technologique. C'est la nouvelle forme que le Contrat social va prendre, au fur et à mesure que l'utopie de la révolution se transforme en projet de déstabilisation permanente et à court terme.

Espresso, 1979.

V

LIRE LES CHOSES

DEUX FAMILLES D'OBJETS

Pour inaugurer une rubrique sur les signes et les mythes — que nous essaierons de mener à bien sans être obsédés par la périodicité, mais plutôt en répondant aux sollicitations qui arrivent de tout côté, quand elles arrivent —, la meilleure occasion était d'accomplir un pèlerinage pieux à l'un des sanctuaires de la communication de masses, la Foire de Milan. En sachant que nous y allions dans un but bien précis — car c'est une chose d'y entrer comme opérateur économique : dans ce cas la Foire ne fait pas de faux discours, offre la possibilité de trouver ce que l'on cherche, de le toucher, de l'acheter ; c'est un jeu sans double sens, honnête dans la mesure où est honnête la compétition économique dans une économie de marché. C'est tout autre chose d'y aller en tant que spectateur (comme la plupart des visiteurs). La Foire alors est une grande kermesse des marchandises triomphantes, et reproduit à plus petite échelle les caractéristiques des grandes expositions internationales.

Si — comme disait Marx — la « richesse » des sociétés dans lesquelles prédomine le mode de production capitaliste apparaît comme un amas de marchandises, les expositions universelles sont le temple dans lequel les marchandises perdent tout contact avec le réel, avec leur valeur d'utilisation, et la plupart des contacts avec leur valeur d'échange, pour devenir de simples signes connotatifs, à haute température émotive. Elles perdent presque leur individualité concrète pour devenir autant de couplets d'un hymne au progrès, à l'abondance et au bonheur de la consommation et de la production.

Mais une foire n'est une exposition universelle qu'à demi. Pour la bonne raison que les marchandises sont là aussi pour être vendues. Ce sont les signes d'un désir indifférencié. Mais ce sont aussi les termes objectifs d'un désir déterminé et précis. L'immense population des objets ici réunis nous renvoient à cette « sociologie des objets » qui est en train de prendre forme en France et dont nous parlerons à une autre occasion. Mais une sociologie (ou une sémiologie) des objets veut qu'ils soient vus dans le système concret de la société qui les crée et les reçoit, qu'ils soient vus comme un langage écouté pendant qu'il est parlé, dont on essaie de déterminer le système qui le règle. Ici au contraire les objets apparaissent alignés comme dans un dictionnaire ou un répertoire grammatical, les verbes avec les verbes, les adverbes avec les adverbes, les lampes avec les lampes, les tracteurs avec les tracteurs. Faudrait-il en conclure que cette collection d'objets qu'est une foire-exposition laisse en fait libre le visiteur, parce qu'elle ne lui impose pas une logique de l'accumulation des objets et lui permet un regard froid, un choix? Non, au contraire : le seul message idéologique d'une foire émerge seulement au second coup d'œil, lorsque l'on est presque tombé dans le piège de la persuasion qu'elle tend.

Les objets ici sont de deux sortes. Les uns sont « beaux », désirables et en définitive accessibles. Ce sont des fauteuils, des lampes, des saucissons, des liqueurs, des hors-bord, des piscines. Le visiteur les aime et voudrait les posséder. Sans doute, il n'a pas les moyens de s'acheter un hors-bord, mais il peut penser qu'un jour, pourquoi pas, il pourra envisager cet achat. Il n'y a qu'une chose qu'il ne désire pas : accumuler des objets d'un seul type. Il peut vouloir un cendrier et non pas une centaine de cendriers, un bateau pneumatique et pas mille. Aussi le désir est aiguisé sans jamais être spasmodique, il peut être retardé mais sa difficulté ne fait jamais surgir le drame de l'impossibilité. Quand on les regarde de près, on s'aperçoit que ces beaux objets sont tous des biens de consommation.

Puis il y a les autres. Ils sont « laids », car il s'agit de grues, de malaxeurs, de tours, de bennes, d'excavatrices, de presses hydrauliques (en réalité, ils sont très beaux, plus beaux que les autres, mais le visiteur ne le sait pas). En tant que laids, encombrants, ils sont indésirables, également parce qu'ils apparaissent étrangement privés de fonctions, avec leurs roues qui tournent à vide, les pelles qui battent l'air sans rien remuer du tout... Ils sont inaccessibles, mais le visiteur ne s'en soucie pas. Il sait que même s'il pouvait acheter une machine-outil elle ne lui serait d'aucune utilité. Parce que ces objets, à la différence des autres, ne fonctionnent que s'ils sont accumulés. Mille cendriers sont inutiles, mille machines-outils font une grande industrie. A la fin de son parcours, le visiteur croit avoir choisi. Il désire les beaux objets accessibles mais qu'on ne peut pas accumuler et il refuse ceux qui sont laids et qu'on peut accumuler (mais inaccessibles). En réalité, il n'a pas choisi : il a simplement accepté d'être un consommateur de biens de consommation parce qu'il n'a pas la possibilité d'être un propriétaire de moyens de production. Mais il est content. Demain, il travaillera davantage pour pouvoir acheter un jour des fauteuils et des réfrigérateurs. Il travaillera au tour qui n'est pas à lui parce que lui (c'est la foire qui le lui a dit), il n'en veut pas.

Espresso, 1970.

LE POUVOIR DE *PLAYBOY*

Né en 1953, *Playboy* est l'un des rares produits présents sur le marché dont le prix, toutes proportions gardées, n'ait pas augmenté. Dans les années cinquante, il coûtait cinquante *cents*, et avait cinquante-six pages. Aujourd'hui, il coûte deux dollars, mais il a trois cent vingt pages. Il est vrai aussi qu'en 1955 il avait atteint, avec un orgueil légitime, le record de cent mille exemplaires. Dans les premiers numéros, il y avait quelques maigres publicités, aujourd'hui la revue est envahie de publicités somptueuses qui présentent des automobiles, des alcools, des cigarettes, des vêtements, et qui sont souvent plus érotiques que les filles de la page du milieu.

Faire de la publicité pour un produit dans *Playboy* veut dire vendre, et *Playboy* vend bien sa marchandise et celle des autres. Mais que vend en réalité *Playboy*? Pour les moralistes, il vend de la pornographie; pour les lecteurs en quête d'un alibi, il vend d'excellentes nouvelles de grands écrivains, des interviews politiques brûlantes et de grande qualité (il suffit de rappeler le scoop de 1976, lorsque Carter, candidat à la présidence, risqua de se rendre impopulaire en accordant la « *Candid conversation* » à la revue, mais à la fin démontra, en gagnant, qu'il avait fait le bon choix). La bataille entre moralistes et lecteurs fidèles pourrait continuer longtemps. Les moralistes disent : « Ne venez pas me dire que vous achetez la revue à cause des nouvelles de Norman Mailer. Dans ce cas pourquoi tous ces étrangers qui ne comprennent pas un mot d'anglais l'achèteraient ? » Les lecteurs répondent que dans *Playboy* il y a moins de filles que dans d'autres revues où le nu occupe tout l'espace et où les modèles font bien autre chose... Les deux objections sont aussi vraies l'une que l'autre et, de toutes les réponses possibles, la plus exacte me paraît être celle de Hefner : « *Playboy* vend une philosophie, une façon de vivre. » L'idée géniale de Hefner a été de vendre non pas le sexe, mais la respectabilité du sexe, l'autorisation d'en parler et d'en faire l'objet de plaisanteries en public : c'est-à-dire que *Playboy* vend le sexe ouvertement à ses acheteurs qui l'auraient pratiqué et en auraient parlé en cachette, il y a vingt ans.

Sous ce rapport, il me semble que la distinction très discutable entre érotisme, pornographie et représentation artistique du sexe passe au second plan, car au fond, dans *Playboy*, il y a tout cela. Si la pornographie consiste à représenter des corps humains et des situations érotiques de façon à susciter l'appétit sexuel, *Playboy* est pornographique. Si l'érotisme est un discours sur les choses de la sexualité à des fins de connaissance et d'expression de la sensibilité, *Playboy* fait de l'érotisme. Et si quelquefois on représente artistiquement les choses sexuelles, comme on représente dans les arts le paysage, la mort, la vie quotidienne, de façon à faire se déplacer l'attention de l'objet à la façon dont il est représenté, alors, dans *Playboy*, on trouve aussi la représentation artistique du sexe. Mais ce n'est pas le plus important. Le chef-d'œuvre de Hefner consiste à avoir rendu tout cela en même temps, à l'avoir introduit dans les salons de bonne famille, dans la salle d'attente du dentiste, dans les sacristies des églises presbytériennes avec d'autres choses, qui peuvent être justement la nouvelle du grand écrivain, l'essai d'Alan Watts sur la Bible et la polémique progressiste contre l'inégalité raciale en Afrique du Sud. Tout à la fois, à prendre ou à laisser.

L'essentiel de son idée apparaît dès le début. Une revue pour hommes d'abord, dans laquelle la femme doit exister de façon envahissante, mais regardée par l'homme. Femme objet ? Bien sûr, sur ce point *Playboy* a toujours été d'une honnêteté irréprochable : la femme est le repos du guerrier. Mais comment se repose la femme ? Ne le demandez pas à Hefner, notre société est pluraliste, vous n'avez qu'à lire les revues féminines. En deuxième lieu, *Playboy* est une revue dans laquelle le repos du guerrier coïncide avec le repos du clerc : dans les années cinquante *Playboy* commence à publier des textes d'Irwin Shaw ou de Somerset Maugham. Le public l'apprécie et commence à lui écrire dès les premières années. Par exemple, dans le numéro de juin 1955, John Nichols de Dallas se présente comme un « bon vivant », fait la liste des alcools qu'il a chez lui, mais en même temps un lecteur de Chicago, prestidigitateur amateur, déclare qu'il est séduit par l'idée, que le numéro précédent lui a suggérée, d'utiliser ses talents pour tricher au *strip-poker* et obliger ses invitées à se déshabiller. Cette idée ne lui avait jamais traversé l'esprit et il s'en réjouit. Dans ce même numéro et dans les suivants, la fille de la page centrale (pas encore un dépliant) ne montre même pas le bout de son sein, et d'ailleurs elle ne le montrera définitivement qu'au début des années soixante : le graphisme est modeste, le modèle sexuel est celui de Jane Mansfield (qui s'impose justement comme la fille du mois). En gardant un œil sur la perversion et sur les valeurs traditionnelles, on dit que la fille du mois de juin a été photographiée par son mari. Tout en famille, légalement et toutefois avec un ton provocateur. Mais deux mois plus tard, Dave Phail de Washington écrit pour dire que cette fille, avec le sein si florissant et le regard effronté, a fait outrepasser à la revue le seuil entre une « approche sophistiquée du sexe » et la « vulgarité ». Dans le même numéro Kip Pollock du Bronx se plaint parce que les filles sont trop habillées et que ainsi il n'a aucun plaisir à les accrocher au mur. La revue conseille à Mr. Pollock de rencontrer Mr. Phail, mais il ne s'agit pas simplement d'une exception : c'est tout un programme. D'autres lettres sont envoyées par des *fraternities* estudiantines qui créent des clubs Playboy, mais le business des Playboy Clubs, une affaire de plusieurs milliards, commencera seulement en 1960.

Une enquête de 1955 nous apprend que le lecteur moyen a entre vingt et vingt-neuf ans, qu'il est sophistiqué, intelligent, qu'il habite en ville, que la plupart sont des étudiants — les hommes d'affaires n'atteignent que vingt pour cent — et que leurs cigarettes préférées sont les Camel et les Lucky Strike, ce qui équivaut aux Gauloises. Tandis que quarante-trois pour cent lisent *Life*, seulement six pour cent lisent le *New Yorker* — ça ne va pas. Avant la fin des années cinquante la revue améliore sa présentation photographique, la page centrale se déplie, les filles, qui ne peuvent toujours pas montrer le bout de leurs seins, montrent leurs fesses, et on introduit une rubrique « *After hours* », pleine de conseils sur comment trouver de bons théâtres, de bons clubs, de bons livres, de bons films. Paraît un article sur la supériorité des Rolls Royce sur les voitures américaines. Au début des années soixante les interventions politico-culturelles augmentent : un ex-agent du F.B.I. (R. E. Chasen) annule son abonnement parce que la revue a publié des articles enthousiastes sur deux communistes comme Chaplin et Dalton Trumbo. La rédaction réplique et élabore les premières lignes de la philosophie de *Playboy* : premièrement, Picasso est communiste et, pourtant, c'est un grand artiste. Simultanément paraissent les premières pages de Feiffer, on affronte le problème de la pollution atomique. *Playboy* doit parler de tout sans aucune pudeur. Là où il est complètement pudique, c'est toujours pour la *playmate* centrale, qui ne montre pas encore son sein. Mais le sein nu apparaît déjà dans les photographies d'événements (le nouveau *nude-look*) et c'est une technique que le magazine suivra toujours avec circonspection : la *playmate* est le modèle officiel et avance avec une extrême prudence, en tout cas avec un peu de retard par rapport au sens normal de la pudeur. Les événements montrent au contraire l'état extérieur de la pudeur et le devance d'un pas. Ce n'est que lorsque la revue aura enregistré pendant un an l'évolution de la moralité publique que la *playmate* suivra.

C'est à peu près en 1963 que le bout des seins ne sera plus caché, mais entre-temps il est déjà apparu dans les dessins de Vargas (le dessin est plus artistique que la photo, c'est évident) et dans les photos récapitulatives des *playmates* des numéros précédents. Pour trouver des techniques d'escalade si avisées et en même temps une adhésion si prudente à l'esprit du temps, il n'y a qu'un modèle : l'Église catholique.

En 1961 apparaît le « *Playboy advisor* », une rubrique qui s'occupe de tous les problèmes, du tourne-disque aux positions sexuelles, et qui montre qu'il y a deux grandes catégories de lecteurs moyens : celui qui écrit à l'« *Advisor* » pour demander comment mettre dans son lit la fille avec qui on sort, ou s'il est normal de ne faire l'amour qu'une fois tous les quinze jours, c'est encore les lecteurs des années cinquante — et cette rubrique lui rend toujours service. Mais entre-temps il faut autre chose, pour le lecteur à dix mille dollars de revenus annuels, qui ne condamne pas Picasso. La revue inaugure les débats culturels et politiques sur des sujets d'actualité, sur les *mass media*, l'économie, la politique, avec des interventions de premier choix. En 1962, tandis que l'« *Advisor* » explique avec quelle chemise on peut porter les boutons de manchettes à la française, le sénateur Javits et Vance Pakard discutent de l'éthique dans l'économie ; des auteurs comme Alfred Kazin ou Ben Hecht font leur entrée, et les problèmes économiques sont traités par Paul Getty. Dans le numéro de Noël 1962 Hefner estime que les temps sont mûrs et il commence à publier les premières pages de ce qu'il appellera la *Playboy philosophy*. Neuf ans après sa naissance, la revue se confronte à des critiques et des admirateurs qui sont légion. Le professeur Benjamin de Mott a écrit une « Anatomie du playboy » (l'homme entier y est réduit à ses parties intimes). Harvey Cox a publié un article sur « *Christianity and crisis* » (*Playboy* est fondamentalement antisexuel). Le révérend méthodiste Poy Larson le définit comme une « nouvelle Bible ». Art Buchwald suggère l'idée que Hefner a assez d'emprise sur les Américains pour tenter un coup d'État rampant. Hefner leur répond à tous de façon équilibrée, dans une langue facile mais dense de citations philosophiques et littéraires. Qu'est-ce qu'un play-boy ? « C'est un jeune cadre, un artiste, un architecte, un professeur d'université à l'esprit subtil, qui a un point de vue personnel sur les choses. Il ne voit pas la vie comme une vallée de larmes mais comme une saison heureuse. Il prend goût à son travail sans le considérer comme le but ultime de son existence. Il est alerte, conscient, il a bon goût et se concède des plaisirs sans être ni un amateur, ni un esclave de la volupté. » Il déteste les tabous.

C'est là que commence l'attaque de Hefner contre les tabous de l'Amérique puritaine, qui s'échelonnera sur cinq numéros : les rapports entre l'État et l'Église, l'éloge du libéralisme et de l'entreprise, la polémique contre le moralisme bigot, les attaques contre les antiévolutionnistes, la défense du divorce, des idées larges sur les problèmes de l'éducation et de l'hygiène sexuelle, respect de la liberté d'expression. La philosophie de Hefner est un savant mélange de souplesse d'esprit d'un « libéral » moyen et d'hédonisme de type gréco-latin, plus proche de Pétrone ou de Lucien de Samosate que d'Épicure ou de Lucrèce.

Ne rien inventer en dehors de ce que la culture américaine, dans ses instances les plus évoluées, reconnaissait déjà comme une partie de son patrimoine pour l'imposer comme modèle à la masse des lecteurs : c'est en cela que réside l'intelligence de la philosophie de *Playboy*. C'est le même libéralisme que l'on retrouve sur les meilleures chaînes de télévision, qui, pour tout sujet important, donnent autant de place aux conservateurs qu'aux progressistes mais qui, dans les enquêtes qu'elles produisent, essaient de donner les interprétations les plus avancées, tout en gardant une position équilibrée. *Playboy* est démocratique lorsque, déjà en 1963, il accueille la « *Candid conversation* » du dérangeant Bertrand Russell ; comme il le sera encore ces dernières années, en accueillant la « *Candid conversation* » de la réactionnaire Anita Bryant qui se bat contre les homosexuels ; il continue à l'être en prenant en charge la défense des droits des homosexuels, avec ceux des Noirs et de toute minorité opprimée. Quant aux femmes, elles ne sont pas, au fond, si opprimées que ça, vu que la *Playboy philosophy* épouse l'idée de la *womanization* de l'Amérique, une société désormais dominée par les femmes.

Mais la nouveauté n'est pas dans ces prises de position, presque toutes très respectables, auxquelles même un « radical » adhérerait. Elle réside dans l'assimilation de cette respectabilité légèrement progressiste au léger « progressisme » sexuel, en faisant de ces deux choses une marchandise susceptible de circuler dans les meilleures familles. Une lutte contre l'hypocrisie menée avec une hypocrisie raffinée. Les interventions de Hefner sont décisives. Elles sont suivies des assentiments enthousiastes de sexologues comme Albert Ellis, de pasteurs protestants, de prêtres catholiques ; un lecteur qui se dit universitaire, John Welch, synthétise la pensée de la revue dans un sonnet à la manière des classiques, du genre *Bibamus, edamus, cras moriemur.* Le « *Playboy forum* » commence à paraître régulièrement, l'exercice de la « philosophie » passe aux lecteurs, et remporte un succès constant, encore aujourd'hui. Entre-temps le bout des seins s'est découvert, un vif débat sur la religion commence : un révérend approuve la revue qui désapprouve un jeune homme pour avoir mis enceintes deux filles en leur promettant de les épouser, sans peut-être s'apercevoir que la revue le juge immoral parce qu'il a promis de les épouser, non pas parce qu'il a couché allégrement avec elles.

Cependant les mœurs évoluent et, en 1969, sur les scènes de New York, apparaissent *Oh Calcutta* ! et d'autres spectacles dans lesquels le sexe est montré intégralement. Mais *Playboy* résiste. En 1971 il montre les poils du pubis ; non pas dans la page centrale mais dans les événements. En même temps son rival *Penthouse*, de Bob Guccione, a commencé son offensive. Ce magazine ose beaucoup, beaucoup plus. Hefner sait attendre et ce n'est que lorsque le sens commun de la pudeur accepte la vision non censurée des organes génitaux féminins, vers 1973, qu'il se décide et présente la *playmate* en intégral, sans voiles (il présente « sa » *playmate*, Barbie Benton).

Dans la décennie 1970-1980 *Playboy* franchit un autre obstacle. Avant, on disait comment s'appelaient les *playmates*, quels métiers elles faisaient, leurs sports et leurs lectures préférés. Dans les dernières années, au contraire, la *playmate* est une femme qui fait du sexe avec une joyeuse gourmandise. « Ne me demandez pas ce que j'ai fait de plus outrageux sur le plan sexuel. Ça ne pourrait pas être publié. Limitez-vous à me demander ce que j'ai fait de plus outrageux avec une personne humaine. »

Ainsi, *Playboy* atteint sa vingt-cinquième année. L'âge de ses premiers lecteurs. Indépendamment du phénomène économique qu'il représente, sur le plan des mœurs il a bien gagné sa bataille et de la façon la plus avisée : il s'est toujours emparé des territoires déjà saccagés par ses concurrents plus faibles. Il n'a jamais avancé une proposition dangereuse, il a toujours agi en arrière-garde : son action a toujours été la légitimation de ce qui était scandaleux le jour précédent. Maintenant, s'il le veut, il peut même faire élire un président. Avec une présidente il aurait plus de difficultés. Quant à son « message », il avait déjà été exprimé en 1966 par un professeur de l'université du Maine : « Aime ton prochain avec une bonne technique. » La revue a publié cette proposition sans la contester.

Espresso, 1978.

LA PENSÉE LOMBAIRE

Il y a quelques semaines, Luca Goldoni a envoyé un reportage amusant de la côte adriatique sur les mésaventures de qui porte, pour suivre la mode, des blue-jeans et ne sait plus ni comment s'asseoir ni comment distribuer les organes extérieurs de son appareil reproductif. Je crois que le problème posé par Goldoni est dense de réflexions philosophiques que je reprendrai à mon compte avec le plus grand sérieux, car aucune expérience quotidienne n'est méprisable pour l'homme de pensée. Je pense d'ailleurs qu'il est temps de faire avancer la philosophie, sur ses fesses en plus de ses propres pieds.

J'ai porté des blue-jeans même lorsqu'on en portait peu et de toute façon seulement en vacances. Je les trouvais et je les trouve encore très confortables, particulièrement en voyage, parce que, avec eux, il n'y a pas de problème de repassage, d'accrocs et de taches. Aujourd'hui on les porte aussi à cause de leur beauté, mais ils sont avant tout très utiles. La seule chose, c'est que depuis plusieurs années j'avais dû renoncer à ce plaisir, parce que j'avais grossi. Il est vrai qu'en cherchant bien, on trouve la taille extra-large (chez Macy's à New York, on peut trouver des blue-jeans même pour Oliver Hardy), mais l'inconvénient c'est qu'ils sont aussi larges de jambe : on peut les porter mais ce n'est pas très beau à voir.

Récemment, en buvant moins d'alcool, j'ai perdu le nombre de kilos suffisant pour réessayer des blue-jeans *presque* normaux. J'ai souffert le martyre décrit par Goldoni, avec la vendeuse qui disait « Serrez, vous verrez qu'ils vont s'adapter » et je suis reparti sans avoir à retenir mon ventre (je ne m'abaisse pas à de tels compromis). Toutefois je savourais pour la première fois depuis longtemps un pantalon qui, au lieu de me serrer à la taille, tenait par mes hanches, car le propre des blue-jeans c'est de comprimer la région sacro-lombaire et de se maintenir non pas par suspension mais par adhérence.

La sensation était à nouveau inédite pour moi. Ils ne me faisaient pas mal, mais ils me manifestaient leur présence. Bien qu'elle fût élastique, je percevais une armure autour de la seconde moitié de mon corps : je ne pouvais pas, même en le voulant, faire bouger mon ventre *dans* mon pantalon, mais je devais éventuellement le bouger *avec* lui. Mon corps était alors partagé en deux zones indépendantes : l'une juste au-dessus de la taille, libre par rapport aux habits, l'autre de la taille aux chevilles, identifiée organiquement à l'habit. J'ai découvert que mes mouvements, ma manière de marcher, de me retourner, de m'asseoir, de presser le pas était *différente*. Ni plus difficile ni plus facile, mais sans aucun doute différente.

Par conséquent, je vivais en sachant que je portais des jeans, alors que d'habitude, on vit en oubliant qu'on a un slip ou un pantalon. Je vivais pour mes blue-jeans et je prenais par conséquent l'attitude extérieure de quelqu'un qui porte des jeans. En tout cas, j'adoptais une *contenance*. Il est curieux de constater que l'habit traditionnellement le moins formel et le plus anti-étiquette est celui qui impose une étiquette. Je suis d'un naturel plutôt débraillé, je m'assieds n'importe comment, je me laisse aller comme j'ai envie sans prétention d'élégance ; les blue-jeans contrôlaient mes gestes, me rendaient plus poli et plus mûr. J'en ai discuté beaucoup, surtout avec des conseillères de l'autre sexe. Elles m'ont appris, ce que d'ailleurs je soupçonnais déjà, que, pour les femmes, des expériences de ce genre sont habituelles parce que tous leurs habits ont toujours été conçus pour leur donner une contenance : talons hauts, guêpières, soutiens-gorge à balconnets, porte-jarretelles, maillots très serrés.

J'ai alors pensé combien dans l'histoire de la civilisation l'habit-armure a influencé la contenance et, donc, la moralité extérieure. Le bourgeois victorien était raide et compassé à cause des cols durs, le gentilhomme du XIXe siècle était déterminé, dans sa rigueur, par des redingotes ajustées, des bottines et des hauts-de-forme qui ne permettaient pas les mouvements brusques de la tête. Si Vienne avait été à l'équateur et si les bourgeois s'étaient promenés en bermudas, Freud aurait-il eu à décrire les mêmes symptômes névrotiques, les mêmes triangles œdipiens ? Et les aurait-il décrits de la même manière si lui, le docteur, avait été un Écossais en kilt (sous lequel, comme chacun sait, il est de bonne règle de ne pas porter de slip) ?

Un vêtement qui comprime les testicules induit à penser de façon différente ; les femmes pendant leurs règles, les gens atteints d'orchite, d'hémorroïdes, d'urétérite, d'une inflammation de la prostate et d'autres maladies de ce genre savent combien les compressions ou les interférences dans les zones sacro-iliaques influencent l'humeur et l'agilité d'esprit. Mais on peut dire la même chose (peut-être de façon moindre) du cou, des épaules, de la tête, des pieds. Une humanité qui a appris à marcher avec des chaussures n'a pas développé sa pensée de la même manière que si elle avait marché pieds nus. C'est triste, particulièrement pour les philosophes de tradition idéaliste

de penser que l'esprit soit tributaire de tels conditionne-
ments. Non seulement cela est vrai, mais le plus beau,
c'est que Hegel le savait aussi et que, pour cette raison, il
étudiait les bosses crâniennes trouvées par les phrénolo-
gues, justement dans un livre intitulé *Phénoménologie de
l'esprit*. Mais le problème des jeans m'a poussé à d'autres
observations. Non seulement l'habit m'imposait une
contenance mais, en focalisant mon attention sur la
contenance, il m'obligeait à *vivre vers l'extérieur* : il
réduisait l'exercice de mon intériorité. Pour quelqu'un qui
fait mon métier, il est normal de marcher en pensant à
autre chose : l'article à écrire, la prochaine conférence, le
rapport entre l'unité et la multiplicité, le gouvernement
d'Andreotti, l'éventualité d'une vie possible sur Mars, la
dernière chanson de Celentano, le paradoxe d'Épiménide
— autant de problèmes qu'on appelle dans notre branche
la *vie intérieure*. Or, avec mes nouveaux blue-jeans, ma vie
était tout extérieure : je pensais au rapport entre mon
pantalon et moi, et au rapport entre moi, mon pantalon et
la société environnante. J'avais réalisé l'*hétéroconscience*,
c'est-à-dire une autoconscience épidermique.

Je me suis alors rendu compte que les penseurs, au
cours des siècles, ont lutté pour se défaire de l'armure. Les
guerriers vivaient dans l'extériorité, enveloppés dans leurs
cuirasses et leurs cottes, mais les moines avaient inventé
un habit qui, tout en répondant *tout seul* aux exigences du
maintien (majestueux, fluide, bien droit, de façon à
tomber en plis statuaires), laissant le corps (à l'intérieur,
dessous) complètement libre et oublieux de lui-même.

Les moines étaient très riches en intériorité et très sales :
leur corps, en effet, protégé par un habit qui l'ennoblissait
et l'affranchissait, devenait libre de penser et de s'oublier.
Ce n'était pas seulement une idée ecclésiastique ; il suffit
de penser aux belles houppelandes d'Érasme. Quand
l'intellectuel doit lui aussi s'habiller avec des armures

278

laïques (perruques, gilets, *culottes*) on voit que lorsqu'il se retire pour penser, il s'exhibe astucieusement dans de somptueuses robes de chambre, ou d'amples chemises *drolatiques* à la Balzac. La pensée abhorre le justaucorps.

Mais si c'est l'armure qui impose de vivre dans l'extériorité, alors la millénaire oppression des femmes est due aussi au fait que la société leur a imposé des armures qui les poussaient à négliger l'exercice de la pensée. La femme a été rendue esclave par la mode, non seulement parce que celle-ci en lui imposant d'être attirante, d'avoir un maintien éthéré, gracieux, excitant la transformait en objet sexuel ; elle a été rendue esclave surtout parce que les machines vestimentaires qui lui étaient conseillées lui imposaient psychologiquement de vivre pour l'extériorité. Ce qui nous fait penser qu'une fille devait être douée intellectuellement et héroïque pour devenir, avec de tels vêtements, Mme de Sévigné, Vittoria Colonna, Mme Curie ou Rosa Luxemburg. Cette réflexion n'est pas sans intérêt, car elle nous pousse à découvrir que les blue-jeans que la mode aujourd'hui impose aux femmes, comme symbole de libération et d'égalité avec les hommes, sont en réalité un autre piège de la domination : ils ne libèrent pas le corps, mais le soumettent au contraire à une autre étiquette et l'emprisonnent dans d'autres armures qui ne semblent pas telles parce que, apparemment, elles ne sont pas « féminines ».

En conclusion je dirais qu'en imposant une contenance extérieure, les habits sont des artifices sémiotiques : c'est-à-dire des machines à communiquer. On le savait, mais on n'avait pas encore essayé de les composer avec les structures syntactiques de la langue qui, selon beaucoup de gens, influencent la façon d'articuler la pensée. Les structures syntaxiques du langage vestimentaire influencent la vision du monde et de façon plus physique que la *consecutio temporum* ou que l'existence du subjonctif. Considérez par combien de voies mystérieuses passe la dialectique entre oppression et libération, sans parler de la lutte acharnée pour y voir clair.

Elle passe aussi par l'aine.

Corriere della sera, 1976.

CASABLANCA, OU LA RENAISSANCE DES DIEUX

Il y a deux semaines tous les gens de quarante ans étaient devant leur téléviseur pour revoir *Casablanca*. Mais il ne s'agit pas d'un phénomène normal de nostalgie. D'ailleurs, quand *Casablanca* est projeté dans les universités américaines, les jeunes de vingt ans en soulignent chaque passage et chaque réplique célèbres (« Arrêtez les suspects habituels » ou bien : « Ce sont les canons ou c'est mon cœur qui bat ? » ou toutes les fois que Bogey dit « Kid ») avec des ovations réservées d'habitude aux matchs de base-ball. Il m'est arrivé de voir la même chose dans une cinémathèque italienne fréquentée par des jeunes. Mais d'où vient le charme de *Casablanca* ?

C'est une question tout à fait légitime parce que *Casablanca* est, esthétiquement parlant (c'est-à-dire d'un point de vue critique), un film très modeste. Roman-photo, mélo où la vraisemblance psychologique est très faible, où les coups de théâtre s'enchaînent sans raisons plausibles. Et nous en connaissons même la cause : le film a été inventé au fur et à mesure qu'on le tournait et jusqu'au dernier moment le réalisateur et les scénaristes ne savaient pas si Ilse partirait avec Victor ou avec Rick. Par conséquent, ce qui semblait être des trouvailles astucieuses qui enthousiasment par leur audace inopinée ce sont en réalité des décisions prises par désespoir. Donc : comment, de cet enchaînement d'imprévoyances, a pu naître un film qui, aujourd'hui encore, quand on le revoit pour la deuxième, la troisième ou la quatrième fois, arrache des applaudissements dus aux morceaux de bravoure, que l'on aime entendre répéter, ou de l'enthousiasme devant la découverte inédite ? Il y a, il est vrai, un casting de formidables cabotins. Mais ça ne suffit pas pour tout expliquer.

Il y a elle et lui, lui amer et elle tendre, romantique : mais on avait déjà vu mieux. *Casablanca* n'est pas *La Chevauchée fantastique*, autre film au retour cyclique : *La Chevauchée fantastique* est un chef-d'œuvre à tout point de vue, chacune de ses séquences est au bon endroit, les caractères sont toujours justes, et la trame (cela compte aussi) est tirée de Maupassant, du moins pour la première partie. Et alors ? Alors, on est tenté de revoir *Casablanca* comme T.S. Eliot avait relu *Hamlet*. En effet, il pensait que le charme de *Hamlet*, qu'il considérait comme l'une des pièces les moins réussies de Shakespeare, émanait justement de cela : *Hamlet* serait l'effet d'une fusion plus ou moins ratée de différents *Hamlet* précédents, l'un dont le sujet était la vengeance (avec la folie comme pur stratagème) et l'autre où le sujet était la crise provoquée par la faute de la mère, avec pour conséquence la disproportion entre la tension de Hamlet, l'imprécision et l'inconsistance du crime maternel. Si bien que la critique et le public trouvent la pièce belle parce qu'elle est intéressante, croyant qu'elle est intéressante parce qu'elle est belle.

Toutes proportions gardées, il est arrivé la même chose à *Casablanca* : comme ils devaient inventer au fur et à mesure la trame, les auteurs ont tout mis dedans. Et pour tout mettre, ils choisissaient dans le répertoire de ce qui avait déjà marché. Quand le choix de ce qui marche est limité, on a des films maniéristes, de série, ou même des films kitsch. Mais quand on prend vraiment tout ce qui marche, on a une architecture genre Sagrada Familia de Gaudi. C'est vertigineux et on frôle le génie.

Maintenant, oublions comment le film a été fait pour parler de ce qu'il nous montre. Il s'ouvre sur un lieu déjà magique en soi, le Maroc, l'exotisme commence avec quelques notes de mélodie arabe qui se fondent dans *La Marseillaise*. Dès qu'on pénètre dans le local de Rick, on entend Gershwin. Afrique. France. États-Unis. Là entre en jeu une intrigue d'archétypes éternels. Ce sont des situations qui ont présidé à l'histoire de tous les temps. Mais généralement, pour faire une bonne histoire, il suffit d'une seule situation archétypale. Et c'est déjà trop. Par exemple, l'*amour malheureux*. Ou alors, la *fuite*. *Casablanca* ne s'en contente pas : il les veut toutes. La ville est le lieu d'un *passage*, le passage vers la *Terre promise* (ou au Nord-Ouest, si vous préférez). Pour passer, cependant, on doit se soumettre à une épreuve, l'*attente* (« Ils attendent, ils attendent, ils attendent », dit la voix *off* au début). Pour passer du vestibule de l'attente à la Terre promise, il faut une *clef magique* : c'est le visa. Autour de la *conquête* de cette clef se déchaînent les passions. L'accès à la clef semble permis par l'*argent* (qui apparaît à plusieurs reprises, surtout sous l'aspect de *jeu mortel*, ou roulette) : mais à la fin, on découvrira que la clef peut être accordée seulement à travers un *don* (qui est le don du visa, mais aussi le don que Rick fait de son désir, en se sacrifiant). Car c'est aussi l'histoire d'une lutte de *désirs* parmi lesquels deux seulement sont assouvis : celui de Victor Laszlo, le héros très pur, et celui des deux jeunes mariés bulgares. Tous ceux qui ont des passions impures vont au-devant de l'échec.

Et donc, autre archétype, le triomphe de la *pureté*. Les

impurs ne rejoignent pas la Terre promise, ils disparaissent avant ; cependant ils réalisent la *pureté* à travers le *sacrifice* : et voilà la *rédemption*. Rick se rachète, comme se rachète le chef de la police française. On s'aperçoit que, au fond, il y a deux Terres promises : l'une est l'Amérique, mais pour beaucoup c'est un but erroné ; l'autre est la *Résistance*, c'est-à-dire la *guerre sainte*. Victor en revient, Rick et le capitaine de la police y vont, ils rejoignent de Gaulle. Et si le symbole de l'avion qui revient sans arrêt semble souligner de temps en temps la fuite vers l'Amérique, la croix de Lorraine, qui apparaît une seule fois, annonce l'autre geste symbolique du capitaine qui, à la fin, jette la bouteille d'eau de Vichy (tandis que l'avion s'en va). D'autre part le mythe du sacrifice traverse tout le film : le sacrifice d'Ilse, qui à Paris abandonne l'homme aimé pour revenir vers le héros blessé : le sacrifice de la jeune mariée bulgare, prête à se donner pour aider son mari ; le sacrifice de Victor, disposé à voir Ilse avec Rick pourvu qu'il la sache vivante.

Dans cette orgie d'archétypes du sacrifice (accompagnés par le thème maître-esclave, à travers le rapport entre Bogey et le Noir Dooley Wilson) est introduit le thème de l'amour malheureux. Malheureux pour Rick, qui aime Ilse et ne peut pas la posséder, malheureux pour Ilse qui aime Rick et ne peut partir avec lui, malheureux pour Victor, qui comprend qu'il n'a pas vraiment gardé Ilse. Le jeu des amours malheureuses produit différents croisements habiles : au début, Rick est malheureux parce qu'il ne comprend pas pourquoi Ilse le fuit ; puis Victor est malheureux parce qu'il ne comprend pas l'attirance d'Ilse pour Rick ; et enfin Ilse est malheureuse parce qu'elle ne comprend pas pourquoi Rick la fait partir avec son mari. Ces trois amours malheureuses (ou impossibles) forment un triangle. Mais dans le Triangle archétypal, il y a un *mari trompé* et un *amant victorieux*. Ici, au contraire, les hommes sont trahis et perdants tous les deux : mais dans la défaite (et en amont d'elle) agit un élément supplémentaire, si subtil qu'il échappe au niveau de la conscience : un soupçon (très sublimé) d'amour viril et socratique s'instaure, car Rick admire Victor et Victor est attiré de façon ambiguë par Rick, et on a presque l'impression que chacun d'eux joue le duel du sacrifice pour faire plaisir à l'autre. En tout cas, comme dans les *Confessions* de Rousseau, la femme se pose comme *intermédiaire* entre les deux hommes. La femme n'est pas porteuse de valeurs positives, seuls les deux hommes le sont.

Sur le fond de ces ambiguïtés qui s'enchaînent, voici des caractères de comédie, sans nuances entre les bons et les mauvais. Victor joue un double rôle, porteur d'ambiguïté dans le rapport érotique, et agent de clarté dans le rapport politique : il est la Belle contre la Bête nazie. Le thème « civilisation contre barbarie » s'entremêle avec les autres ; la fierté guerrière des batailles rangées de *L'Iliade* s'unit à la mélancolie du retour de *L'Odyssée*.

Autour de cette danse de mythes éternels, voilà les mythes historiques, c'est-à-dire des mythes du cinéma dûment revisités. Bogart en incarne au moins trois : l'Aventurier ambigu, pétri de cynisme et de générosité, l'Ascète par déception amoureuse et en même temps l'Alcoolique racheté (et pour le racheter, il faut le rendre brusquement alcoolique, alors qu'il était déjà l'Ascète déçu). Ingrid Bergman est la Femme énigmatique ou fatale. Puis il y a écoute-chéri-notre-chanson, le dernier-jour-à-Paris, l'Amérique, l'Afrique, Lisbonne comme port franc, le poste frontière, ou le dernier-fortin-aux-marges-du-désert. Il y a la Légion étrangère (chaque personnage a une nationalité et une histoire différentes) et enfin le grand-hôtel-gens-qui-vont-gens-qui-viennent. Le local de Rick est un lieu magique où tout peut arriver (et arrive) : l'amour, la mort, les poursuites, l'espionnage, le patriotisme (l'origine théâtrale de la trame et la pauvreté des moyens ont conduit à l'admirable condensation des événements en un seul lieu). Ce lieu est Hongkong, Macao l'enfer du jeu, préfigurations de Lisbonne, paradis de l'espionnage, bateau sur le Mississippi.

Mais justement parce qu'il y a tous les archétypes, justement parce que *Casablanca* est la citation de mille autres films, et que chaque acteur y joue de nouveau un rôle maintes fois interprété, la résonance de l'intertextualité agit sur le spectateur. *Casablanca* entraîne, comme dans un sillage parfumé, d'autres situations que le spectateur y met directement en les empruntant sans s'en rendre compte à d'autres films sortis après, comme *Le Port de l'angoisse*, dans lequel Bogart joue un héros à la Hemingway. Mais Bogart attire déjà sur lui les connotations hemingwayennes par le simple fait que, comme il est dit clairement, Rick a combattu en Espagne (et, comme Malraux, il a aidé la révolution chinoise). Peter Lorre traîne derrière lui les souvenirs de Fritz Lang ; Conrad Veidt enveloppe son officier allemand de subtiles odeurs de *Cabinet du docteur Caligari*, il n'est pas un nazi sans pitié et technologique, mais un César nocturne et diabolique. De cette façon *Casablanca* n'est pas un film, il est beaucoup de films, une anthologie. Fait presque par hasard, il s'est probablement fait tout seul, sinon contre, du moins au-delà de la volonté de ses auteurs, et de ses acteurs. C'est pourquoi il fonctionne en dépit des théories esthétiques et des théories filmographiques parce que en lui se déploient par force presque tellurique les Puissances de la Narrativité à l'état sauvage sans que l'art intervienne pour les discipliner. Mais dans ces conditions nous pouvons accepter que les personnages changent d'humeur, de moralité, de psychologie d'un moment à l'autre, que les conspirateurs toussent pour interrompre le discours quand un espion s'approche, que les joyeuses entraîneuses pleu-

rent en écoutant *La Marseillaise*. Quand tous les archétypes déferlent sans aucune décence, on atteint des
profondeurs homériques. Deux clichés font rire. Cent
clichés émeuvent. Parce qu'on ressent obscurément que les
clichés parlent entre eux et célèbrent une fête du renouvel-
lement. Comme le sommet de la douleur rencontre la
volupté et comme le comble de la perversion effleure
l'énergie mystique, le comble de la banalité laisse entrevoir
un soupçon de sublime. Quelque chose a parlé à la place
du réalisateur. C'est un phénomène digne au moins de
vénération.

Espresso, 1975.

UNE PHOTO

Les lecteurs de l'*Espresso* se souviennent probablement de la retranscription de l'enregistrement des dernières minutes de Radio Alice, pendant que la police enfonçait la porte. Beaucoup ont dû être frappés par le fait que l'un des speakers, tandis qu'il racontait d'une voix tendue ce qui se passait, essayait d'en rendre l'idée en se référant à une scène de film. La situation d'un individu en train de vivre une scène assez traumatisante comme s'il était au cinéma était tout à fait singulière.

Il ne pouvait y avoir que deux interprétations. L'une, traditionnelle : la vie est vécue comme une œuvre d'art. L'autre nous oblige à quelques réflexions supplémentaires : c'est l'œuvre visuelle (le cinéma, la vidéo, l'image murale, la B.D., la photo) qui fait désormais partie de notre mémoire. Cette interprétation est assez différente de la première et semblerait confirmer une hypothèse déjà avancée, c'est-à-dire que les nouvelles générations ont projeté comme composants de leurs comportements une série d'éléments filtrés à travers les médias (et certains provenant des zones les plus inaccessibles de l'expérimentation artistique de ce siècle). A dire vrai, ce n'est même pas la peine de parler de nouvelles générations : il suffit d'appartenir à la génération intermédiaire pour avoir éprouvé à quel point le vécu (amour, peur ou espoir) est filtré à travers des images « déjà vues ». Je laisse aux moralistes la condamnation de cette façon de vivre par communication interposée. Il faut simplement rappeler que l'humanité n'a jamais agi autrement, et avant Nadar et les frères Lumière, elle a utilisé d'autres images tirées des bas-reliefs païens ou des miniatures de l'Apocalypse.

Maintenant il faut prévoir une autre objection, cette fois-ci non pas de la part de ceux qui ont le culte de la tradition : ne serait-ce pas au fond un exemple désagréable d'idéologie de la neutralité scientifique que de tenter, encore et toujours, face à des comportements en acte et à des événements brûlants et dramatiques, de les analyser, de les définir, de les interpréter, de les disséquer ? Peut-on définir ce qui par définition se soustrait à toute définition ? Eh bien, il faut avoir le courage de réaffirmer encore une fois ses convictions : jamais comme aujourd'hui l'actualité politique n'a été traversée, motivée et abondamment nourrie par le symbolique. C'est faire de la politique que de comprendre les mécanismes du symbolique à travers lesquels nous bougeons. Ne pas les comprendre conduit à faire une politique erronée. Certes, réduire les faits politiques et économiques aux seuls mécanismes symboliques est une erreur : mais ignorer cette dimension l'est aussi.

Parmi les nombreuses et graves raisons qui ont été déterminantes dans l'échec de l'intervention de Lama[1] à l'université de Rome, il faut en retenir surtout une : l'opposition entre deux structures théâtrales ou spatiales. Lama s'est présenté sur un podium (bien qu'improvisé), et donc selon les règles d'une communication frontale typi-

1. Au mois de mars 1977, le chef des trois confédérations syndicales italiennes, Lama, a tenté de faire un discours aux étudiants — appartenant en majorité aux groupes « autonomes » — occupant l'université de Rome, lesquels l'en ont empêché par des actions violentes *(N.D.T.)*.

que de la spatialité syndicale et ouvrière, à une masse d'étudiants qui a au contraire élaboré d'autres modes d'agrégations et d'interactions, des modes décentralisés, mobiles ou en apparence désorganisés. Il s'agit d'une autre forme d'organisation de l'espace, et ce jour-là à l'université s'est produit aussi un conflit entre deux conceptions de la perspective, l'une, disons, à la Brunelleschi et l'autre cubiste. Bien sûr, on aurait tort de réduire toute l'histoire à ces deux facteurs, mais on aurait également tort de liquider cette interprétation comme un divertissement intellectuel. L'Église catholique, la Révolution française, le nazisme, l'Union soviétique et la Chine populaire, sans parler des Rolling Stones et des équipes de football, ont toujours très bien su que l'organisation de l'espace était religion, politique, idéologie. Rendons donc au spatial et au visuel la place qui leur revient dans l'histoire des rapports politiques et sociaux.

Abordons maintenant un autre fait. Dernièrement, à l'intérieur de cette expérience variée et mobile qu'on a appelée le « mouvement », sont apparus les hommes de la P. 38[1]. Plusieurs instances intérieures ou extérieures au mouvement ont demandé à celui-ci de les reconnaître comme un corps étranger. On a eu l'impression qu'un refus rencontrait des difficultés et cela pour plusieurs raisons. Disons en quelques mots que beaucoup de participants au mouvement ne se sentirent pas capables de reconnaître comme étrangères des forces qui, même si elles se manifestaient de façon inacceptable et tragiquement suicidaire, semblaient exprimer une réalité de marginalisation qu'on ne voulait pas renier. En deux mots, on

1. Du nom du pistolet de calibre 38 invoqué comme instrument de justice sociale et de réalisation personnelle de la part de certaines factions des « autonomes » *(N.D.T.)*.

disait : ils se trompent, mais ils font partie d'un mouvement de masse. Ce débat était dur et épuisant.

Et voilà que la semaine dernière, l'enchaînement de tous les éléments du débat restés jusque-là en suspens s'est précipité. Tout d'un coup, et je dis tout d'un coup parce que en l'espace d'un seul jour on a eu des rébellions décisives, l'isolement des « P. 38istes » est devenu évident. Pourquoi justement à ce moment-là ? Pourquoi pas avant ? Il ne suffit pas de dire que les événements de Milan ont impressionné beaucoup de gens, car ceux de Rome avaient été aussi impressionnants. Qu'est-il arrivé de nouveau et de différent ? Essayons d'avancer une hypothèse, en rappelant encore une fois qu'une explication n'explique jamais tout, mais fait partie d'un ensemble d'explications étroitement imbriquées : une photo est parue.

Dans la masse de toutes les photos parues, une, toutefois, a fait la une de tous les journaux après avoir été publiée par le *Corriere d'informazione*. Il s'agit de la photo d'un individu en cagoule, seul, de profil, au milieu de la rue, les jambes écartées et les bras tendus, qui tient horizontalement et avec les deux mains un pistolet. Sur le fond on voit d'autres silhouettes, mais la structure de la photo est d'une simplicité classique : c'est la figure centrale qui domine, isolée.

S'il est permis (d'ailleurs, c'est une obligation) de faire des observations esthétiques dans des cas de ce genre, cette photo est l'une de celles qui passeront à l'histoire et apparaîtront sur des milliers de livres. Les vicissitudes de notre siècle sont résumées par peu de photos exemplaires qui ont fait date : la foule désordonnée qui se déverse sur la place pendant les « dix jours qui bouleversèrent le monde » ; le milicien tué de Robert Capa ; les *marines* qui plantent un drapeau dans un îlot du Pacifique ; le prisonnier vietnamien exécuté d'un coup de pistolet à la tempe ; Che Guevara martyrisé, étendu sur le lit de camp d'une caserne. Chacune de ces images est devenue un mythe et a condensé une série de discours. Elle a dépassé les circonstances individuelles qui l'ont produite, elle ne parle plus de ce ou de ces personnages individuels, mais exprime des concepts. Elle est unique, mais, en même temps, elle renvoie à d'autres images qui l'ont précédée ou qui l'ont suivie par imitation. Chacune de ces photos semble être un film que nous avons vu et renvoie à d'autres films. Parfois il ne s'agissait pas d'une photo, mais d'un tableau ou d'une affiche.

Qu'a « dit » la photo du tireur de Milan? Je crois qu'elle a révélé tout d'un coup, sans besoin de beaucoup de déviations discursives, quelque chose qui circulait dans beaucoup de discours, mais que la parole n'arrivait pas à faire accepter. Cette photo ne ressemblait à aucune des images qui avaient été l'emblème de l'idée de révolution pendant au moins quatre générations. Il manquait l'élément collectif, et la figure du héros individuel y revenait de façon traumatisante. Ce héros individuel n'était pas celui de l'iconographie révolutionnaire, qui a toujours mis en scène des hommes seuls dans des rôles de victimes, d'agneaux sacrifiés : le milicien mourant ou le Che tué, justement. Ce héros individuel, au contraire, avait l'attitude, l'isolement terrifiant des héros de films policiers américains (le Magnum de l'inspecteur Callaghan) ou des tireurs solitaires de l'Ouest, qui ne sont plus aimés par une génération qui se veut une génération d'Indiens.

Cette image évoquait d'autres mondes, d'autres traditions narratives et figuratives qui n'avaient rien à voir avec la tradition prolétaire, avec l'idée de révolte populaire, de lutte de masse. D'un seul coup elle a produit un syndrome de rejet. Elle exprimait l'idée suivante : la révolution est ailleurs et, même si elle est possible, elle ne passe pas à travers le geste individuel.

La photo, pour une civilisation déjà habituée à penser

292

par images, n'était pas la description d'un cas singulier (et en effet, peu importe qui était le personnage, que la photo d'ailleurs ne sert pas à identifier) : elle était un raisonnement, et, dans ce sens, elle a fonctionné.

Il importe peu de savoir s'il s'agissait d'une pose (et donc d'un faux) ; si elle était au contraire le témoignage d'une bravade consciente ; si elle a été l'œuvre d'un photographe professionnel qui a calculé le moment, la lumière, le cadrage ; ou si elle s'est faite presque toute seule, tirée par hasard par des mains inexpérimentées et chanceuses. Au moment où elle est apparue, sa démarche communicative a commencé : encore une fois le politique et le privé ont été traversés par les trames du symbolique, qui, comme c'est toujours le cas, a prouvé qu'il était producteur de réel.

Espresso, 1977.

COMMENT PRÉSENTER UN CATALOGUE
D'ŒUVRES D'ART

Les notes qui vont suivre sont des instructions pour un préfacier de catalogues d'art (dorénavant P.D.C.). Attention, elles ne sont pas valables pour la rédaction d'un essai historico-critique dans une revue spécialisée, et cela pour des raisons diverses et complexes, dont la première est que les essais critiques sont lus et jugés par d'autres critiques et rarement par l'artiste analysé, qui n'est pas abonné à la revue ou bien est déjà mort depuis deux siècles, contrairement à ce qui se passe pour un catalogue d'exposition contemporaine.

Comment devient-on P.D.C.? Malheureusement c'est très facile. Il suffit d'exercer une profession intellectuelle (les physiciens nucléaires et les biologistes sont très demandés), d'avoir son nom dans l'annuaire téléphonique et une certaine notoriété. La notoriété se calcule ainsi : son extension géographique doit être supérieure à l'aire d'impact de l'exposition (renommée au niveau provincial pour une ville de moins de soixante-dix mille habitants, au niveau national pour un chef-lieu de région, au niveau mondial pour une capitale d'État, à l'exception de Saint-Marin et de l'Andorre). Sa profondeur doit être inférieure à l'extension des connaissances culturelles des acheteurs éventuels (s'il s'agit d'une exposition de paysages alpins style Segantini, il n'est pas nécessaire — c'est même un handicap — d'écrire dans le *New Yorker* et il vaut mieux être proviseur du lycée local). Naturellement, il faut être approché par l'artiste demandeur, mais ce n'est pas un problème : les artistes demandeurs sont plus nombreux que les potentiels P.D.C. Dans ces conditions, on est fatalement choisi comme P.D.C., indépendamment de la volonté du potentiel P.D.C. Si l'artiste le veut, le potentiel P.D.C. ne parviendra pas à se soustraire à la besogne, à moins qu'il ne choisisse d'émigrer sur un autre continent. Après avoir accepté, le P.D.C. devra trouver sa motivation parmi les suivantes :

a) Corruption (rarissime, parce que, comme on le verra, il y a des motivations moins coûteuses) ; *b)* contrepartie sexuelle : *c)* amitié : dans les deux versions de sympathie réelle ou d'impossibilité à refuser ; *d)* cadeau d'une œuvre de l'artiste (cette motivation ne coïncide pas avec la suivante, c'est-à-dire l'admiration pour l'artiste ; on peut en effet désirer recevoir des tableaux pour constituer une base pour un commerce) ; *e)* admiration réelle pour le travail de l'artiste ; *f)* désir d'associer son nom à celui de l'artiste : investissement fabuleux pour de jeunes intellectuels ; l'artiste se doit de répandre leur nom dans d'innombrables bibliographies, dans les catalogues suivants, dans sa patrie et à l'étranger ; *g)* partage d'intérêts idéologiques, esthétiques, commerciaux dans le développement d'un courant ou d'une galerie d'art. Ce dernier point est le plus délicat et le P.D.C. le plus désintéressé ne pourra pas s'y soustraire. En effet un critique littéraire, un critique de théâtre ou de cinéma qui exaltent ou détruisent l'œuvre dont ils parlent ont peu d'impact sur son succès. Le critique littéraire avec un bon compte rendu n'infléchit les ventes d'un roman que de quelques centaines d'exemplaires ; le critique cinématographique peut démolir une petite comédie porno sans empêcher qu'elle réalise des recettes astronomiques ; il en va de même pour le critique de théâtre. Le P.D.C. au contraire, avec son intervention, contribue à faire monter les cotations de toute l'œuvre d'un artiste, quelquefois dans une proportion de un à dix.

Cette situation caractérise aussi la situation critique du P.D.C. : le critique littéraire peut dire du mal d'un auteur qu'il ne connaît peut-être pas et qui de toute façon (d'habitude) ne peut pas contrôler l'apparition d'un article dans un certain journal ; au contraire, l'artiste commande et contrôle le catalogue. Même quand il dit au P.D.C. : « Sois sévère, s'il le faut », en réalité la situation est insoutenable. Soit on refuse, mais on a vu que c'est impossible, soit on tâche d'être au moins gentil, ou alors évasif.

Voilà pourquoi, dans la mesure où le P.D.C. veut sauver sa dignité et son amitié avec l'artiste, la manière évasive devient le pivot des catalogues d'expositions.

Examinons une situation imaginaire, celle du peintre Jambonneau qui depuis trente ans peint des fonds ocre avec, au centre, un triangle isocèle bleu dont la base est parallèle au bord sud du tableau, sur lequel se superpose en transparence un triangle scalène rouge, à inclinaison sud-est par rapport à la base du triangle bleu. Le P.D.C. devra tenir compte du fait que suivant la période historique, Jambonneau aura donné à son tableau les titres suivants, de 1950 à 1980 : *Composition, Deux plus infini, $E = mc^2$, Ce n'est qu'un début !, Le Nom du Père, A/travers, Retour à Kant.* Quelles sont les possibilités (honorables) d'intervention pour le P.D.C. ? Facile s'il est poète : il dédie un poème à Jambonneau. Par exemple : *Comme une flèche/ (Ah ! cruel Zénon) /l'élan/d'un autre dard/parasange tracée/d'un cosmos malade/de trous noirs/multicolores.* La solution est prestigieuse pour le

296

P.D.C., pour Jambonneau, pour la galerie, pour l'acheteur.

La seconde solution est réservée au narrateur et a la forme d'une lettre ouverte sans queue ni tête : « Cher Jambonneau, quand je vois tes triangles je me retrouve à Uqbar, témoin Jorge Luis... Un Pierre Ménard qui me propose des formes créées dans d'autres temps, don Pythagore de la Mancha. Gestes lascifs à cent quatre-vingts degrés : pouvons-nous nous libérer de la nécessité ? C'était un matin de juin, dans la campagne ensoleillée : un partisan pendu à un poteau du téléphone ; adolescent, je doutais de l'essence de la Règle..., etc. »

La tâche est plus simple pour un P.D.C. de formation scientifique. Il peut partir de la conviction (d'ailleurs exacte) qu'un tableau est un élément de la réalité : il lui suffira donc de parler des aspects très profonds de la réalité et quoi qu'il dise, il ne mentira pas. Par exemple : « Les triangles de Jambonneau sont des graphes. Fonctions propositionnelles de topologies concrètes. Nœuds. Comment passe-t-on d'un nœud U à un autre nœud ? Il faut, comme on sait, une fonction F d'évaluation, et, si F(U) est inférieure ou égale à F(V), il faut développer, pour tout autre nœud V que l'on considère, U, dans le sens qu'on engendre des nœuds dérivés de U. Une parfaite fonction d'évaluation satisfera alors à la condition F(U) inférieure ou égale à F(V), telle que si d (U, Q) alors inférieur ou égal à d (V, Q) où bien sûr d (A, B) est la distance entre A et B dans le graphe. L'art est mathématique. Tel est le message de Jambonneau. »

A première vue on pourrait croire que de telles solutions sont adaptées à un tableau abstrait mais non pas à Morandi ou à Guttuso. Erreur. Cela dépend naturellement de l'habileté de l'homme de science. D'une façon générale, on peut dire qu'aujourd'hui, en utilisant avec assez de désinvolture métaphysique la théorie des catastrophes de

René Thom, on peut prouver que les natures mortes de Morandi représentent les formes sur ce seuil extrême d'équilibre au-delà duquel les formes naturelles des bouteilles se rebrousseraient au-delà ou contre elle-même, en se fêlant comme un cristal heurté par un ultrason; et la magie du peintre consiste justement à avoir représenté cette situation limite. Jouer sur la traduction anglaise de nature morte: *Still life. Still,* encore pendant quelque temps, mais jusqu'à quand? *Still — Until...* Magie de la différence entre être encore et être — après — quoi.

Une autre possibilité existait entre 1968 et, disons, 1972. L'interprétation politique. Des observations sur la lutte des classes, sur la corruption des objets souillés par leur commercialisation. L'art comme révolte contre le monde des marchandises, les triangles de Jambonneau comme formes qui se refusent à être valeurs d'échange, ouvertes sur l'invention ouvrière, expropriées par le vol capitaliste. Retour à un âge d'or, ou annonce d'une utopie, le rêve d'une chose.

Tout ce que nous venons de dire est valable aussi pour le P.D.C. qui n'est pas un critique d'art professionnel. La situation du critique d'art est plus critique: il devra bien parler de l'œuvre, mais sans exprimer de jugements de valeur. La solution la plus commode consiste à montrer que l'artiste a travaillé en harmonie avec la vision du monde dominant, ou alors, comme on dit aujourd'hui, avec la « métaphysique influente ». Toute métaphysique influente est une façon de rendre compte de ce qui est (même un tableau abstrait représente ce qui pourrait être ou qui est dans l'univers des formes pures). Si par exemple la métaphysique influente soutient que tout ce qui est n'est que de l'énergie, ce n'est pas un mensonge: au mieux c'est une évidence, mais une évidence qui sauve le critique et rend heureux Jambonneau, le marchand et l'acheteur.

Le problème, c'est de trouver la métaphysique influente dont tout le monde à une époque donnée entend parler par des raisons de popularité. On peut certainement soutenir avec Berkeley que *Esse est percipi* et dire que les œuvres de Jambonneau existent parce qu'elles sont perçues : mais comme la métaphysique en question n'est pas très influente, Jambonneau et les lecteurs percevraient l'excessive évidence de cette assertion.

Donc si les triangles de Jambonneau avaient dû être représentés à la fin des années cinquante, en jouant sur l'influence de Sartre-Merleau-Ponty (et, fin du fin, l'enseignement de Husserl), il aurait été convenable de définir les triangles en question comme « la représentation de l'acte même de l'intentionnalité qui, constituant des régions eidétiques, fait des formes pures de la géométrie une modalité de la Lebenswelt ». A cette époque-là étaient permises aussi les variations en termes de psychologie de la forme. Dans les années soixante, dire que les triangles de Jambonneau ont un impact « gestaltique » aurait été incontestable parce que tout triangle, s'il est reconnaissable en tant que triangle, a un impact « gestaltique ». Dans les années soixante, Jambonneau serait apparu plus *up to date* si on avait vu dans ses triangles une structure, homologue au *pattern* des structures de la parenté de Lévi-Strauss. En jouant sur le structuralisme et sur soixante-huit, on pourrait dire que, selon la théorie de la contradiction de Mao, qui médiatise la triade hégélienne, conformément aux principes binaires du yin et du yang, les deux triangles de Jambonneau mettaient en évidence le rapport entre contradiction primaire et contradiction secondaire. Qu'on n'aille pas croire que le modèle structuraliste ne puisse pas aussi s'appliquer aux bouteilles de Morandi : bouteille profonde *(deep bottle)* contre bouteilles de surface.

Après les années soixante-dix, les options du critique

sont plus libres. Naturellement le triangle bleu traversé par le triangle rouge est l'épiphanie d'un désir qui poursuit un autre auquel il ne pourra jamais s'identifier. Jambonneau est le peintre de la différence, et même de la différence dans l'identité. La différence dans l'identité se trouve aussi dans le rapport pile-face d'une pièce de un franc, mais les triangles de Jambonneau se prêteraient aussi à être vus comme un cas d'implosion, comme les tableaux de Pollock et l'introduction de suppositoires par voie rectale (trous noirs). Mais dans les triangles de Jambonneau il y a aussi l'anéantissement réciproque de la valeur d'usage et de la valeur d'échange. Avec une référence subtile au sourire de *La Joconde*, qui vu de travers peut être pris pour une vulve, et est en tout cas « béance », les triangles de Jambonneau pourraient, dans leur anéantissement mutuel et dans leur rotation « catastrophique », apparaître comme une implosion du phallus qui devient vagin denté. La faillite du phallus. Enfin et pour conclure, la règle d'or pour le P.D.C. est de décrire l'œuvre de façon que la description puisse s'appliquer non seulement à d'autres tableaux, mais aussi au rapport qu'elle entretient avec la vitrine du charcutier. Si le P.D.C. écrit : « Dans les tableaux de Jambonneau la perception des formes n'est jamais une adéquation inerte à la donnée de la sensation. Jambonneau nous dit qu'il n'y a pas de perception qui ne soit pas interprétation et travail, et le passage du senti au perçu relève de l'activité, de la praxis de l'être-au-monde comme construction d'*Abschattungen*, découpées intentionnellement dans la pulpe elle-même de la chose-en-soi. » Le lecteur reconnaît la vérité de Jambonneau parce qu'elle correspond aux mécanismes grâce auxquels il distingue, chez le charcutier, la mortadelle d'une salade russe.

Ce qui établit, au-delà du critère de praticabilité et d'efficacité, un critère de moralité ; il suffit de dire la vérité. Naturellement il y a façon et façon.

Espresso, 1980.

LE COÛT D'UN CHEF-D'ŒUVRE

Les récentes discussions sur la façon de fabriquer un best-seller (soit d'un format boutique soit d'un format grands magasins) révèlent les limites de la sociologie de la littérature, dont l'objet est d'étudier les rapports entre l'auteur et la machine éditoriale (avant que le livre ne voie le jour) et entre le livre et le marché (après la sortie du livre). Comme on le voit, on néglige un aspect tout aussi important du problème, celui de la structure interne du livre ; et non pas dans le sens très banal de sa qualité littéraire (problème qui échappe à toute vérification scientifique), mais dans celui bien plus subtilement matérialiste et dialectique d'une endo-socio-économie du texte narratif.

L'idée n'est pas nouvelle. Je l'avais élaborée en 1963 avec des amis, à la librairie Adrovandi de Milan et j'en avais parlé dans le n° 19 de *Il Verri*[1] (dans lequel figurait aussi une étude fondamentale sur les dépenses faites par Léopold Bloom pour passer la journée du 16 juin 1904 à Dublin).

Il y a vingt ans, on discutait de la possibilité de calculer

---

1. Revue de l'avant-garde littéraire et artistique italienne des années soixante *(N.D.T.)*.

pour chaque roman les frais engagés par l'auteur pour élaborer les expériences dont il parle. Calcul facile pour les romans à la première personne (les frais sont ceux du narrateur) et plus difficile pour les romans à narrateur omniscient qui se partage entre les différents personnages.

Donnons tout de suite un exemple, pour clarifier les choses. *Pour qui sonne le glas* d'Hemingway n'est pas cher : voyage clandestin dans un wagon de marchandises, le vivre et le couvert fournis par les républicains, et pas de frais d'hôtel, grâce à la fille avec son sac de couchage. On peut tout de suite mesurer la différence avec *Au-delà du fleuve et sous les arbres :* il suffit de penser au prix d'un seul Martini au Harris Bar.

Le Christ s'est arrêté à Eboli est un livre écrit entièrement aux frais du gouvernement, *Le Simplon cligne de l'œil au Fréjus* a coûté à Vittorini le prix d'un anchois et d'une livre d'herbe cuite (plus cher que *Conversation en Sicile*, avec le prix du billet au départ de Milan, même si à l'époque il y avait encore la troisième classe, et des oranges achetées pendant le voyage). Les comptes deviennent plus difficiles avec *La Comédie humaine*, parce qu'on ne sait pas très bien qui paie : mais quand on connaît l'homme, on se dit que Balzac doit avoir fait un tel bordel de bilans falsifiés, frais de Rastignac mis sur le compte de Nucingen, dettes, traites, argent perdu, trafic d'influence, banqueroute frauduleuse, qu'il est maintenant impossible d'y voir clair.

La situation est plus transparente dans presque tous les écrits de Pavese : quelques livres pour un verre de vin sur les collines et c'est tout, sauf dans *Entre femmes seules* où il y a quelques frais de bars et de restaurants. *Robinson Crusoé* est très accessible, il faut simplement calculer le billet du voyage aller, et puis dans l'île tout est fait avec du matériel de récupération. Il y a ensuite les romans qui à première vue semblent bon marché mais qui finalement sont revenus beaucoup plus cher que prévu : par exemple *Dedalus* de Joyce, où il faut calculer au moins onze ans d'internat chez les jésuites, de Conglowes Wood à l'University College en passant par Belvedere, sans compter les livres.

Ne parlons pas du prix exorbitant de *Fratelli d'Italia* d'Arbasino (Capri, Spolète, tout un voyage). Alors que Sanguineti, qui était marié, a fait, avec une infinie prudence, son *Caprice italien* en utilisant seulement la famille. La *Recherche* de Proust est une œuvre très chère : pour fréquenter les Guermantes on ne pouvait certainement pas louer son frac, et que dire des fleurs, des petits cadeaux, des hôtels à Balbec, en plus avec ascenseur, de la chaise à roulettes pour la grand-mère, de la bicyclette pour se retrouver avec Albertine et Saint-Loup, et il faut penser qu'une bicyclette à l'époque coûtait les yeux de la tête. Il n'en va pas de même avec *Le Jardin des Finzi Contini* à une époque où les bicyclettes sont devenues marchandises courantes, et où il ne faut compter qu'une raquette de tennis, un tee-shirt neuf : et c'est largement suffisant car les autres frais sont assurés par la très hospitalière famille éponyme.

Au contraire *La Montagne magique* n'est pas une plaisanterie : il faut compter avec le prix du sanatorium, le manteau de fourrure, la toque, et les bénéfices décroissants de la petite firme de Hans Castorps. Que dire alors de *Mort à Venise*, quand on pense au prix d'une chambre avec salle de bain dans un hôtel du Lido, et à cette époque un homme comme Aschenbach dépensait, pour de simples raisons de décorum, un capital rien qu'en pourboires, gondoles et valises Vuitton.

Bon, c'était une hypothèse de départ, et nous pensions même encourager des mémoires de maîtrise sur ce sujet, parce que nous avions une méthode et que les données étaient contrôlables. Mais maintenant, en revenant sur le problème, je me pose d'autres questions inquiétantes. Essayons de comparer les romans malais de Conrad avec ceux de Salgari[1]. Il saute aux yeux que Conrad, après avoir investi une certaine somme pour le brevet de capitaine au long cours, dispose gratuitement de l'immense matériel sur lequel il doit travailler et il est même payé pour naviguer. La situation de Salgari est totalement différente. Il n'a jamais, ou presque, voyagé et donc dans sa Malaisie, les décors somptueux du *buen retiro* de Mompracem, les pistolets à la crosse d'ivoire, les rubis gros comme une noisette, les longs fusils au fût ciselé, les *prahos*, la mitrailleuse faite de ferraille, même le bétel constituent un matériel d'accessoiriste extrêmement coûteux. La construction, l'achat, le sabordage du *Roi de la mer* avant qu'on en ait amorti les dépenses, ont coûté une fortune. Ce n'est pas la peine de se demander où Salgari, qui était notoirement indigent, trouvait l'argent nécessaire : ici nous ne faisons pas de sociologisme vulgaire ; il a dû signer des traites. Mais il est certain que le pauvre homme a dû tout reconstruire en studio comme pour une première à la Scala.

La comparaison Conrad-Salgari en suggère une autre, entre la bataille de Waterloo dans *La Chartreuse de Parme* et la même bataille dans *Les Misérables*. Il est clair que Stendhal a utilisé la bataille authentique, et la preuve qu'elle n'avait pas été construite exprès, c'est que Fabrice n'arrive pas à s'y retrouver. Hugo au contraire la reconstruit *ex novo*, comme la carte de l'Empire 1 : 1 de Borges, et avec des mouvements énormes de masse, filmés d'en haut en hélicoptère, avec des chevaux estropiés, un grand gâchis d'artillerie, peut-être même à blanc, mais de

---

1. Auteur de romans d'aventures pour les jeunes qui ont connu un très grand succès *(N.D.T.)*.

manière que Grouchy entende tout de loin. Je ne voudrais pas cultiver le paradoxe, mais la seule chose à bon marché dans ce grand *remake*, c'est le « merde » de Cambronne...

Enfin, une dernière comparaison : d'un côté, nous avons cette opération économiquement rentable que furent *Les Fiancés,* d'ailleurs excellent exemple de best-seller de qualité calculé mot par mot, en étudiant les humeurs italiennes de l'époque. Les châteaux sur les collines, la branche du lac de Côme, la Porta Renza, Manzoni avait tout à sa disposition. On peut noter la circonspection avec laquelle, quand il ne trouve pas de brave ou de révolte, il les fait sortir d'un ban, exhibe un document, et avec une honnêteté janséniste, il prévient le lecteur qu'il ne reconstruit pas de lui-même mais qu'il lui offre ce que n'importe qui peut trouver dans une bibliothèque. La seule exception est le manuscrit de l'anonyme, unique concession qu'il fait à l'accessoiriste, mais de son temps on devait trouver encore facilement à Milan des libraires antiquaires comme il y en a toujours à Barcelone, au Barrio Gotico, qui pour une somme modique vous fabriquent un merveilleux parchemin faux.

C'est le contraire qui arrive, non seulement avec beaucoup d'autres romans historiques, faux comme *Le Trouvère*, mais avec toute l'œuvre de Sade et avec le roman « gothique », comme le met en évidence le récent ouvrage de Giovanna Franci *La Messa in scena del terrore* (et comme Mario Praz nous l'avait déjà dit en d'autres termes). Je ne parle pas des frais immenses engagés par Beckford pour le *Vathek*, car ici on en est déjà à la disposition symbolique, pire qu'au Vittoriale[1], mais aussi des châteaux, des abbayes, des cryptes de Radcliffe, de Lewis ou de Walpole qu'on ne trouve pas tout faits au

1. Résidence de D'Annunzio sur le lac de Garde *(N.D.T.).*

coin de la rue, vous pouvez me croire. Il s'agit de livres très coûteux qui, même s'ils sont devenus des best-sellers, n'ont pas pu rentrer dans leurs frais ; heureusement, leurs auteurs, qui étaient tous des gentilhommes, avaient des biens, parce que même leurs héritiers n'auraient pas pu en amortir les frais avec les droits d'auteur. A cette fastueuse cohorte de romans, tous artificiels, appartiennent naturellement *Gargantua* et *Pantagruel* de Rabelais. Et si l'on veut être rigoureux, même *La Divine Comédie*.

Don Quichotte est une œuvre qui semble être à mi-chemin, parce que le Chevalier de la Manche erre dans un monde qui est comme il est, et où il y a déjà des moulins à vent. La bibliothèque, par contre, a dû coûter un maximum, parce que tous les romans chevaleresques ne sont pas des originaux, mais ils ont été visiblement réécrits, exprès, par Pierre Ménard.

Toutes ces considérations ont un certain intérêt car elles nous permettent peut-être de comprendre la différence entre deux formes de narration pour lesquelles l'italien n'a pas deux termes distincts : c'est-à-dire le *novel* et le *romance*. Le *novel* est réaliste, bourgeois, moderne, et coûte très peu cher parce que l'auteur utilise une expérience gratuite. Le *romance* est fantastique, aristocratique, hyperréaliste et très cher, parce qu'il est entièrement reconstruit et mis en scène. Et comment peut-on le reconstruire sinon en utilisant du matériel d'accessoiriste déjà existant ? Je soupçonne que c'est le sens de termes obscurs comme « dialogisme » et « intertextualité ». Sauf qu'il ne suffit pas d'engager d'énormes dépenses et d'amasser beaucoup de matériel reconstruit pour réussir à ce jeu. Il faut aussi le savoir, et savoir que le lecteur le sait, pour pouvoir ironiser. Salgari n'avait pas assez d'ironie pour reconnaître que son monde était fabriqué de façon coûteuse. C'était sa limite qui peut être comblée seulement par un lecteur le relisant comme si Salgari l'avait su.

Ludwig de Visconti et *Salò* de Pasolini sont tristes parce que les auteurs prennent au sérieux leur propre jeu, peut-être pour récupérer l'argent dépensé. Mais au contraire, l'argent ne rentre que si on se comporte avec une « nonchalance » de grand seigneur, comme le faisaient justement les maîtres du Gothic. C'est pourquoi ils nous fascinent, et comme le suggère le critique américain Leslie Fredler, ils constituent un modèle pour une littérature postmoderne capable même de divertir.

Voyez tout ce que l'on découvre quand on applique avec méthode une bonne logique économiste désenchantée aux œuvres de création ! Peut-être pourrait-on même trouver les raisons pour lesquelles le lecteur invité à visiter les châteaux factices, aux destins artificiellement croisés, reconnaît parfois le jeu de la littérature et y prend goût. Naturellement, si on veut faire bonne figure, il ne faut pas regarder à la dépense.

Espresso, 1983.

VI

DE CONSOLATIONE PHILOSOPHIAE

LE *COGITO INTERRUPTUS*

Il y a des livres dont le compte rendu, l'explication et le commentaire s'avèrent plus faciles que la simple lecture ; car seul l'exercice de la pensée permet d'en suivre sans distraction les argumentations, les implacables nécessités syllogistiques ou les enjeux ponctuels de relation. C'est pour cette raison que des ouvrages comme la *Métaphysique* d'Aristote ou la *Critique de la raison pure* ont plus de commentateurs que de lecteurs, plus de spécialistes que d'amateurs.

Il y a au contraire des livres qui sont très agréables à lire mais sur lesquels il est impossible d'écrire, car dès qu'on tente d'en faire un commentaire ou une présentation, ils se refusent à entrer dans la proposition « Ce livre dit que ». Qui les lit par plaisir en a pour son argent. Mais qui les lit pour les raconter aux autres s'indigne à chaque ligne, déchire les notes qu'il vient de prendre, cherche la conclusion qui suit les « donc » et ne la trouve pas.

Il est parfaitement clair qu'estimer « non pensé » un récit zen qui, au contraire, poursuit des idéaux logiques différents de ceux auxquels nous sommes habitués serait un impardonnable péché d'ethnocentrisme ; mais il va sans dire que si notre idéal de raisonnement se résume à un certain modèle occidental, fait de « puisque » et de

311

« donc », nous trouvons dans ces livres des exemples illustres d'un *cogito interruptus* dont il nous faut saisir le mécanisme. Puisque le *cogito interruptus* est partagé par les fous et les auteurs d'une « illogique » raisonnée, nous devrons comprendre dans quel cas il est un défaut et dans quel cas une vertu ; et de surcroît une vertu fécondante (contre toute habitude malthusienne).

Le *cogito interruptus* est typique de ceux qui voient le monde peuplé de symboles ou de symptômes. Comme le fou qui vous montre, par exemple, une pochette d'allumettes en vous regardant dans les yeux et qui vous dit : « Vous voyez, il y en a sept... » et puis vous regarde, plein de sous-entendus, en attendant que vous saisissiez le sens caché de ce signe irréfutable ; ou comme l'habitant d'un univers symbolique, dans lequel chaque objet et chaque événement traduisent en signe quelque chose de surnaturel connu par tout le monde et que l'on veut seulement voir reconfirmé.

Mais le *cogito interruptus* est typique aussi de celui qui voit le monde peuplé non pas de symboles mais de symptômes : signes inéluctables de quelque chose qui n'est ni naturel ni surnaturel mais qui tôt ou tard *adviendra*.

La souffrance du commentateur est dans le fait que déjà quand quelqu'un vous regarde fixement et vous dit : « Vous voyez, il y a sept allumettes... », on ne sait plus comment expliquer aux autres la portée du signe ou du symptôme ; mais quand l'interlocuteur ajoute : « Et considère, pour en être absolument certain, qu'aujourd'hui quatre hirondelles sont passées », alors le commentateur est vraiment perdu. Tout cela n'enlève pas que le *cogito interruptus* est une grande technique prophétique, poétique, psychagogique. Sauf qu'il est ineffable. Et il faut une grande confiance dans le *cogito perfectus* — comme celle que j'espère me voir attribuer par mes lecteurs — pour essayer de trouver une façon d'en parler.

Dans les discours sur l'univers des communications de masse et de la civilisation technologique, le *cogito interruptus* est très à la mode parmi ceux que nous avons dans d'autres circonstances appelés les « apocalyptiques ». Ceux-ci voient, dans les événements du passé, les symboles d'une harmonie bien connue, et dans ceux du présent, les symboles d'une chute inéluctable — mais toujours à cause d'allusions claires. Pour eux, toute femme en minijupe n'a le droit d'exister qu'en tant que hiéroglyphe déchiffrable d'une fin des temps. Jusqu'à présent, il était au contraire inconnu à ceux que j'ai appelés les « intégrés », qui ne déchiffrent pas l'univers mais y vivent sans problème. Il est toutefois pratiqué par une catégorie de personnes que nous pourrions définir comme des « hyperintégrés », ou intégrés pentacostaires, ou mieux encore des parousiaques : atteints du syndrome de la Quatrième Églogue, mégaphones de l'âge d'or. Si les « apocalyptiques » étaient les parents tristes de Noé, les parousiaques sont les joyeux cousins des Rois Mages.

Un heureux événement éditorial nous permet de considérer en même temps deux ouvrages qui à des époques différentes et de manières différentes ont obtenu un grand succès et se sont inscrits au nombre des textes à consulter pour disserter sur la civilisation contemporaine. *La Perte du centre*, de Sedlmayr, est un chef-d'œuvre de la pensée apocalyptique. *Understanding Media* de McLuhan est peut-être le texte le plus agréable et réussi offert par l'école parousiaque — le lecteur qui les affronterait en même temps se prépare à une kermesse dialectique, à une orgie de comparaisons et de contradictions pour voir de quelles manières différentes raisonnent deux hommes qui envisagent le monde de façon aussi radicalement opposée : et au contraire, il s'aperçoit que les deux hommes raisonnent exactement de la même manière et que, de surcroît, ils s'appuient sur les mêmes arguments. Ou mieux : ils affrontent les mêmes événements, que l'un voit comme symboles et l'autre comme symptômes ; que l'un charge d'une humeur sinistre et pleurnicharde et l'autre, d'optimisme hilare ; que l'un écrit comme un faire-part de deuil et l'autre comme un faire-part de mariage. L'un y appose le signe algébrique « moins », et l'autre, le signe algébrique « plus ». Mais tous les deux délaissent d'en articuler les équations, parce que le *cogito interruptus* prévoit que l'on jette symboles et symptômes par poignées comme des confetti et non pas qu'on les aligne comme les sphères d'un boulier à la manière des comptables.

La Perte du centre date de 1948. Assez éloigné historiquement des jours de colère pendant lesquels on brûlait les œuvres d'art dégénérées, il en garde (nous parlons de l'œuvre et non de la biographie de l'auteur) un écho fulgurant. Et pourtant, qui en lirait les premiers chapitres sans connaître la position de Sedlmayr dans le cadre de l'histoire des idées se trouverait confronté à un développement (*sine ira et studio*) sur les phénomènes de l'architecture contemporaine, à partir du jardin à l'anglaise et des architectures de la Révolution, considérés comme des points d'appui pour un diagnostic sur l'époque : le culte de la raison qui engendre une religion monumentale de l'éternité, un goût pour le mausolée (qu'il soit maison des jardiniers ou musée) qui révèle une recherche des forces chthoniennes, de liens occultes et profonds avec des énergies naturelles, la naissance d'une idée du temple esthétique d'où est absente l'image d'un dieu déterminé ; et puis, avec le style Biedermeier, un repliement des grands thèmes du sacré, sur une célébration de l'accueillant et du privé, de l'individualiste et enfin la naissance de ces cathédrales laïques que sont les expositions universelles.

De l'adoration de Dieu à l'adoration de la forme, de l'adoration de la forme au culte de la technologie : voilà

314

l'image descriptive d'une « succession ». Mais dès que cette succession est définie comme « décroissante », voici que dans la description s'insère la conclusion diagnostique ; l'homme est précipité vers le bas, parce qu'il a perdu son centre. Si on a la présence d'esprit de sauter à ce point quelques chapitres (de la page 79 à la page 218), de nombreux traumatismes de lecture seront évités, parce que dans les chapitres conclusifs Sedlmayr nous donne la clef pour comprendre les symboles dont il se servira dans les chapitres du milieu. Le centre est le rapport de l'homme à Dieu. Cette affirmation étant posée (sans que Sedlmayr, qui n'est pas théologien, se préoccupe de nous dire ce qu'est Dieu, ni en quoi consiste le rapport de l'homme à Lui), il devient possible, même pour un enfant, de conclure que les œuvres d'art dans lesquelles Dieu n'apparaît pas et dans lesquelles on ne parle pas avec Dieu sont des œuvres d'art sans Dieu. A ce point les pétitions de principe abondent : si Dieu se trouve en haut « d'un point de vue spatial », une œuvre d'art qui se regarde même à l'envers (voir Kandinsky) est athée. Certes, il suffirait que Sedlmayr interprétât avec une autre clef les mêmes signes qu'il repère dans le déroulement de l'art occidental (démonisme roman, obsessions à la Bosch, grotesque à la Bruegel et ainsi de suite) pour conclure que l'homme ne semble avoir rien fait d'autre, dans son histoire, que de perdre le centre. Mais l'auteur préfère s'ancrer dans les philosophèmes de recteur de séminaire, du genre « en tout cas il ne faut jamais oublier que l'essence de l'homme étant une en tout temps, celle de l'art est aussi une, quoique ses manifestations extérieures semblent différentes ». Que dire ? Ayant défini l'homme comme « naturel et surnaturel », ayant employé pour définir le surnaturel les termes dont s'est servie pour le représenter une certaine période de l'art d'Occident, on conclut évidemment que « ce détachement s'avère donc contraire à l'absence de l'homme (et de Dieu) », puisqu'on déduit leur essence à partir d'une interprétation iconographique particulière qui a été donnée une fois pour toutes. Mais pour arriver à ces pages de philosophie grotesque, l'auteur s'est proposé à l'admiration des foules lettrées et de surcroît à travers quelques pages qui sont une lecture exemplaire de marc de café.

Mais comment lit-on le marc de café ? Par exemple on est terrorisé par la tendance de l'architecture moderne à se libérer du terrain, à confondre le haut et le bas, et on atteint le sommet du désarroi face à l'avènement de l'auvent, « une espèce de baldaquin matérialiste ». Le traumatisme de l'auvent parcourt tout le discours de Sedlmayr : cette horizontalisation de l'architecture qui admet, entre deux plans, le vide des parois vitrées, ce renoncement à la croissance verticale (si ce n'est par superposition de plans horizontaux) lui apparaissent comme « des symptômes d'une négation de l'élément tectonique » et de « détachement de la terre » ; il n'est même pas effleuré par le problème que, du point de vue de la science des constructions, un gratte-ciel fait d'auvents superposés tienne mieux debout que le chœur de Beauvais, qui continua à s'écrouler tant qu'on n'eut pas l'idée de renoncer à y ajouter la cathédrale. Ayant identifié dans l'architecture une forme particulière de rapport à la surface, Sedlmayr contemple la désagrégation de l'architecture en se voilant la face. Le fait que quelqu'un construise des sphères plutôt que des cubes ou des pyramides, de Ledoux à Fuller, lui coupe le souffle : comme les sept allumettes du fou, les sphères de Ledoux ou de Fuller lui apparaissent comme les signes indubitables d'une fin des temps architecturaux. Quant à voir dans une sphère l'épiphanie de la perte du centre, Parménide et saint Augustin n'auraient pas été d'accord, mais Sedlmayr est disposé aussi à changer les architectures sur table pourvu qu'il donne aux événements qu'il choisit comme symboles la possibilité de signifier ce qu'il savait déjà dès le départ.

En passant aux arts figuratifs, la caricature de Daumier ou de Goya lui semble être l'apparition de l'homme défiguré et déséquilibré, comme si les décorateurs des vases grecs n'avaient pas pris des plaisirs analogues, et peut-être avec moins de raisons que les satiriques progressistes du XIXᵉ siècle. Pour Cézanne et le cubisme, le lecteur perspicace pourra anticiper les considérations que Sedlmayr tire de cette réduction de la peinture à une reconstruction visuelle de la réalité expérimentée ; quant au reste de la peinture contemporaine, l'auteur est aveuglé par des signes apocalyptiques comme les déformations « telles qu'on pourrait les voir dans un miroir concave » et le photomontage, exemples typiques de « visions extra-humaines ». Il est inutile de répondre que, puisque c'est moi qui vois dans un miroir concave, que j'ai fait, je tiens cette façon de voir pour aussi humaine que la déformation cyclopique de la boîte à perspective de la Renaissance ; ce sont de vieilles histoires. Mais l'image du chaos et de la mort précède pour Sedlmayr les signes qu'il y projette. Personne bien sûr ne doute que les phénomènes énumérés par Sedlmayr soient vraiment les signes de quelque chose ; mais la tâche de l'histoire de l'art, et en général de la culture, consiste justement à mettre ces phénomènes en rapport les uns avec les autres pour voir de quelle façon ils se correspondent. Tandis que le discours de Sedlmayr est paranoïaque parce que tous les signes sont reconduits à une obsession immotivée, effleurée philosophiquement : et donc entre la sphère qui symbolise le détachement de la terre, l'auvent qui est un exemple du renoncement à l'ascension et la Licorne qui est le signe visible de la virginité de Marie, il n'y a aucune différence.

Sedlmayr est un médiéval tardif qui imite des déchiffreurs bien plus perspicaces et somptueusement visionnaires. La raison pour laquelle son discours est un exemple éclatant du *cogito interruptus* réside dans le fait que, après avoir posé le signe, il nous fait des clins d'œil et nous dit : « Vous avez vu ? » Il lui arrive ainsi de confondre en trois lignes la tendance vers l'informe et le dégénéré avec la tendance à la découverte de l'inorganique typique de la science moderne, et donc (extrapolation digne d'un cas clinique) de déduire que l'organe de la dégénérescence est l'intellect, dont les armes sont la logique symbolique et dont les organes visuels sont la microscopie et la macroscopie. Après avoir cité la macroscopie, Sedlmayr ajoute entre parenthèses : « Là aussi on peut noter la perte du centre. » Eh bien, professeur Sedlmayr, moi je ne remarque pas, et vous trichez. Si personne n'ose vous le dire, moi je le dis : soit vous vous expliquez, soit il n'y a aucune différence entre vous et celui qui me soutient que quand on rêve d'un mort qui parle, on peut jouer le n° 47 au loto.

Passons maintenant à McLuhan. Il dit les mêmes choses que Sedlmayr : pour lui aussi l'homme a perdu son centre ; sauf que son commentaire est : enfin il était temps.

La thèse de McLuhan, comme tout le monde le sait maintenant, est que les différents apports de la technologie, de la roue à l'électricité, doivent être considérés comme des médias, c'est-à-dire comme des extensions de notre corporalité. Au cours de l'histoire, ces extensions ont provoqué des traumatismes, des engourdissements, et des restructurations de notre sensibilité. Par leurs interférences et leurs substitutions, ceux-ci ont changé notre vision du monde ; et le changement que chaque nouveau média comporte rend négligeable le contenu d'expérience qu'il peut transmettre. Le média est le message, ce qui compte n'est pas tellement ce qu'on nous dit à travers la nouvelle extension, mais la forme de l'extension elle-même.

Tout ce que vous pouvez écrire à la machine sera toujours moins important que la manière radicalement différente de considérer l'écriture, induite par la mécanique de la dactylographie. Que l'imprimerie ait entraîné la diffusion populaire de la Bible vient du fait que tout apport technologique « s'ajoute à ce que nous sommes déjà ». Mais l'imprimerie aurait pu se diffuser dans les pays arabes, mettant le Coran à la disposition de tous, et le type d'influence qu'elle a eu sur la sensibilité moderne n'aurait pas été différent pour autant. L'émiettement de l'expérience intellectuelle en unités uniformes et reproduisibles, l'instauration d'un sens de l'homogénéité et de la continuité ont engendré, quelques siècles plus tard, la chaîne de montage et présidé aussi bien à l'idéologie de l'ère mécanique qu'à la cosmologie du calcul infinitésimal. « L'horloge et l'alphabet, émiettant l'univers en segments visuels, ont mis fin à la musique de l'interdépendance », ont produit un homme capable de dissocier ses émotions de ce qu'il voit aligné dans l'espace, ont créé l'homme spécialisé, habitué à raisonner de façon linéaire, libre vis-à-vis de l'envoûtement tribal des époques « orales » dans lesquelles chaque membre de la communauté fait partie d'une sorte d'unité confuse qui réagit globalement et émotionnellement aux événements cosmiques.

L'imprimerie (à laquelle McLuhan avait peut-être consacré sa meilleure œuvre, *The Gutenberg Galaxy*) est un média chaud typique. Contrairement à ce que le mot pourrait suggérer, les médias chauds étendent un seul sens (dans le cas de l'imprimerie : la vision) à un haut pouvoir de définition saturant le récepteur de données en le bourrant d'informations précises, mais le laissant libre en ce qui concerne le reste de ses facultés. D'une certaine manière ils l'hypnotisent, mais en fixant un de ses sens sur un seul point.

Au contraire, les médias froids fournissent des informations peu définies, obligent le récepteur à combler des vides et ce faisant engagent tous ses sens et toutes ses facultés : ils le font participer mais sous forme d'une hallucination globale qui l'engage entièrement. La presse et le cinéma sont chauds, la télévision est froide.

Avec l'avènement de l'électricité, des phénomènes révolutionnaires se sont créés : avant tout, s'il est vrai que « le média est le message », indépendamment du contenu, la lumière électrique a été le premier média de l'histoire totalement dépourvu de contenu ; puis la technologie électrique, remplaçant non pas un organe séparé mais le système nerveux central, a offert comme produit primaire l'*information*. Les autres produits de la civilisation mécanique, à une époque d'automatisation, de communication rapide, d'économie fondée sur le crédit, d'opérations financières, ont pris une place secondaire par rapport au produit information. La production et l'échange de celle-ci ont surmonté même les différences idéologiques ; en même temps, l'avènement du média froid par excellence, la télévision, a détruit l'univers linéaire de la civilisation mécanique, inspirée du modèle de Gutenberg, en reconstituant une sorte d'unité tribale de village primitif.

« L'image télévisuelle est visuellement pauvre en données. Elle n'est pas un photogramme immobile. Elle n'est même pas une photographie mais un profil en formation continue de choses peintes par un pinceau électronique. L'image télévisuelle offre au spectateur environ trois millions de petits points à la seconde, dont il n'accepte que quelques douzaines à la fois à partir desquelles il construit son image. La télévision, tricot et mosaïque, n'aide pas la perspective en art, ni la linéarité dans le mode de vie. Avec son avènement, la chaîne de montage a disparu de l'industrie, comme ont disparu les structures hiérarchiques et linéaires des organigrammes des entreprises ; comme ont disparu aussi les rangs d'hommes seuls aux fêtes dansantes, les lignes politiques des partis, les déploiements du personnel des hôtels à l'arrivée d'un client et les coutures des bas de nylon... La vue, étendue par l'alphabet phonétique, suscite l'habitude analytique de ne voir qu'un seul aspect de la vie des formes. Elle nous permet d'isoler l'incident individuel dans le temps et dans l'espace comme dans l'art représentatif... Au contraire l'art iconographique se sert de l'œil comme nous nous servons de la main et tente de créer une image inclusive faite de nombreux moments, phase et aspect de la personne ou de la chose. Le monde de l'icône n'est donc ni une représentation visuelle, ni une spécialisation du *stress* visuel, c'est-à-dire de la vue d'une position particulière. La perception tactile est soudaine, non spécialisée. Elle est totale, "synesthétique" et implique tous les sens. Imprégné de l'image en mosaïque de la télévision, l'enfant regarde le monde avec un esprit opposé à l'alphabétisation... Les jeunes qui ont vécu une décennie de télévision en ont automatiquement absorbé une impulsion à l'application en profondeur qui leur fait apparaître tous les objectifs lointains visualisés par la culture dominante comme irréels, insignifiants et anémiques... Cette attitude différente n'a rien à voir avec les programmes et serait la même si tous les programmes avaient le contenu culturel le plus élevé... La technologie électrique étend le processus instantané de la conscience à travers le rapport entre ses composantes, analogue à celui qui existe depuis longtemps à l'intérieur de notre système nerveux central. Cette vitesse constitue d'elle-même une "unité organique" et met fin à l'ère mécanique qui s'était mise en mouvement avec Gutenberg... Si l'électricité donne l'énergie et la synchronisation, tous les aspects de la production, de la consommation et de l'organisation deviennent secondaires par rapport à la communication... »

Voici un collage de citations qui synthétise les positions de McLuhan et, en même temps, nous fournit un exemple de ses techniques d'argumentation, qui — paradoxalement — sont tellement cohérentes avec sa thèse qu'elles en invalident la portée. Essayons d'être plus clairs.

La domination des médias froids est typique de notre époque de coparticipation envoûtante. Une de leurs caractéristiques, nous l'avons déjà dit, c'est de présenter des configurations à définition basse, qui ne sont pas des produits finis mais des processus, c'est-à-dire non pas des successions linéaires d'objets, de moments et d'arguments, mais une sorte de totalité et de simultanéité des données. Si on transfère cette réalité dans l'organisation du discours, les aphorismes remplaceront les syllogismes. Les aphorismes (comme le rappelle McLuhan) sont incomplets et demandent de ce fait une participation profonde. C'est dans ce sens que son style d'argumentation correspond parfaitement au nouvel univers auquel nous sommes invités à nous intégrer. Cet univers apparaîtrait à des hommes comme Sedlmayr comme l'exemple le plus parfait et diabolique de « perte du centre » (les notions de centre et de symétrie appartiennent à l'ère de la perspective de la Renaissance, qui est gutenbergienne par excellence) mais constitue pour McLuhan le « bouillon » futur dans lequel les bacilles de la contemporanéité pourront se développer en nombre inconnu du bacille alphabet. Cette technique, cependant, comporte certains défauts. Le premier réside dans le fait que McLuhan énonce à la fois une affirmation et son contraire, en les considérant comme cohérents. En ce sens son livre pourrait offrir des arguments valables pour Sedlmayr et toutes les congrégations des apocalyptiques ainsi que pour la « Société anonyme des intégrés », des passages que pourrait citer un marxiste chinois qui voudrait mettre en accusation notre société, et des arguments de démonstration pour un théoricien de l'optimisme néo-capitaliste. McLuhan ne se soucie même pas de savoir si tous ces arguments sont vrais : il lui suffit *qu'ils soient*. Ce qui de notre point de vue apparaîtrait comme une contradiction n'est pour lui que simultanéité. Mais, comme il l'écrit dans un autre livre, McLuhan ne réussit pas à se soustraire à l'habitude gutenbergienne d'articuler des démonstrations consécutives. Sauf que la consécution est fiction et il nous offre la simultanéité des arguments comme si elle était une suite logique. Dans l'un des passages cités, la rapidité avec laquelle on passe du concept de linéarité dans l'organisation d'une entreprise au concept de linéarité dans les mailles d'un bas est telle que ce rapprochement ne peut pas ne pas apparaître comme un lien causal.

Tout le livre de McLuhan consiste à nous démontrer que la «disparition de la chaîne de montage» et la «disparition des bas résilles» ne doivent pas être reliées par un «donc» — ou du moins par l'auteur du message — mais plutôt par le récepteur qui se chargera de remplir les vides de cette chaîne à basse définition. Mais l'ennui, c'est que, au fond, McLuhan souhaite que nous posions ce «donc», ne serait-ce que parce qu'il sait que nos habitudes gutenbergiennes nous pousseront à penser en termes de «donc», à partir du moment où nous lisons les deux données alignées sur la page imprimée. Il triche donc autant que Sedlmayr qui nous dit que le microscope signifie perte du centre, et autant que le fou qui nous signale les sept allumettes. Il exige une extrapolation et nous l'impose de la façon la plus insidieuse et illégitime que nous puissions imaginer. Nous sommes en plein dans le *cogito interruptus*, qui ne serait pas *interruptus* si, de façon cohérente, il ne se présentait plus en tant que *cogito*. Mais tout le livre de McLuhan est fondé sur l'équivoque d'un *cogito* qui se nie en s'argumentant dans les modes de la rationalité niée.

Si nous assistons à l'avènement d'une nouvelle dimension de la pensée et de la vie physique, soit celle-ci est totale, radicale — et a déjà gagné —, et, dans ces conditions, nous ne pouvons plus écrire des livres pour démontrer l'avènement de quelque chose qui a rendu tout livre incohérent; soit le problème de notre époque est d'intégrer les nouvelles dimensions de l'entendement et de la sensibilité à celles sur lesquelles sont encore fondées toutes nos formes de communication (y compris la communication télévisuelle qui au départ est encore organisée, étudiée et programmée en dimensions gutenbergiennes); dans ce cas, la tâche de la critique (qui écrit des livres) est d'opérer cette médiation et donc de traduire la situation de globalité envoûtante en termes d'une rationalité gutenbergienne spécialisée et linéaire.

McLuhan a récemment compris qu'on ne doit peut-être plus écrire de livres : avec *The Medium is the Message*, son dernier « non-livre », il a proposé un discours dans lequel la parole se fond avec les images et les chaînes logiques sont détruites en faveur d'une proposition synchronique, verbo-visuelle, de données non raisonnées que l'on fait voltiger devant l'intelligence du lecteur. L'ennui est que *The Medium is the Message*, pour être pleinement compris, a besoin de *Understanding Media* comme code. McLuhan n'échappe pas à l'exigence de l'éclaircissement rationnel du processus auquel nous assistons : mais au moment où il se rend aux exigences du *cogito* il est tenu de ne pas l'interrompre.

La première victime de cette situation équivoque est McLuhan lui-même — qui ne se limite pas à aligner des données déliées et à nous les faire absorber comme si elles étaient liées. Il lui arrive aussi de s'efforcer de nous présenter des données en apparence sans liens et contradictoires, tandis qu'il les pense comme liées par des opérations logiques, sauf qu'il a des scrupules à nous les montrer en action. Qu'on lise par exemple ce passage que nous proposons après y avoir intercalé des parenthèses numérotées qui séparent les diverses propositions : « Il semble contradictoire que le pouvoir fragmentaire et séparateur du monde analytique occidental provienne d'une accentuation de la faculté visuelle. (1) Le sens de la vue est ainsi responsable de l'habitude de tout voir comme quelque chose de continu et de lié. (2) La fragmentation au moyen du stress visuel se vérifie en un moment isolé dans le temps, ou en un aspect isolé dans l'espace qui va au-delà du pouvoir de toucher, de l'ouïe, de l'odorat et du mouvement. (3) En imposant des rapports non visualisables qui sont la conséquence de la vitesse instantanée, la technologie électrique détrône le sens de la vue et nous rend la synesthésie et les implications très étroites entre les autres sens. »

Maintenant essayons de relire ce passage incompréhensible, en y insérant aux points marqués les connections suivantes : (1) en effet ; (2) cependant ; (3) au contraire. Et l'on se rendra compte que le raisonnement fonctionne du moins formellement.

Cependant, toutes ces observations concernent seulement la technique d'exposition. Plus graves sont les cas dans lesquels l'auteur met en scène de véritables pièges d'argumentation qui peuvent se regrouper sous une catégorie générale définissable en des termes chers à ces scolastiques que McLuhan, commentateur antique de saint Thomas, devrait connaître et imiter : l'équivoque sur la *suppositio* des termes, c'est-à-dire la définition équivoque.

L'homme gutenbergien, et avant lui l'homme alphabétisé, nous avaient au moins appris à définir avec précision les termes de notre discours. Éviter de les définir pour

« impliquer » davantage le lecteur pourrait être une technique (l'ambiguïté voulue du discours poétique est-elle autre chose ?), mais dans d'autres cas c'est une ruse de charlatan.

Ne parlons plus de l'échange désinvolte des connotations habituelles d'un terme qui fait que *chaud* signifie « capable de permettre un détachement critique » et *froid* : « impliquant » ; *visuel* signifie « alphabétique » et *tactile* signifie « visuel » ; *détachement* signifie « engagement critique » et *participation* : « désengagement hallucinatoire » et ainsi de suite. Ici nous serions encore au niveau d'une régénération de la terminologie dans un dessein provocateur.

Voyons au contraire, à titre d'exemple, certains jeux de définitions plus critiquables. Il est faux de dire que « tous les médias sont des métaphores actives parce qu'ils ont le pouvoir de traduire l'expérience en forme nouvelle ». Un média, par exemple la langue parlée, traduit l'expérience en une autre forme parce qu'elle constitue un code. Une métaphore est au contraire la substitution, à l'intérieur d'un code, d'un terme par un autre, en vertu d'une similitude instituée, puis voilée. Mais la définition du média comme métaphore cache aussi une confusion sur la définition du média. Dire qu'il représente « une extension de nous-mêmes » signifie encore peu. La roue *étend* les capacités du pied et le levier celles du bras, mais l'alphabet réduit selon les critères d'économie particulière les possibilités des organes vocaux pour permettre une certaine codification de l'expérience par rapport à la langue écrite, mais celle-ci en favorise la diffusion et elle encourage certaines évolutions dans le sens de la précision, de la standardisation, etc. Dire que « le langage fait pour l'intelligence ce que la roue fait pour les pieds ou pour le corps : il permet aux hommes de se déplacer d'une chose à l'autre avec une grande facilité, une plus grande désinvolture et une participation toujours moindre » n'est rien de plus qu'une réplique de mauvais cabaret.

En effet tout le raisonnement de McLuhan est dominé par une série d'équivoques graves pour un théoricien de la communication, qui empêchent d'établir les différences entre le *canal* de communication, le *code*, le *message*. Dire que les routes et la langue écrite sont des médias signifie que l'on confond un canal avec un code. Dire que la géométrie euclidienne et un habit sont des médias signifie que l'on mélange un code (une façon de formaliser l'expérience) et un message (une façon de signifier, sur la base de conventions vestimentaires, une chose que je veux dire, un contenu). Dire que la lumière est un média signifie que l'on ne se rend pas compte qu'ici, il est question d'au moins trois acceptions de « lumière ».

1. *La lumière comme signal* (je transmets des impulsions qui sur la base du code Morse signifieront par la suite des messages particuliers).

2. *La lumière comme message* (la lumière allumée à la fenêtre de l'amant qui signifie « Viens »).

3. *La lumière comme canal d'une autre communication* (si dans une rue la lumière est allumée, je peux lire l'affiche collée au mur).

Dans ces trois cas, la lumière revêt des fonctions différentes et il serait très intéressant d'étudier les constantes de ce phénomène sous des aspects si divers ou la naissance, en vertu des trois usages si différents, des trois phénomènes « lumière ». En conclusion, la formule, heureuse et désormais célèbre : « Le média, c'est le message », se révèle ambiguë et porteuse d'une série de formules contradictoires. Elle peut en effet signifier :

1. la *forme* du message est le vrai contenu du message (thèse de la littérature et de la critique d'avant-garde) ;

2. le *code*, c'est-à-dire la structure d'une langue — ou d'un autre système de communication — est le message

(célèbre thèse anthropologique de Benjamin Lee Whorf, pour qui la vision du monde est déterminée par la structure de la langue);

3. le *canal* est le message (le matériau choisi pour véhiculer l'information détermine soit la forme du message, soit ses contenus ou la structure des codes — une idée bien connue en esthétique, où l'on sait que le choix de la matière artistique détermine le rythme de l'esprit et le sujet, l'argument lui-même).

Toutes ces formules montrent à McLuhan qu'il est faux que les chercheurs en information, comme il l'affirme, n'aient considéré que le contenu de l'information sans se préoccuper des problèmes formels. A part le fait que là aussi McLuhan joue sur les termes et utilise le mot « information » dans deux acceptions différentes (pour lui il signifie « ce qui est dit », tandis que pour la théorie de l'information il signifie « le nombre de choix binaires nécessaires pour dire quelque chose »), on découvre que la théorie de la communication, en formalisant les différentes phases du passage d'information, a offert des instruments utiles pour différencier les phénomènes qui sont différents et doivent être considérés comme différents.

En réunissant ces différents phénomènes dans sa formule, McLuhan ne nous dit plus rien d'utile. En effet, découvrir que l'avènement de la machine à écrire, en faisant entrer les femmes dans les entreprises comme dactylos, a mis en crise les fabricants de crachoirs, signifie simplement répéter le principe évident que toute technologie nouvelle impose des changements dans le corps social. Mais face à ces changements, il est extrêmement utile de comprendre qu'ils adviennent en vertu d'un nouveau canal, d'un nouveau code, d'un nouveau moyen d'articuler le code, des choses que dit le message en articulant le code, ou de la façon dont un groupe déterminé est prédisposé à accueillir le message.

Voici, alors, une autre proposition ; le média n'est pas le message ; le message devient ce que le récepteur le fait devenir en l'adaptant à ses propres codes qui ne sont ni ceux de l'émetteur ni ceux du chercheur en communication. Le média n'est pas le message parce que pour le chef cannibale, la montre ne représente pas la volonté de spatialiser le temps, mais n'est qu'une breloque cinétique à se mettre au cou. Si le média est le message, il n'y a rien à faire (les apocalyptiques le savent) : nous sommes dirigés par les instruments que nous avons construits. Mais le message dépend de la lecture qu'on en donne, dans l'univers de l'électricité il y a encore de la place pour la guérilla : on différencie les perspectives de réception, on ne prend pas la télévision d'assaut, mais la première chaise devant chaque télévision. Il se peut que ce que dit McLuhan (avec les apocalyptiques) soit vrai, mais dans ce cas il s'agit d'une vérité très néfaste : et comme la culture a la possibilité de construire sans pudeur d'autres vérités, il vaut la peine d'en proposer une qui soit davantage productive.

Pour conclure, trois questions sur l'opportunité de lire McLuhan.

Peut-on faire l'effort de lire *Understanding Media* ? Oui, parce que l'auteur semble nous assaillir avec un fatras énorme de données (Arbasino a magnifiquement supposé, dans l'un de ses articles, que ce livre a été écrit par Bouvard et Pécuchet) mais il ne nous donne qu'une seule information centrale : le média, c'est le message ; il la répète avec une obstination exemplaire et une fidélité absolue à l'idéal de discours des sociétés orales et tribales, auxquelles il nous invite : « Le message tout entier est répété plusieurs fois sur les cercles d'une spirale concentrique et avec une apparente redondance. » Une seule remarque : la redondance n'est pas apparente, elle est réelle. Comme pour les meilleurs produits de distraction des masses, le flot d'informations collatérales sert seulement à rendre consommable une structure centrale redondante à outrance, de façon que le lecteur ne reçoive toujours que ce qu'il sait déjà, ce qu'il a déjà compris. Les signes que McLuhan lit se réfèrent tous à quelque chose qui nous est donné dès le départ.

Après avoir lu des auteurs comme Sedlmayr, vaut-il la peine de lire des auteurs comme McLuhan ? Sincèrement, oui. Il est vrai que tous deux, en changeant le signe algébrique, disent la même chose (c'est-à-dire que les médias ne transmettent pas les idéologies ; ils sont eux-mêmes des idéologies), mais l'emphase visionnaire de McLuhan n'est pas larmoyante, elle est excitante, hilare et folle. Il y a de bonnes choses chez McLuhan comme il y en a chez les fumeurs de bananes et chez les hippies. Attendons de voir ce qu'ils seront encore capables de faire.

La lecture de McLuhan est-elle scientifiquement productive ? Problème embarrassant, parce qu'il faut bien se garder de liquider sous couvert de bon sens académique quelqu'un qui écrit les cantiques de sœur Électricité. Que se cache-t-il de fécond sous cette perpétuelle érection intellectuelle ?

McLuhan ne se limite pas à nous dire « 47 correspond au Mort qui parle », mais la plupart du temps, il fait des affirmations qui, si elles relèvent toujours de la Kabbale, sont du type « 77, jambes des femmes » : dans ce cas nous n'avons pas une analogie parfaitement immotivée comme dans le premier, mais une certaine homologie structurale. Et la recherche des homologies structurales ne fait peur qu'aux esprits étroits et aux « alphabétisés » incapables de voir au-delà de leurs propres abécédaires.

Quand Panofsky découvre une homologie structurale entre les plans des cathédrales gothiques et les formes des traités de théologie médiévale, il essaie de comparer deux *modus operandi* qui donnent vie à des systèmes relationnels réduisibles à un même diagramme, à un unique modèle formel. Et quand McLuhan voit un rapport entre la disparition de la mentalité gutenbergienne et certaines façons de concevoir les structures organisatrices de façon linéaire et hiérarchisante, il travaille, à n'en pas douter, sur le même niveau de bonheur heuristique. Mais quand il ajoute que le même processus a conduit à la disparition des files de porteurs à l'arrivée des clients des hôtels, il commence à entrer dans le règne de l'invérifiable, et quand il arrive à la disparition des coutures verticales des bas de nylon, il entre dans le règne de l'impondérable. Mais quand il joue de façon cynique avec les opinions courantes, tout en sachant qu'elles sont fausses, alors, il éveille nos soupçons : car McLuhan sait que le cerveau électronique exécute de nombreuses opérations à une vitesse instantanée, en une seule seconde, mais il sait également que ce fait ne peut lui permettre d'affirmer que « la synchronisation instantanée de nombreuses opérations a mis fin au vieux schéma mécanique qui dispose les opérations en une séquence linéaire » ; en effet la *programmation* d'un cerveau électronique consiste justement à prédisposer des séquences linéaires d'opérations logiques décomposées en signaux binaires ; s'il y a quelque chose de peu tribal, enveloppant, polycentrique, hallucinatoire, et non gutenbergien, c'est bien le travail du programmeur. On ne peut pas profiter de la naïveté de l'humaniste moyen qui ne connaît l'ordinateur que par les livres de science-fiction. C'est précisément dans la mesure où son discours présente des intuitions extrêmement valables que nous demandons à McLuhan de ne pas s'adonner au jeu des trois cartes.

Mais, conclusion mélancolique, le succès mondain de sa pensée est dû justement à cette technique de la non-définition des termes et à cette logique du *cogito interrup-*

tus qui a donné autant d'échos, auprès du public, aux apocalyptiques dans les articles de vulgarisation des pages culturelles des journaux bien-pensants. Dans ce sens McLuhan a raison, l'homme gutenbergien est mort et le lecteur cherche dans le livre un message à basse définition facile dans lequel se plonger de façon hallucinatoire. N'est-il pas mieux alors de regarder la télévision?

Que la télévision soit meilleure que Sedlmayr ne fait aucun doute; les indignations de Mike Buongiorno[1] devant la peinture « futuriste » de Picasso sont plus saines que les lamentations sur l'art dégénéré. En ce qui concerne McLuhan, c'est différent; même quand elles sont vendues de façon désordonnée, les bonnes avec les mauvaises, les idées appellent d'autres idées, ne serait-ce que pour les réfuter. Lisez McLuhan; mais ensuite, essayez de le raconter à vos amis. Ainsi vous serez obligés de choisir une séquence et vous sortirez de l'hallucination.

Quindici, 1967.

---

1. Célèbre animateur de la télévision italienne *(N.D.T.)*.

LA LANGUE, LE POUVOIR, LA FORCE

Le 17 janvier 1977, devant le public nombreux des grandes occasions mondaines et culturelles, Roland Barthes prononçait sa leçon inaugurale au Collège de France où il venait d'être nommé à la chaire de sémiologie littéraire. Cette leçon dont avaient parlé les journaux de l'époque (*Le Monde* lui avait consacré une page entière), publiée aujourd'hui aux Éditions du Seuil, sous le titre humble et très orgueilleux de *Leçon*[1], comporte à peine plus de quarante pages et se compose de trois parties. La première traite du langage, la deuxième de la fonction de la littérature par rapport au pouvoir du langage, la troisième de la sémiologie et, en particulier, de la sémiologie littéraire.

Disons tout de suite que nous laisserons de côté la troisième partie (qui dans sa brièveté imposerait toutefois une ample discussion méthodologique) et que nous ne ferons qu'effleurer la deuxième. Il nous semble que la première partie pose un problème plus vaste qui va au-delà de la littérature et des techniques de recherche sur la littérature et touche à la question du pouvoir. Question

1. Roland Barthes, *Leçon*, Paris, Le Seuil, 1978.

qui traverse aussi les autres livres examinés en diagonale dans cet article.

La leçon inaugurale de Barthes est construite avec une splendide rhétorique et commence par l'éloge de la dignité dont il va être investi. Comme on le sait peut-être, les professeurs du Collège de France se limitent à parler : ils ne font pas passer d'examens, ils n'ont pas le pouvoir de recevoir ou de coller, on va les écouter par amour de ce qu'ils disent. D'où la satisfaction (encore une fois humble et très orgueilleuse) de Barthes : j'entre dans un lieu qui est hors du pouvoir. Hypocrisie certes, car rien en France ne confère plus de pouvoir culturel que d'enseigner au Collège de France, en produisant du savoir. Mais ici, nous anticipons. Dans cette leçon (qui, comme nous le verrons, porte sur le jeu *avec* le langage) Barthes, quoique avec candeur, joue : il avance une définition du pouvoir et en présuppose une autre.

En effet Barthes est trop subtil pour ignorer Foucault, qu'il remercie au contraire d'avoir été son patron au Collège : il sait donc que le pouvoir n'est pas « un », qu'il s'insinue là où on ne le perçoit pas d'emblée et qu'il est « pluriel », une légion comme les démons. Le pouvoir est présent dans les mécanismes les plus fins de l'échange social : non seulement dans l'État, les classes, les groupes, mais encore dans les modes, les opinions courantes, les spectacles, les jeux, les sports, les informations, les relations familiales et privées et jusque dans les poussées libératrices qui essaient de le contester : « J'appelle discours de pouvoir tout discours qui engendre la faute et partant la culpabilité de celui qui le reçoit. » Faites une révolution pour détruire le pouvoir, il renaîtra à l'intérieur du nouvel état des choses. « ... Le pouvoir est le parasite d'un organisme trans-social, lié à l'histoire entière de l'homme, et non pas seulement à son histoire politique, historique. Cet objet en quoi s'inscrit le pouvoir, de toute éternité humaine, c'est : le langage — ou pour être plus précis, son expression obligée : la langue. »

Ce n'est pas la faculté de parole qui pose le pouvoir, c'est la faculté de parler dans la mesure où elle se raidit dans un ordre, dans un système de règles : la langue. La langue, dit Barthes (avec un discours qui répète largement, je ne sais jusqu'à quel point consciemment, les positions de Benjamin Lee Whorf), m'oblige à énoncer une action en me posant comme sujet. A partir de ce moment tout ce que je fais sera la conséquence de ce que je suis ; la langue m'oblige à choisir entre le masculin et le féminin et m'interdit de concevoir une catégorie neutre ; elle m'impose de m'engager envers l'autre, soit par le « vous », soit par le « tu ». Je n'ai pas le droit de ne pas préciser mon rapport affectif ou social. Naturellement Barthes parle du français ; l'anglais lui rendrait au moins ces deux libertés citées ; mais (dirait-il justement) il lui en soustrairait d'autres. Conclusion : « A cause de sa propre structure la langue implique une relation fatale d'aliénation. » Parler c'est s'assujettir : la langue est une réaction généralisée. Encore plus : « Elle n'est ni réactionnaire, ni progressiste, elle est tout simplement : fasciste ; car le fascisme, ce n'est pas d'empêcher de dire, c'est d'obliger à dire. »

Du point de vue polémique cette affirmation est celle qui, dès janvier 1977, avait provoqué le plus de réactions. Toutes les autres qui suivent en découlent : on ne s'étonnera donc pas d'entendre dire que la langue est pouvoir parce qu'elle m'oblige à utiliser des stéréotypes déjà préformés, parmi lesquels les mots eux-mêmes, et qu'elle est si fatalement structurée que, esclaves à l'intérieur d'elle, nous ne parvenons pas à nous en libérer à l'extérieur parce que rien n'est extérieur à la langue.

Comment sortir de ce que Barthes appelle en se référant à Sartre un « huis-clos » ? En trichant. On peut tricher avec la langue. Ce jeu malhonnête, salutaire et libératoire, s'appelle littérature.

D'où l'esquisse d'une théorie de la littérature comme écriture, jeu *de* et *avec* les mots. Catégorie qui n'investit pas que les pratiques dites littéraires, mais qui peut se retrouver opérante même dans le texte d'un scientifique ou d'un historien. Mais le modèle de cette activité libératoire est à la fin pour Barthes toujours celui des activités dites « créatives » ou « créatrices ». La littérature met en scène le langage, en travaille les interstices, ne se mesure pas avec des énoncés tout faits mais avec le jeu même du sujet qui énonce, découvre le sel des mots. Elle sait très bien qu'elle peut être récupérée par la force de la langue, mais, justement pour cela, elle est prête à s'abjurer, dit et renie ce qu'elle a dit, s'obstine et se déplace avec volubilité ; elle ne détruit pas les signes, elle les fait jouer et les joue. La question de savoir si la littérature est une libération du pouvoir de la langue dépend de la nature de ce pouvoir. Là-dessus Barthes nous a paru évasif. D'autre part, il cite Foucault directement et non seulement en tant qu'ami mais même indirectement en le paraphrasant quand il parle dans un bref passage de la « pluralité » du pouvoir. La notion du pouvoir élaborée par Foucault est peut-être la plus convaincante en circulation aujourd'hui, certainement la plus provocante. Nous la retrouvons construite pas à pas, dans toute son œuvre.

A travers la différenciation qui s'opère, d'œuvre en œuvre, des rapports entre pouvoir et savoir, entre pratique discursive et pratique non discursive, se dessine clairement chez Foucault une notion de pouvoir qui a au moins deux caractéristiques qui nous intéressent dans ce contexte. D'abord le pouvoir n'est pas seulement répression et interdiction, il est aussi incitation au discours et production de savoir ; en second lieu, comme l'indique également Barthes, le pouvoir n'est pas un, n'est pas massif, n'est pas un processus unidirectionnel entre une identité qui commande et ses propres sujets.

« Il faut en somme admettre que ce pouvoir s'exerce plutôt qu'il ne se possède, qu'il n'est pas le "privilège" acquis ou conservé de la classe dominante, mais l'effet d'ensemble de ses positions stratégiques — effet que manifeste et parfois reconduit la position de ceux qui sont dominés. Ce pouvoir d'autre part ne s'applique pas purement et simplement, comme une obligation ou une interdiction, à ceux qui "ne l'ont pas"; il les investit, passe par eux et à travers eux; il prend appui sur eux, tout comme eux-mêmes, dans leur lutte contre lui, prenant appui à leur tour sur les prises qu'il exerce sur eux » (*Surveiller et punir*). Encore : « Par pouvoir, je n'entends pas non plus un mode d'assujettissement, qui, par opposition à la violence, aurait la forme de la règle. Enfin, je n'entends pas un système général de domination exercée par un élément ou un groupe sur un autre, et dont les effets, par dérivations successives, traverseraient le corps social tout entier. L'analyse, en termes de pouvoir, ne doit pas postuler, comme données initiales, la souveraineté de l'État, la forme de la loi ou l'unité globale d'une domination; celles-ci n'en sont plutôt que les formes terminales. Par pouvoir, il me semble qu'il faut comprendre d'abord la multiplicité des rapports de forces qui sont immanents au domaine où ils s'exercent, et sont constitutifs de leur organisation, le jeu qui par voie de luttes et d'affrontements incessants les transforme, les renforce, les inverse; les appuis que ces rapports de forces trouvent les uns dans les autres, de manière à former chaîne ou système, ou, au contraire, les décalages, les contradictions qui les isolent les uns des autres; les stratégies enfin dans lesquelles ils prennent effet, et dont le dessin général ou la cristallisation institutionnelle prennent corps dans les appareils étatiques, dans la formation de la loi, dans les hégémonies sociales. »

Le pouvoir ne doit pas être cherché dans un centre unique de souveraineté mais « comme socle mouvant des rapports de forces qui induisent sans cesse, par leur inégalité, des états de pouvoir, mais toujours locaux et instables [...]. Le pouvoir est partout, ce n'est pas qu'il englobe tout, c'est qu'il vient de partout [...]. Le pouvoir vient d'en bas [...], il n'y a pas, en principe, des relations de pouvoir, et comme matrice générale une opposition binaire et globale entre les dominateurs et les dominés [...]. Il faut plutôt supposer que les rapports de forces multiples qui se forment et jouent dans les appareils de production, les familles, les groupes restreints, les institutions servent de support à de larges effets de clivage qui parcourent l'ensemble du corps social » (*La Volonté de savoir*).

Or cette image du pouvoir rappelle de près l'idée de ce système que les linguistes appellent langue. La langue est, certes, coercitive (elle m'interdit de dire « Je voudrions un comment » sous peine d'incompréhensibilité), mais son caractère coercitif ne dépend ni d'une décision individuelle ni d'aucun centre d'où les règles irradient : c'est un produit social, elle naît comme un appareil contraignant justement à cause du consensus de tous, chacun est réticent devant l'observance de la grammaire, mais y consent et prétend que les autres l'observent parce qu'il y trouve son avantage.

Je ne sais si nous pourrions dire qu'une langue est un dispositif de pouvoir (même si justement à cause de son caractère systématique elle est constitutive de savoir), mais il est certain qu'elle est un modèle du pouvoir. Nous pourrions dire que, appareil sémiotique par excellence ou (comme disent les sémiologues russes) système modélisant primaire, elle est un modèle de ces autres systèmes sémiotiques qui s'établissent dans les différentes cultures comme dispositifs de pouvoir et de savoir (systèmes modélisants secondaires).

Dans ce sens Barthes a donc raison de définir la langue comme quelque chose de lié au pouvoir, mais il a tort d'en tirer deux conclusions : que donc la langue est fasciste et qu'elle est « l'objet dans lequel s'inscrit le pouvoir », c'est-à-dire son épiphanie menaçante.

Liquidons tout de suite la première et très claire erreur : si le pouvoir est celui défini par Foucault et si les caractéristiques du pouvoir se retrouvent dans la langue, dire que la langue est pour cela fasciste est davantage qu'une boutade : c'est une invitation à la confusion. Car alors, le fascisme étant partout, dans toute situation de pouvoir et dans chaque langue depuis toujours, il ne serait plus nulle part. Si la condition humaine est mise sous le signe du fascisme, tout le monde est fasciste et personne ne l'est. Ce qui nous montre le danger des arguments démagogiques que l'on voit abondamment utilisés au niveau du journalisme quotidien et sans les finesses de Barthes, qui lui au moins sait qu'il utilise des paradoxes et les emploie à des fins rhétoriques.

Mais la seconde erreur me semble plus subtile : la langue n'est pas ce en quoi s'inscrit le pouvoir. Franchement, je n'ai jamais compris cette manie française ou francisante de tout inscrire et de tout voir comme inscrit : en deux mots, je ne sais pas exactement ce que veut dire « s'inscrire ». Il me semble que ce verbe est une de ces expressions qui résolvent avec autorité des problèmes qu'on ne sait pas définir autrement. Mais même si on admettait cette expression, je dirais que la langue est le dispositif à travers lequel le pouvoir est inscrit là où il s'instaure. Je voudrais m'expliquer plus clairement et pour cela je me référerai à l'étude récente de Georges Duby[1] sur la théorie des trois ordres.

Duby part des États Généraux, à l'aube de la Révolution française : clergé, noblesse et Tiers État. Il se demande d'où vient cette théorie (et idéologie) des trois états. Il la trouve dans les très anciens textes ecclésiastiques d'origine carolingienne dans lesquels on parle du peuple de Dieu comme divisé en trois ordres, ou partis, ou niveaux : ceux qui prient, ceux qui combattent et ceux qui travaillent. Une autre métaphore qui circulait au Moyen Âge est celle du troupeau : il y a les bergers, les chiens de berger et les moutons. En d'autres termes, pour donner une interprétation traditionnelle de cette tripartition, il y a le clergé qui dirige spirituellement la société, les hommes d'armes qui la protègent et le peuple qui les nourrit tous les deux. C'est assez simple et il suffira de penser à la querelle des Investitures et au conflit entre la papauté et l'Empire, que nous avons appris à l'école, pour comprendre de quoi on est en train de parler.

Mais Duby va au-delà de l'interprétation banale. En plus de quatre cents pages d'une densité exceptionnelle, dans lesquelles il parcourt les vicissitudes de cette idée, de la période carolingienne à la fin du XIIe siècle (et seulement pour la France), il découvre que ce modèle d'organisation de la société n'est jamais égal à lui-même. Il réapparaît souvent, mais avec des termes organisés différemment ; quelquefois, au lieu de prendre une forme triangulaire, il en prend une quadrangulaire. Tantôt on parle de *milites*, tantôt de *pugnatores*, tantôt de chevaliers ; tantôt de clergé, tantôt de moines ; tantôt d'agriculteurs, tantôt de travailleurs tout court, tantôt de marchands.

Il faut dire que, au cours de trois siècles, se produisent

1. Georges Duby, *Les Trois Ordres, ou l'Imaginaire du féodalisme*, Paris, Gallimard, 1978.

de nombreuses évolutions dans la société européenne et se mettent en place différents jeux d'alliances entre le clergé citadin et les seigneurs féodaux, pour opprimer le peuple ; entre le clergé et le peuple pour se soustraire aux oppressions des chevaliers ; entre moines et seigneurs féodaux contre le clergé citadin ; entre le clergé citadin et les monarchies nationales ; entre les monarchies nationales et les grands ordres monastiques... On pourrait continuer ainsi à l'infini, le livre de Duby nous apparaît comme une étude sur les rapports politiques entre démocratie chrétienne, États-Unis, parti communiste et patronat dans l'Italie contemporaine tels qu'ils pourraient apparaître à un lecteur de l'an 3000. Ce qui nous montre d'emblée que les choses ne sont pas toujours aussi claires qu'on pourrait le croire, que des expressions canoniques comme ouverture à gauche ou développement économique prennent des sens différents, non seulement quand on passe d'Andreotti à Craxi, mais même à l'intérieur d'un seul congrès de la démocratie chrétienne et dans le laps de temps entre deux consultations électorales. Ces polémiques médiévales qui nous semblaient si claires, avec un jeu des rôles si bien défini, sont au contraire très subtiles. Cela arrive presque à justifier le fait que le livre de Duby soit à la fois si dense, si fascinant, et si ennuyeux, si difficile à clarifier, dépourvu qu'il est de résumés immédiatement compréhensibles : parce qu'il nous met face à un flux de manœuvres visqueuses. Quand le moine de Cluny parle de divisions entre clercs, chevaliers et paysans, mais semble agiter le fantôme d'une division en quatre parties, en ajoutant à cet axe ternaire, qui concerne la vie terrestre, un axe binaire qui concerne la vie surnaturelle et dans lequel les trois ordres précédents s'opposent aux moines, médiateurs de l'au-delà, voici que le jeu change infinitésimalement et l'on fait allusion à la domination que les ordres monastiques veulent exercer sur les trois autres ordres, tandis que le clergé urbain assume une fonction purement de vicaire, et le rapport se pose directement entre monastères et structure féodale.

Il arrive que chacune de ces formules, si semblables entre elles et pourtant si différentes, s'innerve sur un réseau de rapports de forces : les chevaliers saccagent les campagnes, le peuple cherche un soutien et essaie de défendre les produits de la terre. Mais parmi le peuple émergent ceux qui ont quelques biens et tendent à retourner la situation en leur faveur, etc.

Mais ces rapports de forces demeureraient purement aléatoires s'ils n'étaient pas réglés par une structure de pouvoir qui rende tout le monde consentant et disposé à s'y reconnaître. Dans ce but intervient la rhétorique, c'est-à-dire le langage dans sa fonction de norme et de modèle qui, avec des glissements infinitésimaux d'accents, légitime certains rapports de forces et en criminalise d'autres. L'idéologie prend forme : le pouvoir qui en naît devient un véritable réseau de consensus qui partent du bas, parce que les rapports de forces ont été transformés en rapports symboliques.

A ce point de ma lecture de textes aussi différents se dessine une opposition entre pouvoir et force, opposition qui me semble totalement occultée dans les discours sur le pouvoir qui aujourd'hui circulent quotidiennement de l'école à l'usine et au ghetto. Nous savons que, depuis soixante-huit à nos jours, la critique et la contestation du pouvoir se sont beaucoup détériorées, justement parce qu'elles sont devenues de masse : processus inévitable et ce n'est pas nous qui allons dire (en jouant les réactionnaires) qu'au moment où un concept est mis à la portée de tout le monde, il s'effiloche et que donc il aurait dû rester à la portée de quelques-uns. Au contraire : c'est justement parce qu'il devrait être mis à la portée de tous et, ainsi, risquer de s'effilocher, que la critique de ces dégénérescences devient importante.

Donc, dans les discours politiques de masse sur le pouvoir, il y a eu deux phases équivoques : la première, naïve, dans laquelle le pouvoir avait un centre (le système, comme un méchant monsieur moustachu, qui manœuvrait de la console d'un ordinateur maléfique la perdition de la classe ouvrière). Cette idée a été suffisamment critiquée, et la notion de pouvoir chez Foucault intervient justement pour en montrer la naïveté anthropomorphique. On peut trouver la trace de cette révision de ce concept même dans les contradictions internes des différents groupes terroristes : entre ceux qui veulent frapper le « cœur » de l'État et ceux qui au contraire défont les mailles du pouvoir, à la périphérie, dans les points que j'appellerai « foucaldiens », où agissent les surveillants de prison, le petit commerçant, le contremaître. Mais la seconde phase est plus ambiguë, parce que, en elle, force et pouvoir se confondent trop facilement. Je parle de « force » au lieu de « causalité » qui me viendrait spontanément, pour les raisons que nous verrons plus loin ; mais commençons tout de suite par une notion assez naïve de causalité.

Il y a des choses qui sont la cause d'autres choses : la foudre brûle l'arbre, le membre masculin féconde l'utérus féminin. Ces rapports ne sont pas réversibles, l'arbre ne brûle pas la foudre, la femme ne féconde pas l'homme. Il y a au contraire des rapports dans lesquels quelqu'un fait faire à quelqu'un d'autre des choses en vertu d'un rapport symbolique : l'homme établit qu'à la maison c'est la femme qui doit faire la vaisselle, l'Inquisition établit que l'hérétique sera brûlé sur le bûcher et s'arroge le droit de définir ce qu'est l'hérésie. Ces rapports se fondent sur une stratégie du langage qui, après avoir reconnu la fragilité des rapports de forces, les a institutionnalisés symboliquement, en obtenant le consensus des dominés. Les rapports symboliques sont réversibles. En principe, il suffit que la femme dise non à l'homme pour que la vaisselle soit faite par lui, que les hérétiques ne reconnaissent pas l'autorité de l'inquisiteur pour que celui-ci soit brûlé. Bien sûr les choses ne sont pas aussi simples, et justement parce que le discours qui constitue symboliquement le pouvoir doit compter non pas avec de simples rapports de causalité, mais avec de complexes interactions de forces ; et cependant, ici me semble résider la différence entre pouvoir, comme fait symbolique, et causalité pure : le premier est réversible, pour le pouvoir on fait des révolutions, la seconde est uniquement canalisable, elle permet des réformes (j'invente le paratonnerre, la femme décide d'utiliser des contraceptifs, de ne pas avoir de rapports sexuels, ou d'avoir seulement des rapports homosexuels).

L'incapacité de distinguer entre pouvoir et causalité conduit à de nombreux comportements politiques infantiles. Nous avons dit que les choses ne sont pas aussi simples. Nous remplaçons la notion de causalité (unidirectionnelle) par celle de force. Une force s'exerce sur une autre force : elles se composent en un parallélogramme des forces. Elles ne s'annulent pas, si elles obéissent à une loi. Le jeu entre les forces est réformiste : il produit des compromis. Mais le jeu n'est jamais entre deux forces, il est entre d'innombrables forces, le parallélogramme engendre de bien plus complexes figures multidimensionnelles. Pour savoir quelles forces doivent être opposées à quelles autres interviennent des décisions qui ne dépendent pas du jeu des forces, mais du jeu du pouvoir. Cela produit un savoir de la composition des forces.

Pour en revenir à Duby, lorsque les chevaliers existent, lorsque les marchands entrent en jeu avec leurs richesses, lorsque les paysans poussés par la famine émigrent vers les villes, on a affaire à des forces : la stratégie symbolique, la formulation des théories convaincantes des trois ou des quatre ordres et donc l'ébauche des rapports de pouvoir entre en jeu pour définir quelles forces devront en contenir d'autres et dans quelle direction devront avancer les parallélogrammes qui en découlent. Mais dans le livre de Duby, du moins pour le lecteur distrait, le jeu des forces risque de disparaître, face à l'argument dominant, qui est constitué par la réorganisation continuelle des figures symboliques.

Prenons maintenant le dernier livre de notre pile, celui de Howard sur l'histoire des armes dans l'évolution de l'histoire européenne. Nous en parlerons seulement très rapidement, en invitant le lecteur à prendre lui-même son plaisir avec ce livre fascinant qui part des guerres de la période féodale pour arriver à celles de la période nucléaire, plein d'anecdotes et de découvertes imprévisibles. En 1346, à Crécy, Édouard III introduit contre la chevalerie ennemie les archers à arcs longs. Lesquels arcs, qui lançaient cinq ou six flèches dans le même temps qu'une arbalète mettait pour décocher un seul trait, exercèrent une force différente sur la chevalerie. Elle en est défaite. La chevalerie est alors obligée d'alourdir ses armures : elle devient moins aisée à manœuvrer et ne sert plus à rien quand elle descend de cheval. La force du chevalier armé devient nulle.

Il s'agit là de rapports de forces. On y réagit en essayant de brider la force nouvelle. On réforme toute la structure de l'armée. A travers des compositions de ce genre, l'histoire d'Europe avance, les armées changent. Rappelons à ce propos les plaintes des paladins de l'Arioste contre la cruauté aveugle de l'arquebuse. Mais voilà que les nouveaux rapports de forces, en s'entremêlant et en se composant, créent une nouvelle idéologie de l'armée et produisent de nouveaux ajustements symboliques. Ici le livre de Howard semble procéder de façon contraire à celui de Duby: de la force aux nouvelles structures de pouvoir par voies indirectes, tandis que l'autre partait de la formulation des images du pouvoir pour arriver aux rapports de forces anciennes et nouvelles qui y étaient sous-jacentes.

Mais si on ne réfléchit pas assez sur cette opposition, on tombe dans des formes d'infantilisme politique. On ne dit pas à une force : « Non, je ne t'obéis pas » ; on élabore des techniques de freinage. Mais on ne réagit pas devant un rapport de pouvoir avec un pur et simple acte de force : le pouvoir est beaucoup plus subtil et se sert de consensus bien plus capillaires, et cicatrise la blessure reçue à cet endroit, qui est toujours et nécessairement périphérique.

C'est pourquoi on est habituellement fasciné par les grandes révolutions qui apparaissent à la postérité comme l'effet d'un seul acte de force qui, frappant un point apparemment insignifiant, fait tourner l'axe entier d'une situation de pouvoir : la prise de la Bastille, l'assaut du palais d'Hiver, le coup de main contre la caserne Moncada... Pour cette raison, le révolutionnaire en herbe s'empresse de reproduire des actes exemplaires de ce genre, en s'étonnant qu'ils ne réussissent pas. En fait, l'acte de force « historique » n'avait jamais été un acte de force mais un geste symbolique, une trouvaille théâtrale finale qui sanctionnait, d'une façon significative également au niveau du décor, une crise des rapports de pouvoir qui s'était diffusée et ramifiée depuis longtemps. Et sans laquelle le pseudo-acte de force ne serait qu'un simple acte de force sans pouvoir symbolique, destiné à se composer dans un petit parallélogramme local.

Mais comment un pouvoir qui est fait d'un réseau de consensus peut-il se désagréger ? C'est la question que se pose Foucault, toujours dans *La Volonté de savoir* : « Faut-il dire qu'on est nécessairement "dans" le pouvoir, qu'on ne lui "échappe" pas, qu'il n'y a pas, par rapport à lui, d'extérieur absolu, parce qu'on serait immanquablement soumis à la loi ? » A y regarder de plus près, c'est la même constatation que Barthes fait lorsqu'il dit qu'on ne sort jamais du langage. La réponse de Foucault est : « Ce serait méconnaître le caractère strictement relationnel des rapports de pouvoir. Ils ne peuvent exister qu'en fonction d'une multiplicité de points de résistance : ceux-ci jouent, dans les relations de pouvoir, le rôle d'adversaire, de cible, d'appui, de saillie pour une prise [...]. Il n'y a donc pas par rapport au pouvoir *un* lieu du grand Refus — âme de la révolte, foyer de toutes les rébellions, loi pure du révolutionnaire. Mais *des* résistances qui sont des cas d'espèces : possibles, nécessaires, improbables, spontanées, sauvages, solitaires, concertées, rampantes, violentes, irréconciliables, promptes à la transaction, intéressées, ou sacrificielles [...], les points, les nœuds, les foyers de résistance sont disséminés avec plus ou moins de densité dans le temps et l'espace, dressant parfois des groupes ou des individus de manière définitive, allumant certains points du corps, certains moments de la vie, certains types de comportement. Des grandes ruptures radicales, des partages binaires et massifs ? Parfois. Mais on a affaire le plus souvent à des points de résistance mobiles et transitoires, introduisant dans une société des clivages qui se déplacent, brisant des unités et suscitant des regroupements, sillonnant les individus eux-mêmes, les découpant et les remodelant [...]. »

Dans ce sens, le pouvoir, dans lequel on est, voit naître de son propre intérieur la désagrégation des consensus sur lesquels il se fonde. Ce qui m'importe dans les limites de cet article, c'est de mettre en évidence l'homologie entre ces processus continus de désagrégation décrits (de manière plutôt allusive) par Foucault et la fonction que Barthes assigne à la littérature à l'intérieur du système du pouvoir linguistique. Cela nous conduirait peut-être à faire quelques réflexions sur une certaine esthétique de la vision de Foucault, justement au moment où (voir l'interview de 1977, en appendice à l'édition italienne de *La Volonté de savoir*) il se prononce contre la fin de l'activité de l'écrivain et contre la théorisation de l'écriture comme activité subversive. Cela nous conduirait aussi à nous demander si Barthes ne fait pas de la littérature (au moment où il dit que cette possibilité est également ouverte au scientifique et à l'historien) une allégorie des rapports de résistance et de critique au pouvoir à l'intérieur même de la vie sociale. Il paraît clair que cette technique diffuse d'opposition au pouvoir, toujours de l'intérieur, n'a rien à voir avec les techniques d'opposition à la force qui sont toujours extérieures et ponctuelles. Les oppositions à la force obtiennent toujours une réponse immédiate, comme dans le choc entre deux boules de billard; les oppositions au pouvoir suscitent toujours des réactions indirectes.

Tentons une allégorie digne d'un beau film américain des années trente. Dans le quartier chinois, un gang met en œuvre le racket des laveries. Actes de force. On entre, on demande de l'argent, si la laverie ne paie pas on casse tout. Le patron de la laverie peut opposer la force à la force: il casse la figure au gangster. Le résultat est immédiat. C'est au gangster d'exercer le jour suivant une plus grande force. Le jeu des forces peut conduire à certaines modifications des systèmes de protection dans la vie du quartier: portes blindées aux laveries, systèmes d'alarme. Paratonnerres.

Mais peu à peu, le climat est intériorisé par les habitants du quartier: les restaurants ferment plus tôt, les habitants ne sortent pas après le dîner, les autres commerçants admettent qu'il est raisonnable de payer pour ne pas être dérangés... Un rapport de légitimation du pouvoir des gangsters s'est instauré et tout le monde y collabore, même ceux qui voudraient un système différent. Le pouvoir des gangsters commence maintenant à se fonder sur des rapports symboliques d'obéissance, dans lesquels l'obéissant est aussi responsable que celui à qui l'on obéit. D'une certaine façon, chacun y trouve son propre compte.

La première désagrégation du consensus pourrait venir d'un groupe de jeunes qui décident d'organiser tous les soirs une fête avec des pétards et des dragons en papier. Comme acte de force, cela pourrait entraver le passage ou la fuite des gangsters, mais dans ce sens, l'action est moindre. Comme aspect de résistance au pouvoir la fête introduit un élément de confiance, qui contribue à désagréger le consensus dicté par la peur. Son résultat ne peut pas être immédiat ; surtout, on n'aura aucun résultat si à la fête ne correspondent pas d'autres attitudes périphériques, d'autres façons d'exprimer le « Je ne marche pas ». Dans notre film, il pourrait y avoir le geste courageux d'un journaliste local. Mais le processus pourrait aussi échouer. Il faudrait tout de suite renier les tactiques au cas où le système du racket se révélerait capable de les intégrer au folklore local... Arrêtons ici l'allégorie qui, en tant que film, nous contraindrait à un *happy end*.

Je ne sais si cette fête avec le dragon est une allégorie de la littérature selon Barthes, ou si la littérature de Barthes et cette fête sont des allégories des crises des systèmes du pouvoir selon Foucault. Également parce que, ici, surgit un nouveau doute : jusqu'à quel point la langue de Barthes obéit-elle à des mécanismes homologues au système de pouvoir décrit par Foucault ?

Posons une langue comme un système de règles : non pas seulement les règles grammaticales, mais aussi celles qu'aujourd'hui on appelle pragmatiques : par exemple, la règle de la conversation qui exige que l'on réponde à une question de façon pertinente, et celui qui la viole est jugé tour à tour mal élevé, idiot, provocateur, ou bien on pense qu'il fait allusion à quelque chose d'autre qu'il ne veut pas dire. La littérature qui triche avec la langue se présente comme l'activité qui désagrège les règles et en pose d'autres : provisoires, valables dans un seul discours et un seul courant ; et surtout valables dans le cadre de laboratoire littéraire. Cela signifie que Ionesco triche avec la langue en faisant parler ses personnages comme ils parlent, par exemple, dans *La Cantatrice chauve*. Mais si dans le rapport social tout le monde parlait comme la cantatrice, la société se désagrégerait. Remarquons qu'il n'y aurait pas de révolution linguistique, parce que la révolution implique un renversement des rapports de pouvoir ; un univers qui parlerait comme Ionesco ne renverserait rien, il instaurerait une sorte de degré *n* (l'opposé de zéro, un nombre indéfini) du comportement. Il ne serait même plus possible d'acheter du pain chez le boulanger.

Comment se défend la langue face à ce risque ? Barthes le dit, en reconstituant une situation de pouvoir face à sa propre violation, en l'absorbant (l'anacoluthe de l'artiste devient une norme commune). Quant à la société, elle défend la langue en jouant la littérature, qui met en cause la langue, dans des lieux réservés. Ainsi il arrive que, dans le langage, on n'ait jamais de révolution : il s'agit soit d'une fiction de révolution, sur la scène, où tout est permis, et puis on rentre à la maison en parlant normalement ; soit d'un mouvement infinitésimal de réformes continuelles. L'esthétisme consiste à croire que l'art est la vie, et la vie l'art, en confondant les zones. En s'illusionnant.

Donc la langue n'est pas un scénario de pouvoir au sens de Foucault. D'accord. Mais pourquoi avons-nous eu l'impression de trouver des homologies aussi fortes entre des dispositifs linguistiques et des dispositifs de pouvoir ? Et de relever que le savoir d'où un pouvoir tire sa substance est produit par des moyens linguistiques ?

Ici surgit un doute. Il ne faut peut-être pas penser que la langue est différente du pouvoir parce que le pouvoir est un lieu de révolution, ce qui n'est pas consenti à la langue. Mais que le pouvoir est homologue à la langue parce que, tel que Foucault le décrit, il ne peut jamais être un lieu de révolution. C'est-à-dire : dans le pouvoir il n'y a jamais de différence entre réforme et révolution, la révolution étant le moment où un régime ralenti d'ajustements progressifs subit brusquement, ce que René Thom appellerait une catastrophe, un tournant brutal ; mais dans le sens où une concentration de mouvements sismiques produit brutalement un bouleversement du terrain. Point de rupture finale de quelque chose qui s'était déjà formé petit à petit. Les révolutions seraient alors les catastrophes des mouvements lents de réformes, totalement indépendantes de la volonté des sujets, effet fortuit d'une composition de forces finales qui obéit à une stratégie d'ajustements symboliques mûrie depuis longtemps. Ce qui reviendrait à dire qu'il est difficile de savoir si la conception du pouvoir de Foucault (et que Barthes applique de façon géniale à la langue) est une vision néo-révolutionnaire ou néo-réformiste. Mais Foucault a surtout le mérite d'avoir éliminé la différence entre ces deux concepts, nous obligeant à revoir, en même temps que la notion de pouvoir, celle de l'initiative politique. Je vois déjà les chasseurs de modes m'accuser de voir en Foucault un penseur typique du *riflusso*[1]. Bêtise. Le fait est que dans cet enchevêtrement de problèmes se profilent de nouvelles notions de pouvoir, de force, de bouleversements politiques et d'ajustements progressifs à travers de

1. Cf. note p. 130.

351

lents glissements périphériques, dans un univers sans centre, où tout est périphérie et où rien n'a plus de « cœur ». Beau plexus d'idées pour une réflexion qui naît à l'enseigne d'une « leçon ». Laissons-le en suspens. Ce sont des problèmes, comme dirait Foucault, que le sujet individuel ne résout pas. A moins qu'il ne se limite à la fiction littéraire.

Alfabeta, 1979.

ÉLOGE DE SAINT THOMAS

Le pire malheur de sa carrière ne s'abat pas sur saint Thomas d'Aquin le 7 mars 1274, quand il meurt à Fossanova, à peine âgé de quarante-neuf ans, et que les moines ne réussissent pas à descendre son corps par l'escalier, tant il est gros. Ce n'est même pas trois ans après sa mort, lorsque l'archevêque de Paris Étienne Tempier émet une liste de propositions hérétiques (deux cent dix-neuf) qui incluent la plupart des thèses des averroïstes, certaines observations sur l'amour terrestre avancées cent ans auparavant par André Le Chapelain et vingt propositions clairement attribuables à lui, l'angélique docteur Thomas, des seigneurs d'Aquin. Car l'histoire évacue rapidement cet acte répressif, et Thomas, même mort, gagne sa bataille alors qu'Étienne Tempier finit avec Guillaume de Saint-Amour, l'autre ennemi de saint Thomas, dans les rangs malheureusement éternels des grands restaurateurs qui commencent avec les juges de Socrate et, en passant par ceux de Galilée, se terminent provisoirement avec Gabrio Lombardi.

Le malheur qui gâche la vie de saint Thomas survient en 1323, deux ans après la mort de Dante et peut-être aussi un peu par sa propre faute, c'est-à-dire quand Jean XXII décide de le faire devenir saint Thomas d'Aquin. C'est un sale tour, comme de recevoir le prix Nobel ou d'entrer à l'Académie française ou d'avoir l'oscar. On devient comme la *Joconde* : un cliché. C'est le moment où un grand incendiaire est nommé pompier.

Cette année, on célèbre le septième centenaire de la mort de Thomas. Thomas revient à la mode, comme saint et comme philosophe, on essaie de comprendre ce que Thomas aurait fait aujourd'hui, s'il avait eu la foi, la culture et l'énergie intellectuelle qu'il avait de son temps. Mais l'amour parfois enténèbre les âmes ; pour dire que Thomas a été grand, on dit qu'il a été un révolutionnaire et il faudrait essayer de comprendre dans quel sens il l'a été : car si on ne peut pas dire qu'il a été un restaurateur, il est toutefois quelqu'un qui a bâti un édifice si solide qu'aucun autre révolutionnaire par la suite n'a pu l'ébranler de l'intérieur — le maximum que l'on pût faire, de Descartes à Hegel, de Marx à Teilhard de Chardin, était d'en parler « de l'extérieur ».

D'autant plus qu'on ne comprend pas comment le scandale a pu arriver par cet individu si peu romantique, gras et posé qui, à l'école, prenait des notes en silence, avec l'air de ne rien comprendre du tout, et était l'objet de moqueries de la part de ses camarades. D'ailleurs, lorsque, au couvent, il est assis sur sa double stalle, au réfectoire (et on avait dû couper l'accoudoir de séparation pour lui trouver une niche assez grande) et que les moines plaisantins lui font croire qu'à l'extérieur il y a un âne qui vole, il court voir et les autres meurent de rire (on sait que les frères mendiants ont des goûts très simples). Alors saint Thomas (qui est loin d'être bête) dit qu'il semble plus vraisemblable de voir un âne voler qu'un moine menteur : et les moines en sont pour leurs frais. Et puis cet étudiant désigné par ses camarades sous le nom de « Bœuf muet » devient un professeur adoré par ses élèves. Un jour il se promène sur les collines avec ses disciples et regarde Paris d'en haut : ceux-ci lui demandent s'il voudrait être le maître d'une si belle ville. Il répond qu'il préférerait de loin posséder le texte des homélies de saint Jean Chrysostome. Mais si un ennemi idéologique lui marche sur les pieds, il devient un fauve et dans son latin qui semble dire peu de chose parce qu'on comprend tout et que les verbes sont là où un Italien les attend, il explose en méchancetés et en sarcasmes et ressemble à Marx quand il fustige M. Szeliga.

Était-il un bon gros, était-il un ange ? Était-il asexué ? Quand ses frères veulent l'empêcher d'être dominicain (car à l'époque le cadet d'une bonne famille devenait bénédictin, ce qui était digne, et non frère mendiant, ce qui, aujourd'hui, équivaudrait à entrer dans une communauté maoïste ou à aller travailler avec Danilo Dolci), ils l'enlèvent sur la route de Paris et l'enferment dans le château de famille. Ensuite, pour le détourner de ces idées fixes et le faire devenir un abbé comme il faut, ils lui envoient dans sa chambre une fille nue et prête à tout. Thomas prend alors un tison et se met à poursuivre la fille avec la claire intention de lui brûler les fesses. Alors, pas question de sexe ? Allez savoir pourquoi la chose le trouble tellement que, dès lors, d'après Bernardo di Guido, « si les rencontres avec les femmes n'étaient pas vraiment nécessaires, il les évitait comme des serpents ».

En tout cas cet homme était un battant. Solide, lucide, il conçoit un plan ambitieux, le mène à bien et il gagne. Voyons quels étaient alors le terrain de lutte, l'enjeu, les avantages obtenus. A la naissance de Thomas, les communes italiennes ont gagné depuis cinquante ans la bataille de Legnano contre l'Empire. Depuis dix ans, l'Angleterre possède la Grande Charte. En France, le règne de Philippe Auguste vient de se terminer. L'Empire agonise. En l'espace de cinq ans, les libres villes maritimes et commerçantes du Nord constitueront la Hanse. L'économie florentine est en expansion, on y frappe le florin d'or ; Fibonacci a déjà inventé la partie double, depuis un siècle fleurissent l'école de médecine de Salerne et l'école de droit de Bologne. Les Croisades sont à un stade avancé. Ce qui veut dire que les contacts avec l'Orient sont en plein essor. Par ailleurs, les Arabes d'Espagne sont en train de fasciner le monde occidental avec leurs découvertes scientifiques et philosophiques. La technique connaît un vigoureux développement : la manière de ferrer les chevaux, de faire marcher les moulins, de piloter un bateau, de mettre le joug aux bêtes de trait et de labour a changé. Dans le Nord des monarchies nationales, dans le Sud des communes libres. Bref, tout cela ne concerne plus le Moyen Âge, du moins comme on l'entend vulgairement : si on voulait polémiquer, on dirait que, mis à part ce que Thomas est en train de mijoter, il s'agit déjà de la Renaissance. Mais pour que ce qui est arrivé arrive, il faut que Thomas mijote ce qu'il mijote. L'Europe essaie de se donner une culture qui reflète une pluralité politique et économique, mais ouverte sur un nouveau sentiment de la nature, de la réalité concrète, de l'individualité humaine, quoique dominée par le contrôle paternel de l'Église, que personne ne met en cause. Les processus de la production et de l'organisation se rationalisent — il faut trouver des techniques de la raison.

Lorsque Thomas naît, les techniques de la raison sont déjà en fonction depuis un siècle. A Paris, à la faculté des arts, on enseigne la musique, l'arithmétique, la géométrie et l'astronomie, mais aussi la dialectique, la logique et la rhétorique. D'une façon nouvelle. Un siècle plus tôt Abélard est passé par là. Il a perdu ses organes génitaux, mais pour des raisons privées, et sa tête n'a pas perdu sa vigueur : la nouvelle méthode consiste à comparer les opinions des différentes autorités traditionnelles et à parvenir à une décision suivant des procédés logiques fondés sur une grammaire laïque des idées. On fait de la linguistique et de la sémantique : on se demande ce qu'un mot donné veut dire et dans quel sens on l'emploie. Les textes de logique d'Aristote sont les manuels d'étude mais tous ne sont pas encore traduits et interprétés, personne ne connaît le grec, les seuls à le connaître sont les Arabes qui sont beaucoup plus avancés que les Européens autant dans la philosophie que dans les sciences. Mais déjà depuis un siècle l'école de Chartres, redécouvrant des textes mathématiques de Platon, construit une image naturelle du monde, régie par des lois géométriques, par des processus mesurables. Il ne s'agit pas encore de la méthode expérimentale de Roger Bacon, mais d'une construction théorique, d'une tentative d'expliquer l'univers à partir de bases naturelles, même si la nature est considérée comme un agent divin. Robert Grosseteste élabore une métaphysique de l'énergie lumineuse qui nous fait penser un peu à Bergson et un peu à Einstein : naissent les études d'optique, c'est-à-dire qu'on se pose le problème de la perception des objets physiques, on trace une limite entre l'hallucination et la vision.

C'est déjà beaucoup, l'univers du haut Moyen Âge était un univers de l'hallucination, le monde était une forêt symbolique peuplée de présences mystérieuses, les choses étaient vues comme le récit continuel d'une divinité qui passerait son temps à lire et à élaborer des grilles de mots croisés. Cet univers de l'hallucination, à l'époque de Thomas, n'a pas disparu sous les coups de l'univers de la raison : bien au contraire ce dernier est encore le produit des élites intellectuelles et on le regarde de travers parce qu'on regarde de travers toutes les choses terrestres. Saint François parle aux petits oiseaux mais l'échafaudage philosophique de la philosophie est néo-platonicien. Ce qui signifie en clair : très, très loin, il y a Dieu ; dans sa globalité inaccessible s'agitent les principes des choses, les idées ; l'univers est l'effet d'une distraction bienveillante de ce Un très lointain qui semble se déverser lentement vers le bas, en abandonnant des traces de sa perfection dans les grumeaux souillés de ses excréments, comme des traces de sucre dans les urines. Dans ce purin qui représente la périphérie la plus négligeable de l'Un, nous pouvons trouver, presque toujours par un coup de génie de cruciverbiste, des traces, des germes de compréhension, mais la compréhension se trouve ailleurs, là où dans le meilleur des cas arrive le mystique avec son intuition nerveuse et décharnée, qui pénètre avec l'œil presque d'un drogué dans la garçonnière de l'Un, où advient le seul vrai festin.

Platon et saint Augustin avaient dit tout ce qu'il fallait dire pour comprendre les problèmes de l'âme, mais lorsqu'il fallait définir la nature d'une fleur, ou de l'enchevêtrement des boyaux que les médecins de Salerne examinaient dans le ventre d'un malade ou encore les raisons des bienfaits de l'air frais d'un soir de printemps, tout se compliquait. Alors, il valait mieux connaître les fleurs à partir des miniatures des visionnaires, ignorer l'existence des boyaux et considérer les soirs de printemps comme une dangereuse tentation. Ainsi, la culture européenne était divisée entre ceux qui comprenaient le ciel et ceux qui comprenaient la terre. Et celui qui voulait comprendre la terre et se désintéresser du ciel s'attirait des ennuis. Erraient alentour les Brigades rouges de l'époque, des sectes hérétiques qui d'un côté voulaient renouveler le monde, construire des républiques impossibles et de l'autre pratiquaient la sodomie, le vol et autres méfaits. Allez savoir si c'était vrai, mais, dans le doute, il valait mieux les tuer tous.

A ce moment-là, les hommes de la raison apprennent des Arabes qu'il y a un vieux maître (un Grec) qui pourrait fournir une clef pour unifier ces membres épars de la culture : Aristote. Aristote savait parler de Dieu, mais classait les animaux et les pierres, et s'occupait du mouvement des astres. Aristote savait la logique, s'intéressait à la psychologie, parlait de physique, classait les systèmes politiques. Mais surtout Aristote offrait les clefs (et Thomas saura l'exploiter pleinement) pour renverser le rapport entre l'essence des choses (c'est-à-dire ce que l'on peut comprendre et dire des choses, même lorsqu'elles ne sont pas sous nos yeux) et la matière dont les choses sont faites. Laissons Dieu en paix, qui vit bien de son côté et qui a fourni au monde d'excellentes lois physiques pour qu'il puisse marcher tout seul. Ne nous égarons pas dans la tentative de retrouver la trace des essences dans cette sorte de chute mystique pendant laquelle, en perdant en cours de route le meilleur, elles finissent par se souiller de matière. Le mécanisme des choses est là sous nos yeux. Les choses sont le principe de leur propre mouvement ; un homme, une fleur, une pierre sont des organismes qui ont grandi selon une loi interne qui les a mis en branle : l'essence est le principe de leur croissance et de leur organisation. C'est quelque chose qui est déjà là, prêt à exploser, quelque chose qui commande de l'intérieur le mouvement de la matière et la fait se développer et se manifester : pour cela nous pouvons la comprendre. Une pierre est une parcelle de matière qui a pris forme : de ce mariage est née une substance individuelle. Le secret de l'être, comme Thomas l'expliquera avec un sursaut de génie, se trouve dans l'acte concret d'exister. L'existence, l'avènement ne sont pas des accidents qui arrivent aux idées : celles-ci pour leur part seraient beaucoup mieux dans la chaleur utérine de la divinité lointaine. D'abord les choses existent concrètement, grâce au ciel, et puis nous les comprenons !

Naturellement il y a deux points à préciser. En premier lieu, pour la tradition aristotélicienne, comprendre les choses ne voulait pas dire les étudier expérimentalement : il suffisait de comprendre que les choses comptent, la théorie pensait au reste. C'est peu, si vous voulez, mais c'est déjà un remarquable bond en avant par rapport à l'univers halluciné des siècles précédents. En second lieu, si Aristote devait être christianisé, il fallait donner plus de place à Dieu, qui se tenait un peu trop à l'écart. Les choses croissent par la force interne du principe de vie qui les meut, mais il faudra bien admettre que, si Dieu prend à cœur tout ce grand mouvement, il est bien capable de penser la pierre tandis que celle-ci devient pierre d'elle-même et que, s'il décidait de débrancher le courant électrique (que Thomas appelle « participation »), il y aurait le *black-out* cosmique. Donc l'essence de la pierre est dans la pierre, elle est saisie par notre esprit qui est capable de la penser, mais elle existait déjà dans l'esprit de Dieu qui est plein d'amour et passe son temps non pas à se curer les ongles mais à fournir de l'énergie à l'univers. Le jeu à faire était bien celui-ci, sinon Aristote ne serait pas entré dans la culture chrétienne et, si Aristote était resté en dehors, la nature et la raison n'y seraient pas entrées non plus.

C'est un jeu difficile parce que les aristotéliciens que Thomas rencontre quand il commence à travailler ont pris un autre chemin, qui peut même nous plaire davantage et qu'un interprète en veine de courts-circuits historiques pourrait présenter comme matérialiste : mais c'était un matérialisme très peu dialectique, voire un matérialisme astrologique qui dérangeait un peu tout le monde, des gardiens du Coran à ceux de l'Évangile. Le responsable avait été, un siècle auparavant, Averroès, de culture musulmane, de race berbère, de nationalité espagnole et de langue arabe. Averroès connaissait Aristote beaucoup mieux que n'importe qui et avait compris où conduisait la science aristotélicienne : Dieu n'est pas un combinard qui se mêle de tout au hasard ; il a structuré la nature dans son ordre mécanique et dans ses lois mathématiques, réglée qu'elle est par la détermination stricte des astres ; et vu que Dieu est éternel, le monde dans son ordre l'est aussi. La philosophie étudie cet ordre, c'est-à-dire la nature. Les hommes sont en mesure de la comprendre parce que dans chacun d'eux agit un même principe d'intelligence, autrement chacun verrait les choses à sa propre façon et on ne se comprendrait plus. Ici la conclusion matérialiste était inévitable : le monde est éternel, réglé par un déterminisme prévisible, et, si un seul intellect vit en tous les hommes, l'âme individuelle immortelle n'existe pas. Si le Coran parle différemment, le philosophe doit croire philosophiquement à ce que sa science lui prouve et puis, sans se poser trop de problèmes, croire le contraire qui lui est imposé par sa foi. Il y a deux vérités et l'une ne doit pas déranger l'autre.

Averroès pousse à des conclusions claires ce qui était implicite dans un aristotélisme rigoureux, et c'est cela qui lui vaut son succès à Paris auprès des maîtres de la faculté des arts, en particulier Sigiers de Brabant que Dante place au paradis à côté de saint Thomas, même si Sigiers doit à Thomas l'effondrement de sa carrière scientifique et sa relégation aux chapitres secondaires des manuels d'histoire de la philosophie.

Le jeu de politique culturelle que Thomas essaie de mener est double : d'un côté faire accepter Aristote par la science théologique de l'époque, de l'autre le dissocier de l'utilisation qu'en faisaient les averroïstes. Mais en faisant cela Thomas rencontre un handicap : il appartient aux ordres mendiants, qui ont eu la mésaventure de mettre en circulation Joachim de Flore et une autre bande d'hérétiques apocalyptiques, lesquels sont extrêmement dangereux pour l'ordre constitué, pour l'Église et pour l'État. Ce qui permet aux maîtres réactionnaires de la faculté de théologie, dominés par le redoutable Guillaume de Saint-Amour, d'avoir les coudées franches pour affirmer que les frères mendiants sont tous des hérétiques joachimites, car ils veulent enseigner Aristote qui est le maître des matérialistes athées averroïstes. Vous voyez bien que c'est le même jeu que celui de Gabrio Lombardi : celui qui veut le divorce est ami de celui qui veut l'avortement, donc il veut aussi la drogue. Votez oui comme le jour de la création.

Au contraire, Thomas n'était ni hérétique ni révolutionnaire. On l'a dit «concordiste». Pour lui il s'agissait de mettre d'accord la nouvelle science avec la science de la révélation et de tout changer pour que rien ne change.

Mais dans ce projet, il met un extraordinaire bon sens et (maître de raffinements théologiques) une grande adhésion à la réalité naturelle et à l'équilibre terrien. Qu'il soit bien clair que Thomas n'aristotélise pas le christianisme mais qu'il christianise Aristote. Qu'il soit clair qu'il n'a jamais pensé qu'avec la raison on peut tout comprendre, mais qu'on comprend tout avec la foi : il a simplement voulu dire que la foi n'était pas en désaccord avec la raison et que donc on pouvait encore s'accorder le luxe de raisonner, en sortant de l'univers de l'hallucination. On comprend ainsi pourquoi, dans l'architecture de ses œuvres, les chapitres principaux ne parlent que de Dieu, des anges, de l'âme, des vertus, de la vie éternelle : mais à l'intérieur de ces chapitres tout trouve une place, plus que rationnelle, «raisonnable». A l'intérieur de l'architecture théologique, on comprend pourquoi l'homme connaît les choses, pourquoi son corps est fait d'une certaine façon, pourquoi pour décider il doit examiner les faits et les opinions et résoudre les contradictions sans les occulter, mais au contraire en essayant de les composer en plein jour.

Ce faisant, Thomas rend à l'Église une doctrine qui,

sans lui enlever un poil de son pouvoir, laisse la liberté aux communautés de décider d'être monarchistes ou républicaines et distingue, par exemple, différents types et droits de propriété, jusqu'à dire que le droit de propriété existe quant à la possession mais non quant à l'utilisation, à savoir : j'ai le droit de posséder un immeuble rue Tibaldi, mais s'il y a des gens qui vivent dans des baraquements, la raison exige que je leur en permette l'utilisation (je reste propriétaire de l'immeuble, mais les autres doivent y habiter même si mon égoïsme y répugne). Et ainsi de suite : toutes ces solutions sont fondées sur l'équilibre et sur cette vertu qu'il appelait « prudence », dont la « tâche » est de « conserver la mémoire des expériences acquises, d'avoir le sens exact des fins, la prompte attention face à la conjoncture, la recherche rationnelle et progressive, la prévision des contingences futures, la circonspection face aux occasions, la précaution devant les complexités et le discernement devant les conditions exceptionnelles ».

Il y parvient parce que ce mystique, qui ne voyait pas l'heure de se perdre dans la vision béatifiante de Dieu à laquelle l'âme humaine aspire « par nature », était aussi humainement attentif aux valeurs naturelles et respectait le discours rationnel.

N'oublions pas qu'avant lui, quand on étudiait le texte d'un auteur ancien, le commentateur ou le copiste, devant quelque chose qui ne concordait pas avec la religion révélée, soit effaçait les phrases « erronées », soit les accompagnait d'un signe dubitatif pour mettre en garde le lecteur, soit les déplaçait dans la marge. Au contraire, que fait Thomas ? Il aligne les opinions divergentes, éclaircit le sens de chacune, met tout en question, même la donnée de la révélation, énumère les objections possibles, tente la médiation finale. Tout doit être fait en public, comme publique était la *disputatio* à son époque : entre alors en fonction le tribunal de la raison.

Les spécialistes du thomisme les plus fins et les plus fidèles, comme Gilson, ont montré brillamment que si on lit bien, on s'aperçoit qu'en tout cas la donnée de la foi l'emportait sur toutes les choses et orientait l'éclaircissement du problème, à savoir que Dieu et la vérité révélée précédaient et guidaient le mouvement de la raison laïque. Personne n'a jamais dit que Thomas était Galilée. Thomas fournit simplement à l'Église un système doctrinal qui la met en accord avec le monde naturel. Et il obtient des victoires fulgurantes. Les dates sont parlantes. Avant lui on affirmait que « l'esprit du Christ ne règne pas là où vit l'esprit d'Aristote » ; en 1210 les livres de philosophie naturelle du philosophe grec sont encore interdits et les interdictions continuent dans les décennies suivantes pendant que Thomas fait traduire ces textes par ses collaborateurs et les commente. Mais en 1255 tout Aristote passe. Après la mort de Thomas, comme on l'a vu, on tente encore une réaction, mais à la fin la doctrine catholique s'aligne sur les positions aristotéliciennes. La domination et l'autorité spirituelle de quelqu'un comme Croce sur cinquante ans de culture italienne ne sont rien par rapport à l'autorité dont Thomas fait preuve en changeant en l'espace de quarante ans toute la politique culturelle du monde chrétien. Après cela, le thomisme. Thomas fournit à la pensée catholique une grille si complète, dans laquelle tout trouve une place et une explication, qu'à partir de ce moment la pensée catholique n'arrive plus à rien mouvoir. Tout au plus, avec la scolastique contre-réformiste, elle réélabore saint Thomas, elle nous restitue un thomisme jésuite, un thomisme dominicain et même un thomisme franciscain dans lequel s'agitent les ombres de Bonaventure, de Duns Scot et d'Ockham. Mais on ne peut plus toucher à Thomas. Ce qui en Thomas était une anxiété visant à construire un système nouveau devient dans la tradition thomiste la surveillance conservatrice d'un système intouchable. Là où Thomas a tout bouleversé pour reconstruire à nouveau, le thomisme scolastique essaie de ne rien toucher et fait des prodiges d'acrobatie pseudo-thomasienne pour caser le nouveau dans les mailles du système de Thomas. La tension et la soif de connaissance que le gros Thomas possédait au plus haut degré se déplacent alors dans les mouvements hérétiques et dans la réforme protestante. De Thomas reste la grille et non pas l'effort intellectuel qui a été nécessaire pour composer une grille qui à son époque fût vraiment « différente ».

La faute naturellement lui en revenait aussi : c'est lui qui a offert à l'Église une méthode pour concilier les tensions et pour englober de façon non conflictuelle tout ce que l'on ne peut éviter. C'est lui qui a enseigné à cerner les contradictions pour les résoudre de façon harmonieuse. Le pli étant pris, on a cru que Thomas enseignait à exprimer un « ni oui ni non », là où il y avait une opposition entre oui et non. Sauf que Thomas l'a fait à un moment où dire « ni oui ni non » ne voulait pas dire s'arrêter mais aller de l'avant et changer les règles du jeu.

C'est pourquoi on peut se demander ce que ferait Thomas d'Aquin s'il vivait aujourd'hui. On peut déjà répondre que, de toute façon, il ne réécrirait pas une *Summa Theologica*. Il tiendrait compte du marxisme, de la théorie de la relativité, de la logique formelle, de l'existentialisme et de la phénoménologie. Il ne commenterait pas Aristote mais Marx et Freud. Puis il changerait ses méthodes d'argumentation qui deviendraient un peu moins harmoniques et conciliantes. Et enfin il s'apercevrait qu'il ne peut ni ne doit élaborer un système définitif, achevé comme une architecture, mais une sorte de système mobile, une *Summa* à feuilles interchangeables, parce que dans son encyclopédie des sciences entrerait la notion du provisoire historique. Je ne peux pas vous dire s'il serait encore chrétien mais supposons-le. J'ai la certitude qu'il participerait à ses célébrations uniquement pour rappeler qu'il ne s'agit pas de décider comment utiliser encore ce qu'il a pensé, mais de penser d'autres choses : tout au plus qu'il s'agit d'apprendre de lui ce qu'il faut faire pour penser avec honnêteté en homme de son temps. Cela étant dit, je ne voudrais pas être à sa place.

Espresso, 1974.

LE COMIQUE ET LA RÈGLE

Je me limiterai ici, pour des raisons de temps, à n'examiner qu'une seule question parmi toutes celles qui entrent dans le panorama de la problématique du comique en considérant les autres comme résolues. Il se peut que la question soit mal formulée et contestable en tant que question. Cela n'exclut pas qu'elle constitue en elle-même un *endoxon* dont il faille tenir compte. Aussi simpliste soit-elle, elle contient quelques germes de vérités problématiques.

Le tragique (et le dramatique) sont — dit-on — universels. Après des siècles, nous pleurons encore sur les cas d'Œdipe et d'Oreste et même sans partager l'idéologie de Homais, nous sommes encore bouleversés par la tragédie d'Emma Bovary. Le comique, au contraire, semble lié au temps, à la société, à l'anthropologie culturelle. Nous comprenons le drame du héros de *Rashomon* mais nous ne comprenons pas quand et pourquoi les Japonais rient. Il nous en coûte de trouver comique Aristophane, il faut davantage de culture pour rire d'un texte de Rabelais que pour pleurer sur la mort du paladin Roland.

Il est vrai, peut-on objecter, qu'il existe un comique universel : la tarte à la crème en pleine figure, par exemple, la chute du Miles Gloriosus dans la boue, les nuits blanches des maris dépravés de Lysistrata. Mais alors, on pourrait dire que le tragique qui survit n'est pas seulement le tragique universel (la mère qui perd son enfant, la mort de l'être aimé) mais aussi le tragique plus particulier. Même si l'on ignore de quoi il était accusé, Socrate qui s'éteint lentement des pieds au cœur nous fait frémir, tandis que sans une maîtrise de lettres classiques on ne sait pas exactement pourquoi on doit rire devant le Socrate d'Aristophane.

La différence existe aussi quand on examine des œuvres contemporaines : tout le monde, quels que soient sa nationalité et son niveau culturel, tressaille en voyant *Apocalypse Now* ; tandis que pour saisir Woody Allen, il faut être assez cultivé. Danny Kaye ne faisait pas toujours rire, l'idole des scènes mexicaines des années cinquante, Cantinflas, nous a laissés indifférents, les *Comedians* de la télévision américaine sont inexportables (qui a entendu parler de Sid Caesar ? Lenny Bruce a-t-il eu du succès chez nous ?), comme d'ailleurs sont inexportables dans beaucoup de pays Alberto Sordi ou Totò.

Donc, il ne suffit pas de dire, en reconstituant une partie de la *Poétique* d'Aristote, que dans la tragédie nous assistons à la chute d'un personnage de condition noble, et que nous ressentons devant son acte de violation de la règle morale et religieuse de la pitié pour son destin et de la terreur devant le châtiment qui le frappera, mais il pourrait nous frapper aussi, comme si enfin cette punition était la purification de son péché et de nos tentations ; comme il ne suffit pas de dire que dans le comique nous sommes en présence de la violation d'une règle par un personnage, face auquel nous éprouvons un sentiment de supériorité qui nous empêche de nous identifier à sa chute, sans jamais être émus parce que l'issue se fera sans effusion de sang.

Nous ne pouvons pas non plus nous contenter de cette réflexion : la violation de la règle de la part d'un personnage si différent de nous nous fait éprouver non seulement la sécurité de notre impunité, mais aussi le goût de la transgression par personne interposée, et puisqu'il paie pour nous, nous pouvons nous permettre de jouir par procuration d'une transgression qui offense une règle que dans le fond nous voulions violer, mais sans encourir de risques. Tous ces aspects, sans aucun doute, fonctionnent dans le comique, mais, s'il ne s'agissait que de cela, il serait difficile d'expliquer pourquoi entre ces deux genres rivaux on vérifie une telle différence d'universalité.

L'intérêt n'est pas (seulement) dans la transgression de la règle et l'infériorité du personnage comique mais dans la question suivante : jusqu'à quel point sommes-nous conscients de la règle violée ?

Éliminons le premier malentendu : dans le tragique la règle est universelle et donc nous sommes impliqués dans la violation, tandis que dans le comique la règle est particulière, locale (limitée à une époque donnée et à une culture spécifique). Il est clair que cela expliquerait la différence d'universalité : un acte de cannibalisme serait tragique, tandis qu'on trouverait comique un Chinois cannibale mangeant son semblable avec des baguettes plutôt qu'avec une fourchette (naturellement ce serait comique pour nous et non pour les Chinois, qui trouveraient ce geste assez tragique).

En vérité les règles violées du tragique ne sont pas nécessairement universelles. Est universelle, dit-on, l'horreur de l'inceste mais pas le devoir qu'aurait Oreste de tuer aussi sa propre mère. Nous pouvons nous demander pourquoi aujourd'hui, à une époque de grande permissivité morale, nous devons trouver tragique la situation de Mme Bovary. Elle ne le serait pas dans une société polyandrique, ni même à New York ; que la brave dame se permette ses caprices extra-conjugaux et qu'elle ne vienne pas se lamenter. Cette provinciale excessivement repentie devrait nous faire rire aujourd'hui au moins autant que le personnage de Tchekhov dans *Il est dangereux d'exagérer*, qui, après avoir arrosé de salive une personne importante en éternuant au théâtre, continue ensuite à se confondre en excuses jusqu'à l'absurde.

La raison profonde de la différence est plutôt que la tragédie nous entretient de la nature de la règle avant, pendant, et après la représentation de sa violation. Dans la tragédie, c'est le chœur lui-même qui nous offre la représentation du scénario social (c'est-à-dire des codes) dont la violation engendre la tragédie. La fonction du chœur est justement de nous expliquer à chaque pas quelle était la loi : seulement ainsi, on en comprend la violation et ses conséquences fatales.

Madame Bovary est d'abord une œuvre qui nous explique que l'adultère est condamnable ou du moins qu'il était condamné par les contemporains de l'héroïne. *L'Ange bleu* nous dit avant tout qu'un professeur d'âge mûr *ne doit pas* s'encanailler avec une danseuse ; et *Mort à Venise* nous dit avant tout qu'un professeur d'âge mûr *ne doit pas* tomber amoureux d'un adolescent.

Dans un second temps (non chronologique mais logique), on dira pourquoi ces deux hommes ne pouvaient pas éviter de succomber. Mais en disant cela, la règle est réitérée (soit comme affirmation en termes éthiques, soit comme reconnaissance d'une obligation sociale).

Le tragique justifie la violation (en termes de destinée, passion ou autre) mais n'élimine pas la règle. Pour cela il est universel : il explique *toujours* pourquoi l'acte tragique doit nous inspirer de la crainte et de la pitié. Ce qui équivaut à affirmer que toute œuvre tragique est aussi une leçon d'anthropologie culturelle et nous permet de nous identifier à une règle qui peut-être n'est pas la nôtre.

La situation d'un membre d'une communauté anthropophage qui refuse le rituel cannibale peut être tragique : mais elle sera tragique dans la mesure où la narration nous convaincra de la majesté et du poids du devoir d'anthropophagie. Une histoire qui nous raconte les peines d'un anthropophage dyspepsique et végétarien qui n'aime pas la chair humaine, mais sans nous expliquer de façon détaillée et convaincante que l'anthropophagie est un noble devoir, ne sera qu'une histoire comique.

Pour vérifier ces propositions théoriques, il faudrait montrer que les œuvres comiques donnent la règle pour acquise et ne se soucient pas de la répéter. C'est en effet ce que je crois et que je me propose de vérifier. En termes de sémiotique textuelle, mon hypothèse pourrait être formulée ainsi : il existe un artifice rhétorique, concernant les figures de la pensée, qui, étant donné un scénario social ou intertextuel déjà connu par le public, montre sa variation sans pour autant la rendre explicite de façon discursive.

L'ironie montre bien qu'il est typique des figures de la pensée de taire la normalité violée. Puisque l'ironie est l'assertion du contraire (de quoi ? de ce qui est ou de ce que croit la société), elle meurt lorsque le contraire du contraire est rendu explicite. Qu'on affirme le contraire doit être tout au plus suggéré par la *pronuntiatio* : mais gare au commentaire de l'ironie, à l'assertion « non *a* » en rappelant « au contraire *a* ». Tout le monde doit savoir que *a* est le cas mais personne ne doit le dire.

Quels sont les scénarios que le comique viole sans avoir à les réaffirmer ? D'abord les scénarios communs, soit les règles pragmatiques d'interactions symboliques que le corps social doit considérer comme données. La tarte à la crème fait rire parce qu'on présuppose que dans une fête on mange des tartes et qu'on ne les balance pas à la figure des autres. Il faut savoir qu'un baisemain consiste à effleurer du bout des lèvres la main de la dame, pour que l'on trouve comique la situation de celui qui au contraire s'empare d'une petite main glacée et la mouille goulûment de baisers humides et bruyants (ou va de la main au poignet, et remonte tout le bras — situation qui n'est pas comique mais peut être tragique dans un rapport érotique, dans un acte de violence charnelle).

Prenons les règles de conversation de Grice. Il est inutile de dire, comme le font les derniers disciples de Croce qui s'ignorent, que nous les violons continuellement dans nos interactions quotidiennes. Bien au contraire, nous les observons ou bien nous les tenons pour acquises afin que leur transgression pimente la figure rhétorique, la licence artistique, et leur retentissement sur les règles de la conversation.

C'est justement parce que les règles sont acceptées ne serait-ce qu'inconsciemment que leur violation sans aucune raison devient comique.

1. *Maximes de la quantité* : faites en sorte que votre contribution contienne autant d'informations qu'il est demandé par les situations d'échange. Situation comique : « Vous avez l'heure, s'il vous plaît ? — Oui. »

2. *Maximes de la qualité* : a) ne dites que ce que vous estimez faux. Situation comique : « Mon Dieu, donne-moi une preuve de ton inexistence » ; *b)* ne dites pas ce pour quoi vous n'avez pas de preuves adéquates. Situation comique : « Je trouve que la pensée de Maritain est inacceptable et irritante. Heureusement je n'ai lu aucun de ses ouvrages » (affirmation d'un de mes professeurs d'université, *Personal communication,* février 1953).

3. *Maxime de la relation* : soyez pertinent. Situation comique : « Savez-vous conduire un bateau ? — Mais bien sûr ! j'ai fait mon service militaire dans les Alpes ! » (Toto).

4. *Maximes de la manière* : évitez les expressions obs-

cures et ambiguës, soyez concis et évitez d'être prolixes inutilement : ayez de l'ordre. Je ne crois pas qu'il soit nécessaire de suggérer les effets comiques de cette violation. Souvent ils sont involontaires. Naturellement, j'insiste, cette condition n'est pas suffisante, on peut violer certaines maximes de la conversation avec des résultats normaux (dits par Grice *conversational implicatures*), tragiques (représentations d'inadaptation sociale), poétiques. Il faut d'autres conditions pour lesquelles je renvoie aux autres typologies de l'effet comique. Je tiens à souligner pourtant que dans les cas que je viens de citer on a l'effet comique (*cæteris paribus*) si la règle n'est pas rappelée mais présupposée implicitement.

La même chose arrive quand on viole des scénarios intertextuels. Il y a quelques années, la revue *Mad* s'était spécialisée dans des saynettes intitulées « Les films que nous aimerions voir ». Par exemple, une bande de hors-la-loi de l'Ouest ligotent une jeune fille aux rails du train dans la prairie : plans successifs avec montage à la Griffith ; le train approche, la jeune fille pleure, les bons arrivent à la rescousse à cheval, les plans alternés se suivent à un rythme de plus en plus accéléré et, à la fin, le train broie la jeune fille. Variations : le shérif s'apprête au duel final selon toutes les règles du western et à la fin il est tué par le méchant ; le bretteur pénètre dans le château où la belle est gardée prisonnière par le méchant, il traverse le salon en s'accrochant au lustre et au rideau, engage un duel spectaculaire avec le méchant qui finit par le tuer. Dans tous ces cas, pour jouir de la violation, il faut que la règle du genre soit déjà présupposée et considérée comme inviolable.

Si cela est vrai, et je crois qu'il serait difficile de falsifier cette hypothèse, les métaphysiques du comique devraient aussi changer, y compris la métaphysique ou la méta-anthropologie bakhtinienne de la carnavalisation. Le comique apparaît populaire, libératoire, subversif parce qu'il autorise la violation de la règle. Mais il l'autorise justement à celui qui a intériorisé cette règle au point de la tenir pour inviolable. La règle violée par le comique est tellement reconnue qu'elle ne doit pas être réaffirmée. C'est pourquoi le carnaval ne peut se produire qu'une seule fois dans l'année. On a besoin d'observer les règles pendant toute une année pour pouvoir jouir de leur violation (*semel* — justement — *in anno*). Lorsque la permissivité et l'anonie complète règnent, aucun carnaval n'est possible, parce que personne ne pourrait se souvenir de ce qui est remis (entre parenthèses) en question. Le comique carnavalesque, le moment de la transgression ne peuvent exister qu'à condition qu'il existe aussi un fond de respect indiscutable. Dans ce sens le comique ne serait guère libératoire, car, pour qu'il puisse se manifester comme libération, il faudrait (avant et après son apparition) que le respect triomphe. Cela expliquerait pourquoi l'univers des médias est à la fois un univers de contrôle, de réglementation du consensus et un univers fondé sur la commercialisation et la consommation de schémas comiques. Il ne nous est permis de rire que si nous sommes sûrs que ce rire sera précédé et suivi de larmes. Le comique n'a pas besoin de répéter la règle parce qu'il est sûr qu'elle est connue, acceptée, et indiscutable ; et elle le sera d'autant plus que la licence comique nous aura permis — dans un espace donné — de jouer à la violer.

« Comique » est toutefois un mot parapluie, comme « jeu ». Il reste à se demander si on ne peut pas trouver parmi les différentes sous-espèces de ce genre si ambigu une forme d'activité qui joue différemment avec les règles de façon à permettre même des exercices dans les interstices du tragique, jouant sur la surprise, et échappant à cet obscur commerce avec le Code, qui condamnerait en bloc le comique à être la meilleure sauvegarde et la meilleure célébration du Code.

Je crois que nous pourrions déceler cette catégorie dans ce que Pirandello opposait ou articulait par rapport au comique, en l'appelant « humorisme ».

Tandis que le comique est la perception du contraire, l'humorisme en est le sentiment. Nous ne discuterons pas de cette terminologie qui est encore empruntée à Croce. Si un exemple de comique était une vieille décrépite qui se farde comme une jeune fille, l'humorisme nous imposerait aussi de nous demander pourquoi cette vieille agit ainsi.

Dans ce mouvement, je ne me sens plus supérieur et détaché par rapport au personnage animal qui agit contre les bonnes règles, mais je commence à m'identifier à lui, je ressens son drame et mon rire se change en sourire. Un autre exemple donné par Pirandello est celui de don Quichotte opposé à Astolphe tel que le décrit l'Arioste. Astolphe, qui arrive sur la lune chevauchant un fabuleux hippogriffe et qui à la tombée de la nuit cherche une auberge comme un représentant de commerce, est comique. Il n'en va pas de même pour don Quichotte, parce qu'on se rend compte que sa lutte contre les moulins à vent reproduit l'illusion de Cervantès qui s'est battu, a perdu l'un de ses membres et a été emprisonné pour une gloire illusoire.

J'irai plus loin : l'illusion de don Quichotte, qui sait, ou devrait savoir, comme le sait le lecteur, que les rêves qu'il poursuit sont désormais relégués dans les mondes impossibles d'une littérature chevaleresque démodée, est humoristique. Mais ici l'hypothèse de Pirandello rencontre la nôtre. Ce n'est pas un hasard si *Don Quichotte* commence dans une bibliothèque. L'œuvre de Cervantès ne considère pas comme connus les scénarios intertextuels sur lesquels sont modelées les entreprises du Fou de la Manche, qui, pourtant, en bouleversent la logique finale. Elle les explique, les répète, les remet en discussion, comme une œuvre tragique remet en discussion la règle à violer.

L'humorisme agit donc comme le tragique, à cette différence près : dans le tragique la règle réaffirmée fait partie de l'univers narratif (Bovary) ou, lorsqu'elle est réaffirmée au niveau des structures discursives (le chœur tragique), elle apparaît toujours énoncée par les personnages ; par contre dans l'humorisme la description de la règle devrait apparaître comme une *instance*, quoique cachée, de l'*énonciation*, comme la voix de l'acteur qui réfléchit sur les scénarios sociaux auxquels le personnage énoncé devrait croire. L'humorisme aurait un excès de détachement métalinguistique.

Même lorsqu'un seul personnage parle de lui-même et sur lui-même, il se dédouble en juge et en jugé. Je pense à l'humour de Woody Allen, dans lequel la frontière entre les « voix » est difficile à déceler mais se fait, pour ainsi dire, entendre. Cette frontière est encore plus évidente dans l'humour de Manzoni, qui marque le détachement entre l'auteur qui juge l'univers moral et culturel de don Abbondio et les actions extérieures et intérieures du même don Abbondio.

Ainsi l'humorisme ne serait pas comme le comique victime de la règle qu'il présuppose, mais il en représenterait la critique, consciente et explicitée. L'humorisme serait toujours métasémiotique et métatextuel. Le comique de langage, des arguties aristotéliciennes aux *puns* de Joyce, appartiendrait au même genre. Dire que des idées vertes, sans couleur, dorment furieusement pourrait être (si ça ne ressemblait pas à de la poésie) un cas de comique verbal parce que la norme grammaticale est présupposée, et ce n'est qu'en la présupposant que sa violation apparaît évidente (pour cette raison, cette phrase fait rire les grammairiens mais non pas les critiques littéraires qui pensent à d'autres règles qui sont déjà d'ordre rhétorique, c'est-à-dire au second degré, qui la rendraient normale).

Mais dire que *Finnegans Wake* est une « scherzarade » réaffirme, en la cachant, la présence de Schéhérazade, de la charade et du *scherzo* dans le corps même de l'expression transgressive et montre la parenté des trois lexèmes réaffirmés et niés ainsi que l'ambiguïté de fond, la possibilité « paronomastique » qui les rendaient fragiles. C'est pourquoi peuvent être comiques l'anacoluthe ou le lapsus dont on ne cherche pas la cause (ensevelie dans la structure même de ce que d'autres appellent la chaîne signifiante mais qui en fait est la structure ambiguë et contradictoire de l'encyclopédie). L'argutie, au contraire, comme le calembour, est proche de l' « humorisme » : elle n'engendre pas la pitié pour des êtres humains, mais de la méfiance (qui nous implique) envers la fragilité du langage.

Mais je suis peut-être en train de confondre des catégories qu'il faudra ensuite distinguer. En réfléchissant là-dessus et sur le rapport entre la réflexion et ses propres temps (je parle de temps chronologiques), j'ouvre peut-être une fenêtre sur un nouveau genre, la réflexion humoristique, sur la mécanique des débats, où l'on demande de révéler en trente minutes ce qu'est *le propre de l'homme*.

Alfabeta, 1981.

Table

DU MÊME AUTEUR

L'ŒUVRE OUVERTE, Le Seuil, 1965.

LA STRUCTURE ABSENTE, Mercure de France, 1972.

LE NOM DE LA ROSE, roman traduit de l'italien
par Jean-Noël Schifano, Grasset, 1982.
Édition revue et augmentée d'une *Apostille*,
traduite de l'italien par Myriem Bouzaher, Grasset, 1985.

LECTOR IN FABULA, traduit de l'italien par Myriem Bouzaher,
Grasset, 1985.

Composition réalisée par COMPOFAC

IMPRIMÉ EN FRANCE PAR BRODARD ET TAUPIN
Usine de La Flèche (Sarthe).
LIBRAIRIE GÉNÉRALE FRANÇAISE - 6, rue Pierre-Sarrazin - 75006 Paris.

ISBN : 2 - 253 - 04187 - 4   ⟡ 42/4064/4